KB159578

남자 vs 남자

남자 vs 남자
정혜신의 심리평전 I

2001년 8월 10일 초판 1쇄
2017년 7월 10일 초판 15쇄

지은이 | 정혜신

편 집 | 김영미, 김윤창
제 작 | 영신사

펴낸이 | 장의덕
펴낸곳 | 도서출판 개마고원
등 록 | 1989년 9월 4일 제2-877호
주 소 | 경기도 고양시 일산동구 호수로 662 삼성라끄빌 1018호
전 화 | (031) 907-1012
팩 스 | (031) 907-1044
이메일 | webmaster@kaema.co.kr

ISBN 978-89-5769-403-9 03180

* 책값은 뒤표지에 표기되어 있습니다.
* 파본은 구입하신 서점에서 교환해 드립니다.

www.kaema.co.kr

남자 vs 남자

정혜신의 심리평전 I

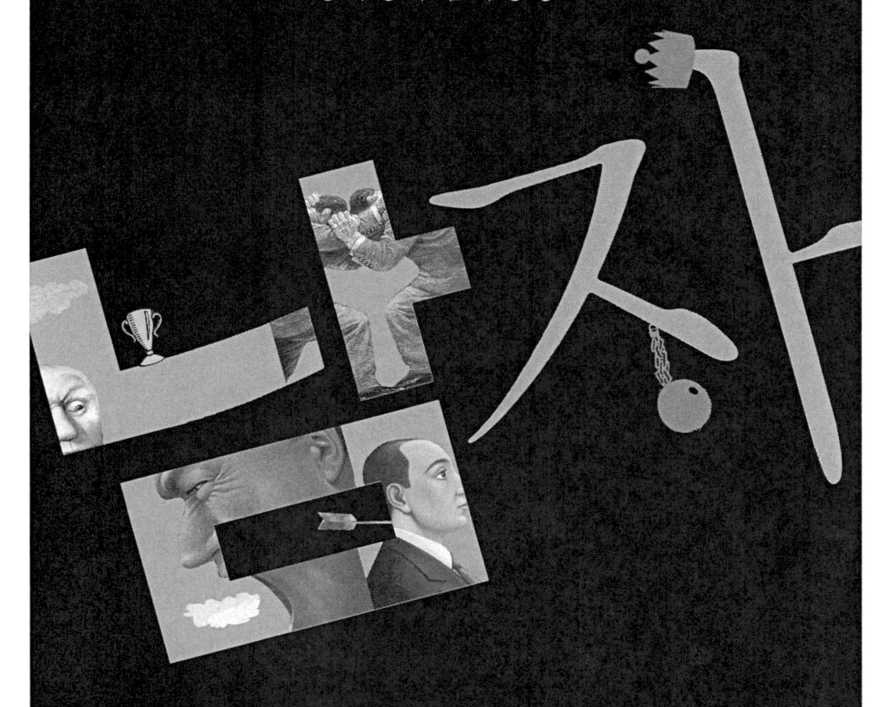

김영삼 vs 김어준 · 이건희 vs 조영남 · 장세동 vs 전유성 · 이수성 vs 강준만 · 박종웅 vs 유시민 · 김윤환 vs 김윤식
봉두완 vs 이외수 · 정형근 vs 마광수 · 김우중 vs 정동영 · 김종필 vs 앙드레 김 · 이회창 vs 이회창

개마고원

머리말

어느 나른한 오후에 커피 한 잔을 뽑아들고 사무실 창 밖을 내다보다가 "내가 젊었을 때 바라던 삶이 이런 건 아니었는데…" 하는 생각에 문득 삶의 쓸쓸함을 한 번쯤 경험하지 않은 남자가 어디 있으랴.

내 기억에는 그런 남자의 한 원형으로 내 아버지의 삶이 자리잡고 있다. 내 기억 속의 아버지는 일요일이면 하루 종일 소파에 누워 신문이나 잡지를 보다가 저녁나절에 일어나서 집 주위를 산책하는 것이 움직임의 전부였던 사람이다.

어릴 때 나는 그런 아버지를 보면서 게으르다는 생각을 많이 했던 것 같다. 하지만 정신과 의사가 된 이후에 나는 그것이 아버지의 우울증 때문이란 사실을 알게 되었다.

아버지는 내가 어릴 적부터 당신의 꿈이 외교관이었다는 말을 자주 하곤 했다. 그러나 전쟁 통에 자신의 꿈과는 전혀 상관없는 전공을 택하게 되었고, 전쟁이 끝나면서 호구지책으로 시작한 장사를 평생 하게 된 아버지는 늘 자신의 직업에 몰입하지 못했던 것이다. 원치 않는 일을 평생 해야 했던 아버지는 점차로 무기력해졌고, 일에 대한 무기력은 화선지에 먹물이 스며드는 것처럼 삶의 무기력으로 번져갔다.

나는 아버지에게 항우울제를 투여하기 시작했다. 아마 아버지가 그 당시 조금만 젊었더라면 나의 그 같은 치료 제의를 거절했을 것이다. 그러나 이미 젊지도 않고 성공하지도 못한 아버지는 의사가 된 딸의 처방에 순순히 따르는 것만으로도 나를 충분히 슬프게 만들었다.

나의 치료를 받으면서 잠시 생기를 되찾던 아버지는 어느 날 길에서 맥없이 쓰러져 그대로 세상을 떠났다. 급히 도착한 영안실에서 아버지의 옷을 넘겨받은 나는 아버지의 지갑 속에서 복권 석 장을 발견하고는 아버지가, 아버지의 인생이 너무 불쌍해서 한동안 가슴에 통증을 느껴야 했다. 나는 내 아버지의 우울증도 제대로 치료하지 못한 정신과 의사였다.

그런데도 친구들 모임에서 내가 말없이 앉아 있을 때면 거의 예외 없이 듣게 되는 말이 있다. "너 지금 우리가 하는 말을 분석하고 있지?"

아마도 사람들은 정신과 의사는 사람의 마음을 꿰뚫어볼 수 있다고 생각하는 모양이다. 평생 구두수선을 한 사람이 구두의 상태만 보고도 구두 주인의 성격을 미루어 짐작하면서 나름의 사람 보는 시각을 갖게 되는 것처럼 정신과 의사도 그럴 수 있을지 모른다. 그러나 구두수선공 정도의 시각에서 얼마나 벗어날 수 있는 것일까.

선거를 앞둔 정치인이나 새로운 상품을 개발하려는 기업들은 사전에 여론조사나 시장조사를 한다. 여기에 들어가는 엄청난 비용의 최종 목표는 자신들과 결정적 관계에 있는 사람들의 속마음을 알아내는 데 있다. 그런 노력에도 불구하고 조사 결과에 오차가 생기는 건 사람의 마음을 정확히 안다는 것이 결코 쉬운 일이 아니기 때문이다.

고백컨대, 나는 내가 왜 정신과 의사가 되었는지도 잘 모르는 정신과 의사다. 그렇게 정신과 의사로서의 정체성에 해당되는 질문에 대한 답조차 제대로 말하지 못하는 주제에 다른 사람에 대해서, 그것도 환자가 아닌 어느 정도의 사회적 성취와 인정 그리고 주목을 받아온 남자들에 관한 글을 쓰게 되었다. 이 책은 지난 1년간 『신동아』에 연재했던 「남성탐구」라는 연재물을 다시 손보아서 엮은 것이다. 여러 가지 이유로 쓰지 못했거나 미진했던 생각들을 첨삭했다.

애초에 인물에 관한 글을 쓰겠다고 마음먹었을 때부터 나는 인상비평 수준의 인물평전을 쓰지 않겠다고 마음먹었다. 그래서 해당 인물에 대한 직・간접적인 자료수집에 많은 비용과 나의 진료시간 외의 모든 시간을 투자했다.

또 '억압된 분노' '열등의식' 등과 같은 상투적이고 일상적인 단어 몇 개로 모든 현상을 분석하는 돌팔이 정신과 의사 같은 어설픈 해석을 최대한 자제하려고 애썼다. 그리하여 진정한 의미에서 정신과 의사의 역할을 보여주어야 한다는 강박관념에 그야말로 강박적인 노력을 하기도 했다.

또 개인적으로는 내 아버지의 문제를 모든 남자의 문제로 확대 해석하게 될까 봐 무던히 애를 써야 했다. 그것은 내가 정신과 의사로서 공정한 시각을 갖기 위한 최소한의 노력이었다.

적어도 시작과 과정은 그랬다. 그럼에도 불구하고 지금 돌아보니 무식해서 용감했던 어떤 여자를 보는 듯한 느낌이다. 씩씩하게 전진하다가 어느 순간 문득 뒤를 돌아다보았더니 내가 지나온 길이 온통 지뢰밭이었다는 사실을 알게 되었을 때, 그 당혹스럽고 소름끼치는 전율감이 이런 것일지 모른다. 그 많은 지뢰를 밟지 않고 여기까지 왔다는 안도감보다는 어쩌자고 내가 이런 지뢰밭에 들어섰을까 하는 자책감과, 이제는 한 발짝도 앞으로 전진할 수 없을 것 같은 공포심이 밀려온다. 어떤 방식이든 사람을 평가한다는 건 정말 어려운 일이라는 걸 뼈저리게 깨달았기 때문이다.

나름대로 객관적이라고 말하지만 세상에 완전히 객관적인 인식이 어디 있겠는가. 누군가의 말처럼 객관적인 태도와 객관적인 문체일 뿐이다. 그것도 엄밀히 말하면 객관적이려는 태도, 객관적이려는 문체일 것이다.

살다보면 지나온 자신의 삶에 대해서 어찌할 수 없는 낭패감을 느끼는 때가 있을 것이다.

성공하지 못한 남자는 그 느낌의 근원으로 자신의 성공적이지 못한 삶을 지목하지만, 정작 성공한 남자들은 그 낭패감의 원인이 자신의 성공에 있다고 믿기도 한다. 성공이란 자신의 욕구를 억압한 한 결과일 수 있다는 사실에 주목한다면 전혀 터무니없는 얘기도 아니다.

나는 성공한 남자들의 삶을 현미경을 통해 살펴보면서 그들의 삶이 평범한 이 시대의 많은 남자들, 바로 당신의 삶과 질적인 차이가 있지 않다는 결론을 갖게 되었다. 당신의 열등감이 이건희 회장의 열등감과 근원적으로 다르지 않으며, 김윤식 교수의 외곬 기질 속에서 당신의 한 얼굴을 볼 수 있을지 모른다. 검정 선글라스를 쓰고 찍은 사진 속의 당신에게 JP식의 무한한 낭만이 깃들여 있음을 느낄 수도 있을 것이다.

그런 의미에서 이 글은 성공한 남자들의 특별한 삶에 대한 글이 아니며, 그 안에서 우리 모두의 일상적 삶을 반추하는 하나의 연결고리를 발견할 수 있을지도 모른다. 그렇다면 정말 좋겠다. 그게 이 글의 진짜배기 목적일 테니까.

마지막으로 내 삶의 동반자이자 영혼의 동반자인 매력적인 내 남자에게 고마움을 전한다. 글을 쓰다 생각의 타래가 풀리지 않을 때, 같이 밤을 꼬박 새우면서 나의 횡설수설을 들어주기도 했고, 그러다보면 어느덧 글의 방향이 잡혀나가곤 했다. 더구나 그는 내가 부탁하면 찾기 힘든 귀한 자료들을 어디서든 구해다주었다.

아버지와 남편과 세상의 남자들에게 이 글을 바친다.

정혜신

남자 vs 남자

김영삼 vs 김어준

'내 맘대로' 왕자,
'니 맘대로' 독재자

과연 내가 나를 가장 잘 알까? 어쩌면 이런 의문 자체가 시답지 않게 여겨질 수도 있겠다.
간혹 내가 잘 모르던 나의 모습을 다른 사람의 입을 통해 전해 듣는 경우가 있기는 해도
전체적으로 보자면 나보다 나를 더 잘 아는 사람은 없을 테니까.
하지만 일단 내가 나를 가장 잘 안다고 믿어버리면 결과는 완전히 딴판으로 나타난다.
'내가 아는 나'와 '네가 아는 나' 사이의 균형은
사회적 동물로서의 인간에게 중요한 화두 아니겠는가.

(김영삼 vs 김어준)

'내 맘대로' 왕자, '니 맘대로' 독재자

내가 나를 가장 잘 안다?

고소영처럼 젊고 매력적인 여배우가 황신혜만큼의 나이가 되어 인터뷰를 할 때 흔히 하는 얘기가 있다. 젊은 시절에는 드라마 속의 역할과는 관계없이 자기가 어떻게 하면 더 예쁘게 나올 것인가에만 신경을 곤두세웠는데, 어느 정도 나이가 드니까 그제야 상대 배우와의 호흡도 생각하면서 자신의 배역에 몰입할 수 있다는 것이다. 다시 말하면 젊은 시절에는 '나 자신' 을 제외하곤 모든 게 소품이었다는 고백인데, 이른바 '공주병' 기질이다.

공주병 혹은 왕자병을 정신의학적으로 분석해보면 '철저하게 자기중심적인 가치관으로 세상을 바라보는 사고방식' 이며, 한마디로 '우주의 중심이 나' 라는 전제가 깔린 사고방식이다. 본능에 가까운 성향이긴 하지만 대체로 인격적으로 미성숙한 경우에 자주 발생한다.

그런데 문제는 성인이 되어서도, 아니 어떤 면에서는 오히려 나이가 들어갈수록 점점 더 고정관념이나 편견에 사로잡혀 자기중심적 사고를 하는 사람이 적지 않다는 데 있다. 자기중심적 사고는 '자기 자신에 대한 인식의 부재'와 짝을 이룬다. 대부분의 사람들은 '내가 가장 나를 잘 안다'고 믿어 의심치 않는다. 그러나 과연 이 말이 사실일까.

김영삼 전대통령과 김어준 『딴지일보』 총수는 '자기 자신에 대한 인식'의 중요성을 각기 다른 방법으로 드라마틱하게 보여주는 사람들이다. 그런데 '김영삼과 김어준'이라는 인물 조합 자체를 음모론(?)의 시각에서 보는 사람도 있을지 모르겠다. '전직 대통령을 감히 어디다가 비교하는가. 사람에게도 급이 있는데 여기에는 어떤 음모가 있음이 분명하다'고 말이다. TV 토론프로그램 PD들은 출연자가 '나는 누가 나오면 안 나간다'거나 '누구 이상은 나와야 나도 나간다'는 등으로 등급을 따질 때 가장 난감하다고 한다. 그런 현실을 감안한다면 나의 엉뚱한(?) 걱정도 나름대로 타당성이 있다고 할 것이다. 그러나 세월의 흐름이나 죽음 같은 자연현상이나 자기 인식, 생(生)의 의미 같은 철학적 명제 앞에서 '사람의 급'을 따지는 건 무의미하다.

김영삼 전대통령과 김어준 총수를 '자기 인식'이라는 정신의학적 코드로 해석하는 일도 마찬가지다. 생물학적 나이나 사회적 위치를 고려하지 않고 김영삼과 김어준이라는 남자를 '자기 인식'이라는 측면에서 찬찬히 들여다보는 것은 급을 따지기 이전에 충분한 의미가 있을 것이다.

먼저 김영삼 전대통령에 대해서 살펴보자.

제로베이스에서 시작해야 할 '김영삼론'

김영삼은 1993년 2월 25일부터 98년 2월 24일까지 만 5년 동안 대한민국 제14대 대통령이었다. 법률적으로는 대한민국을 대표하는 헌법기관이었고 현실적으로는 그 기간 동안 알게 모르게 우리의 삶에 가장 큰 영향을 끼친 사람이었다는 뜻이다. 타인에 대한 영향력의 확대를 인생의 목표로 삼고 살아온 YS에게는 가장 행복한 시기였을 것이다.

그러나 대통령 취임 첫해 90%대까지 치솟았던 YS의 인기는 임기 말에는 10% 이하로 떨어졌고, 퇴임 후 3년여가 지난 현시점에선 더 바닥을 치고 있다. '바닥 밑에 지하실이 있다' 는 주식 전문가의 경구(驚句)처럼 그의 추락은 끝이 없다.

근자에 YS를 담당하는 기자들이 사석에서 털어놓는 고민을 들어보면 그의 인기가 지하실이라는 게 더 실감이 난다. YS에 관한 기사를 쓰면 '제발 YS를 그만 봤으면 좋겠다' 는 독자들의 항의가 빗발친다는 것이다. 심지어 '돌대가리 YS와 붙어먹는 기자 너도 돌대가리' 라는 폭언도 퍼붓는단다. YS에 대한 부정적 여론은 그의 대변인 노릇을 하는 박종웅 의원의 육성으로도 어김없이 증명된다.

"내 홈페이지에 글이 많이 올라온다. 그런데 10건 중 9건은 욕이다. 심지어 YS를 왜 자꾸 따라다니느냐며 '둘이 호모냐' 라는 욕까지 올라온다. 사람들이 YS를 '또라이' 라고 하고 나를 '꼴통' 이라고 하는 것 다 안다."

박 의원은 YS에 대한 욕은 이제 정점을 지났으므로 앞으로는 좋아질 것이라고 전망한다. 누가 맞는 것인지도 시간이 지나보면 알게 될 것이라고 확신한다. 그러나 한 네티즌은 YS의 막가파식 독설을 비난하며 "이젠 손명순 여사가 나서야 한다" 며 비아냥거린다. 레이건 대통령이 알츠하이머병에 걸렸다는 사실을 미국 국민에게 공개한 낸시 여사처럼 손 여사가 YS의 행동에 대해 솔직히 국민에게 고백하고 모종의 조치를 취하라는 것이다. 대단한 독설이지만 현재 그게 YS에 대한 일반 시민들의 솔직하고 감정적인 반응인 듯하다.

어쩌면 뒷골목 술집에서 술안주 삼아 화제에 올릴 만한 얘기까지를 모두 거론하는 것은 'YS를 어떻게 볼 것인가?' 하는 나름의 고민 때문이다. 요즘 시중에는 YS에 대한 비난과 폄훼(貶毁)의 발언이 차고 넘친다. 자칫 YS를 향한 '입 뭇매' 하나를 더 보태는 데 그치지 않으려면 인식의 제로베이스가 필요하다는 게 내 생각이다. 바닥까지 내려가 YS를 지배하는 심리적 메커니즘을 살펴보자는 말이다.

박정희와 김일성이 죽은 건 YS의 기(氣)가 셌기 때문이다?!

YS는 많은 사람들로부터 자기중심적이라는 평가를 받는데 문제는 그 정도가 거의 병적인 수준이라는 데 있다. 그는 전형적으로 '내가 하면 로맨스 네가 하면 스캔들' 식 사고를 하는 사람이다. 내가 침묵하는 건 생각이 많아서 그런 거고 네가 말이 없는 건 생각이 없어서 그렇다는 식이다.

YS는 지난해 초와 올해 초 두 번에 걸쳐 『김영삼 대통령 회고록』이라는 책을 출간했다. 첫번째 회고록은 대통령 취임 이전까지를 다룬 내용이고 두번째 회고록은 대통령 재임 5년간을 회고한, '한국 최초의 본격적인 대통령 회고록' 이라는 것이 출판을 담당한 조선일보사의 주장이다. 그런데 두 회고록은 전혀 다른 내용을 담고 있으면서도 한 가지 공통점이 있는데, 그것은 모든 역사를 YS 자신을 중심으로 재구성했다는 점이란다.

첫번째 회고록이 출간되었을 때 한 시사잡지에 실린 만평이 걸작이다. 비서관이 그에게 자서전에 대한 시중의 여론이 '저질스럽기까지 하다' 는 쪽이라고 전한다. 그랬더니 YS는 "그러게 내가 종이도 최고급으로 쓰고 표지에도 금박을 넣자고 했잖아" 라며 흥분하고 있다. 자기 말만 생각하느라고 남의 말에 동문서답하는 'YS 현상' 또는 'YS 법칙' 을 이보다 더 절묘하고 적확하게 표현하기도 쉽지 않을 것이다.

그러나 현실세계에서 YS의 엉뚱한 해석과 당당하고 진지한 발언은 만평가의 기발한 상상력을 뛰어넘는다. 미국 대통령 클린턴은 걸핏하면 그에게 전화를 걸어 'YS의 목소리를 듣는 게 내 인생의 낙' 이라고 했단다. 물론 YS의 말이다. 한 잡지와의 인터뷰에서는 김대중 대통령을 독재자라고 비난하면서 "지금 아마 대부분의 사람들이 김대중이 독재자다, 하는 내 말이 옳다고 생각할 거예요" 라고 확신한다. 강력한 야당의 필요성을 역설하는 그의 말도 예사롭지 않다.

"내가 야당 때는 참 무섭게 싸웠어요. 그래서 결국 박정희가 죽은 거예요. 나를 국회의원 제명 안 했으면 박정희는 안 죽었죠."

그러나 '내 멋대로' 식 사고의 금메달감은 단연 김일성 사망원인에 관한 그의 진단이다. 김일성이 정상회담을 앞두고 갑자기 죽은 건 자기처럼 기가 센 사람과의 회담 준비에 과도하게 신경을 쏟다 그 스트레스를 견디지 못한 까닭이라는 것이다.

이 정도면 듣고 있던 사람은 완전히 할 말을 잃게 된다. 그럴 때 기가 막힌 표정으로 YS를 쳐다보고 있으면 아마도 그는 '내 기에 완전히 질려 상대방의 얼굴이 파랗게 되었다' 고 말할 것이다. 그가 거짓말쟁이라서가 아니다. 그는 실제로 그렇게 믿고 있다.

심리학 용어 중에 '통제력의 착각' 이라는 게 있다. 사람들은 나름대로 세상에 대한 통제력을 가지고 있다고 믿지만 착각인 경우가 많다는 것이다. 어떤 현상에 대한 자신의 통제력은 과대평가하고 우연이나 통제 불가능한 요인으로 인한 것은 과소평가하는 경향이 있다는 말이다. 이 현상은 때로는 세상을 긍정적으로 보게 해서 불필요한 좌절을 막아주기도 하지만 지나치면 '자기중심적 세상보기' 라는 치명적 질병을 유발하기도 한다.

'얼마 전 한일전 축구경기 때 내가 직접 운동장에 가서 관람을 했더니 우리 나라가 1 대 0으로 이겼다' 라거나 '내가 아침에 아내와 심하게 말다툼을 하고 지각을 했더니 오늘 우리 회사 주가가 곤두박질쳤다' 따위의 생각들이 바로 그것이다. 특정한 상황이나 다른 사람의 말에 대해서 엉뚱한 해석을 일삼는 YS의 성향은 일차적으론 그러한 심리적 메커니즘에서 기인한다.

"모두 깜짝 놀랬제"

그를 보고 있노라면 주인공을 제외한 모든 인물이나 특정 상황들이 아무런 개연성도 없이 주인공만을 중심으로 전개되는 삼류 작가의 드라마를 보는 듯하다. YS는 자신의 존재가 콘서트의 오프닝에서 가수가 처음으로 등장할 때처럼 극적이고 화려하기를 바란다. 언제나 그래야 한다고 믿는다. 그런 점에서 YS는 대단히 강박적인 스타일리스트다. 넥타이를 잘 매고 옷을 잘 입어서가 아니라 내용보다 포장에 관심이 많다는 말이다. '신비주의 마케팅 전략' 에 집착하는 것이다. YS가 깜짝쇼를 좋아하는 심리적 배경이다.

93년 3월 육군참모총장과 기무사령관을 전격 경질한 후 수석비서관들에게 장난스럽게 YS가 던진 "모두 깜짝 놀랬제" 라는 말은 너무나 유명하다. 그 자리에 있었던 한 수석비서관은 이렇게 말한다.

"김 대통령의 진면목이 숨김없이 드러나는 순간이었습니다. 큰일을 저질러놓고 어른들이 당황하는 것을 지켜보는 악동처럼 느껴졌다고 할까요. 몰래 착한 일을 하고 칭찬을 기다리는 천진난만한 소년이라고 할까요. 아무튼 그런 표정이었죠."

영국의 사회학자 지그문트 바우만(Zygmunt Bauman)은 '지적 노출증' 의 폐해를 경고하면서 '현대 지식인의 공적 주목도는 명성(fame)보다 악명(notoriety)에 더 좌우된다' 고 말했다. 명성이든 악명이든 상관없이 미디어에 노출되는 시간과 공간의 양으로 자신의 공적 중요도를 측정하는 지식인은 필연적으로 메시지 전달과정에서 사실을 부풀리는 자극적 수사나 과잉 포즈가 많아진다는 것이다. '자기 노출증' 이 심한 YS도 과장되고 단호한 어법 등 메시지 전달과정이나 자극적 스타일을 중시한다.

YS가 평생 가장 중요하게 지켜온 원칙 중의 하나는 시간약속을 엄수하는 일이다. 그런데 나는 그 얘기를 들을 때마다 그의 서울대 철학과 졸업논문인 「칸트에 관한 소고(小考)」가 생각난다. 칸트의 사상보다는, 시간을 엄수했던 칸트라는 철학자의 스타일만 차용한 듯한 느낌이 들기 때문이다.

그렇다면 그 동안 YS를 지칭하던 '감(感)의 정치인' 이라거나 '정치 9단' 이라는 수사(修辭)의 정체는 무엇이었을까. 실상 YS가 자랑하는 '감의 정치' 라는 건 다분히 '모 아니면 도' 식의 의사결정 방식이다. 나름대로는 근거가 있겠지만 만능이 될 수는 없다. 야구경기에서 감독이 히트앤드런 작전을 걸어서 적중하면 그 효과는 폭발적이다. 그렇지만 적절한 타이밍을 맞추지 못하면 병살이다. 그런데 YS는 시도 때도 없이 주자만 나가면 무조건 히트앤드런 작전을 구사한다.

황산벌 싸움을 앞둔 계백 장군이 가족의 훗날을 걱정해 혈육의 목을 베는 역사적 장면의 한 귀퉁이에서 '혹시라도 이기면 어떻게 하려고 저러지?' 하는 순진한 의문을 가져볼 수도 있지 않겠는가. 그런데 YS는 추호의 의심도 없다. 그의 돌파력이나 파괴력이 남달라 보이는 이유가 바로 거기에 있다.

그는 자신이 설정한 목표에 대해서는 놀랄 정도의 집념과 확신을 가지고 밀어붙인다. 그러한 스타일은 그와 측근들이 즐겨 사용하는 '음모론' 의 단초가 되기도 한다. 이런 식이다. 오후에 비가 올 거라는 확실한 '감' 을 가지고 우산을 준비해서 나갔는데 햇볕만 쨍쨍하다. 이럴 때 YS 특유의 정치적 감각이 유감없이 발휘된다. 우산을 활짝 펴들면서 '나를 망신시키고 나의 이미지를 실추시키기 위해서 비가 올 것 같다는 왜곡된 정보를 내게만 주었다'

는 음모론을 외치는 것이다.

99년 5월 '페인트 계란 사건' 때 보인 그의 순발력도 그런 사례의 하나다. 개인적인 망신으로 끝날 뻔(?)했던 일이었는데, 옷을 갈아입으러 자택으로 돌아가는 차 안에서 측근에게 전화를 걸어 자신을 죽이려는 김대중 정권의 음모론을 제기한 것이다.

훗날 YS는 그 사건을 회고하면서 자신이 야당에 문제가 있다고 생각한 것은 바로 그때부터였다고 말한다. 민주주의에 의해 국민이 뽑은 대통령이 그 꼴을 당했는데도 야당이 한마디도 안 했다는 것이다. 그의 민주화투쟁 경력까지를 소영웅주의로 매도하고 싶은 생각은 조금도 없지만, 독재정권과 맞서 싸우던 시절 불퇴전의 민주투사로서 YS가 보여주었던 엄청난 파괴력은 다분히 그의 이런 특성에서 비롯된 측면이 없지 않았을 것이다.

'언론아, 언론아, 이 세상의 중심이 누구지?'

고려대 앞 용변 사건, 94년 언론사 세무조사 비화 공개 등 근자에 날개도 없이 추락하는 그의 행보를 보면서 고개를 갸웃하는 사람들이 많다. YS 특유의 정치감각이 완전히 실종된 듯한 느낌이라는 것이다. 나는 그것이 '거울보기(mirroring)'에만 고착된 그의 심각한 정신병리에서 비롯된 것이라고 생각한다.

사람은 자기에 대한 타인의 반응을 통해서 자신을 규정하게 되는데 이게 바로 정신분석학에서 말하는 '거울보기'다. 자기 얼굴을 직접 볼 수 없고 거울을 통해서만 볼 수 있는 것과 마찬가지다.

예를 들어 아기에게 있어 '거울'은 엄마다. 그렇기 때문에 아기는 자기가 하는 행동을 엄마라는 거울에 비춰보면서 자신을 만들어간다. 엄마가 자

김영삼

매일 아침 '언론아, 언론아, 이 세상의 중심이 누구지?' 라고 물으며,
'우주의 중심' 인 자신이 마땅히 1면 톱이 될 때까지 온몸을 내던지는 남자.
박정희의 사망도, 김일성의 사망도 모두 자신의 기(氣)가 셌기 때문이라고 믿는, '내 맘대로' 식 사고의 금메달리스트.
그의 세계에 타인은 없다. 오직 욕구를 채워줄 젖꼭지들뿐.

기를 보고 웃어주면 자신의 행동이 괜찮았다고 판단하고, 반대로 엄마가 자기를 보고 화를 내면 그때 자신의 행동은 나쁜 것이라고 받아들인다. 이렇게 사람은 반복적인 '거울보기' 과정을 거쳐서 자기 상(像)을 확립하게 된다.

54년 정치에 입문한 이후로 거의 반세기 동안 YS의 거울은 언론이었다. 그는 언론이 자신을 어떻게 보았느냐에 따라 자신의 현재를 평가하고 또 언론이 잘 보아줌직한 쪽으로 자신의 행동을 맞춰왔다. 지난 40년 동안 신문 1면 톱을 가장 많이 차지한 사람이 바로 YS라고 한다. 언론에 대한 YS의 집착은 거의 광적이다. 언론은 YS 정신세계의 알파와 오메가다.

물론 언론이라는 거울이 비춰야 하는 것은 '우주의 중심' 인 YS 자신이다. 언론의 지면에서 밀리면 자신의 몸을 던져서라도 여론의 중심에 서야 한다는 게 그의 확고한 믿음이다.

83년 5월 18일 민주화를 요구하며 생명을 건 단식투쟁에 들어갔을 때도 그의 은밀한 관심은 언론이었다. 그의 단식이 우리 나라 민주화 발전에 기여한 공로나 당시 우리 언론들의 비겁한 침묵, 국민들을 감동시켰던 그의 강인한 투지까지를 희화화(戱畵化)시킨다면 그건 인간에 대한 최소한의 예의가 아니다. 나는 단지 언론에 대한 YS의 병적인 관심을 말하려 할 따름이다.

단식을 시작한 당일 국내 신문의 톱기사가 반달곰 밀렵 관련 사건이었다는 사실은 그를 분노케 했다. 단식 4일째부터 석간 1면에 자신의 단식에 대한 기사가 우회적으로 실렸다는 사실을 지금도 그는 정확하게 기억하고 있다. YS는 23일간 계속된 단식투쟁 기간에 국내외 언론이 어떤 반응을 보였는가를 빠짐없이 기록했다. 감옥에 가는 게 연금을 당하는 것보다 더 낫겠다고 생각하는 것도 언론이 직접적인 이유다. 연금된 사실은 신문에도 안 나오기 때문이라는 것이다.

71년 대통령선거에서 김대중 후보의 지원유세를 하던 YS는 4월 18일의 장충단공원 유세를 언급하며 분노를 터뜨린다. 그 이유를 들어보자.

"이날 모든 언론의 관심은 그 당시로서는 기록적인 숫자의 군중이 모여든 서울의 장충단으로 집중되었다. 그러나 이날 나는 안타까운 심정으로 충남지역의 벽촌을 돌아야 했다. 서울 집회가 열린 바로 그 시각, 나는 당의 지시대로 충남 아산의 면소재지에서 비를 맞으면서 쓸쓸한 유세를 했다. 나의 유세에는 한 사람의 기자도 찾아볼 수 없었다."

김대중 후보와 빚은 정치적인 갈등을 잠시 논외로 하고 살펴보면 그 쓸쓸함의 근원은 자신의 유세 장소에 기자가 한 사람도 없었다는 것이다.

대통령 취임 초기 각 언론사의 편집국장과 보도국장을 청와대로 초청하여 만찬을 하는 자리에서 YS는 미전향 장기수 이인모 노인의 북송 방침을 전격 발표했다. 물론 관계부처 간에 충분한 사전 정책협의와 조율을 거치지 않은 사안이었다. '취임 이후 처음 만나는 자리니 선물을 주겠다' 는 대(對)언론관에 의한 돌발적 행동이었다는 것이다. 94년 11월 호주 시드니에서 발표한 '세계화 구상' 도 마찬가지다. 기자들과 만날 때면 어떻게든 기사거리를 제공해야 한다는 YS의 강박관념에서 비롯된 급조된 정책이었단다. 한동안 온 나라가 '세계화' 바람에 휘말렸던 기억이 지금도 생생하다.

이인제 전(前)경기지사가 자신의 간곡한 만류로 대통령 불출마 선언을 하기로 한 날 연락도 없이 잠적해버리자 그는 이렇게 생각했단다. '그날 언론의 톱은 나리 양 유괴범 검거 기사였는데, 이인제가 자기 기사를 톱으로 만들기 위해 행방을 감추고 기자회견을 잠시 미루었을 것이다' 라고. 물론 좋게 생각했다는 말도 빠뜨리지 않는다.

고무 젖꼭지 세 개

돈 되는 일이라면 무엇이든 가리지 않는 고리대금업자처럼 뉴스가 되는 일이라면 무엇이든 마다하지 않는 게 YS다. 그런데 퇴임 이후 YS는 언론을 통한 거울보기의 기회를 제대로 얻지 못했다.

치장하기 좋아하는 여자가 거울을 볼 수 없을 때 받는 고통처럼 '거울보기'가 어려워진 YS의 초조감과 상실감은 상상을 초월하는 고통이었을 것이다. 예전에는 한 번만 몸을 던져도 여론의 중심에 설 수 있었는데 이제는 두 번 세 번 몸을 던져도 겨우 변두리 신세니 초조할 수밖에 없다.

인간은 누구나 잊혀지는 것에 대한 본능적 두려움을 가지고 있다. 오죽했으면 "죽은 여인보다 더 불쌍한 여인은 잊혀진 여인"이라는 시구(詩句)까지 있을까. 그러나 잊혀짐에 대한 YS의 두려움은 정도가 심하다.

그는 왜 이처럼 '거울보기'에 집착하는 것일까. 그는 생의 초기에 확립되어야 할 정상적인 '거울보기' 과정에 문제가 있었던 것 같다. 정신의학적으로 '거울보기'에 문제가 생길 때 나타나는 병이 바로 '나르시시즘 인격장애'다. 나르시시즘 인격장애는 두 가지 경로로 생길 수 있다.

첫째는 어린 시절부터 기본적인 보살핌조차 받지 못하고 자란 경우다. 자신의 모습을 긍정적으로 비춰주는 거울이 전혀 없었던 사람들. 이들은 역설적으로 자기 자신을 뻥튀기(나르시시즘화)하면서 허한 자기 상을 만들려고 한다. 그들은 무의식적인 절박감에서 스스로를 과대하게 포장하는 것이다.

둘째는 자신에 대해 지나치게 이상화(overidealization)하는 반응만을 보면서 자란 경우다. 원하는 것은 무엇이든지 즉각적으로 제공되고 최우선적으로 고려된다. 아주 귀한 자식이거나 유달리 과잉보호적이고 희생적인 부모를 가진 아이들에게서 많이 나타나는 현상이다. YS는 전형적으로 이 두번째 유형에 속한다.

YS의 할아버지는 거제도에서 어장을 하며 큰 부를 축적했는데 할아버지가 계실 때는 YS의 아버지도 어린 YS를 안아볼 수 없을 정도로 손주를 끔찍이 여겼다고 한다. YS의 아버지는 그런 아버지가 이룬 어장을 물려받아 묵

묵하고 성실하게 아들의 정치적 뒷바라지를 평생의 업으로 알고 살아온 사람이다.

정치자금을 마련하기 위해 집을 팔 때마다 아들에게 새로 집을 마련해주는 것은 기본이고 YS의 정치적 인간관계 구축에 만만치 않은 역할을 했던 어마어마한 양의 '민주멸치' 를 제공한 것도 아버지였다. 대통령 당선 직후 "이걸 따는 데 40년이 걸렸습니다" 하고 대통령 당선증을 아버지에게 보여주며 감격하는 아들에게 "이제 됐으니 부정 같은 것은 절대로 하지 마라. 돈이 부족하면 내가 멸치 잡아 댈 테니까"라고 한 아버지의 대답은 그들 부자간의 심리적 관계를 그대로 보여준다.

부자지간의 살가운 정을 보여주는 미담 정도로 넘어갈 수도 있는 일이지만 예순넷이 된 아들에게 멸치 잡아 돈을 계속 대겠다는 아버지의 배려가 제3자의 눈에는 예사롭지 않게 보인다. 농구천재 허재의 아버지가 아들의 기를 살려주기 위해서 한 달에 한 번씩 허재가 다니는 학교 근처를 돌아다니면서 아들의 음식점 외상값을 갚아주었다는 에피소드와 비슷한 맥락이다.

그가 젊었을 적 가족들과 찍은 어느 사진을 보니 YS가 소파에 다리를 꼰 채 여유롭게 앉아 있고 손 여사는 그 옆에 있는데, 아버지 김홍조 옹은 손주들과 함께 뒷자리에 서 있다. 여느 가족사진이라면 연로한 아버지를 중심으로 나머지 식구들이 자리를 잡을 법한데 그 가족의 중심은 명백히 YS인 모양이다.

모든 인간은 출생 후 1년까지는 정상적인 발달과정의 일부로 나르시시즘기(期)가 존재한다. 이때 아기는 자신의 본능적 욕구를 채우는 것에만 관심이 집중되어 있다. 배고프면 울고, 울면 즉시 자기 입으로 젖꼭지가 들어와야만 한다. 이때 아기는 엄마가 어떤 존재인지 알지 못하며 알 필요도 없다. 관심의 대상은 배고픔을 달랠 엄마의 젖뿐이다. 그것이 누구의 젖이건 상관없다. 고무 젖꼭지라도 우유만 나온다면 엄마의 젖과 다를 바 없는 것이다.

이때의 아기에게 엄마는 자기 욕구를 해결해줄 수 있는 젖을 제공하는 대상으로만 의미가 있게 된다. 나르시시즘기의 인간에게 대상이란 대상(object) 그 자체가 아니다. 자신의 욕구를 채워주는 의미로만 존재하는 부분객체(part object)일 뿐이다.

그런데 YS의 아버지는 그의 어린 시절뿐 아니라 평생 동안 그의 아들에게 부분객체로 존재했던 것 같다. YS가 심리적 아기라면 그의 아버지는 평생 엄마의 젖꼭지로만 작동했을 수도 있다는 말이다.

YS는 1남 5녀 중 장남이다. 사촌을 통틀어서 남자 형제가 한 명뿐인 그의 집안에서 "그의 출생은 그 자체만으로 엄청난 축복이요, 경사" 였다고 한다. 그는 어려서부터 온 집안의 귀여움을 독차지하면서 자랐다. YS는 평생에 걸쳐 세 곳으로부터 과잉보호를 받았다는 평가를 받는데 그의 '집안' 과 '언론' 과 '지역' 이라는 것이다. 재미있는 진단이다.

그래서인지 대부분의 사람들은 생후 1년간의 나르시시즘 시기가 지나면 차츰 이 구도에서 벗어나게 되는 데 반해 YS는 지나친 과잉보호로 평생에 걸쳐 자기 욕구만 생각하게 되는 증상을 보여주고 있는 것이다.

신이라 불리고 싶은 사나이

사람들이 자주 지적하는 YS의 오만과 독선은 이러한 심리적 패턴을 바탕으로 한다. YS는 교회에서 기도를 할 때도 고개를 숙이지 않는다고 한다. 그렇게 성장했고 그런 태도를 신념화했다.

그의 사진을 가만히 살펴보면 재미있는 게 있다. 사진 속의 그는 대부분 뒷짐을 지고 있다는 것이다. 중학교 때 사진에서부터 그런 습관이 나타난다. 초선의원 시절 자신의 정신적 대부라고 할 수 있는 조병옥 박사와 사진을 찍을 때도 뒷짐을 지고 있으며, 46세의 최연소 야당 총재로 국회에서 대표연설을 할 때도 그렇다.

산행을 하면서 찍은 사진 속의 YS도 대부분 뒷짐을 지고 있다. 남들에게 훈시를 하는 사람들이 많이 취하는 제스처가 뒷짐이며, 자신의 당당함이나 강자로서의 자신의 지위를 나타내는 상징적 제스처가 뒷짐이다.

YS는 다른 사람을 언급할 때 호칭을 붙이는 경우가 거의 없다. 그가 거론하는 대부분의 사람들은 소위 사회적 공인의 위치에 있는 사람들인데도 특별한 경우가 아니면 호칭 없이 이름만을 거명한다. 김대중이가, 이인제가, 이회창이는… 매사가 그런 식이다. 오만하고 무례하기 짝이 없는 행동이다.

DJ가 자기보다 나이가 더 많지만 자신이 국회의원이 먼저 되었고 대통령을 먼저 했으므로 정치적 선배라는 게 그의 주장이다. 자유당 때의 원용덕 장군이나 유신 시절의 김형욱 전정보부장 등과의 관계를 회고하면서, 그들 모두가 자신보다 연상이었지만 자기에게 형님이라고 불렀다는 사실을 빼놓지 않고 밝힌다. 물론 자신이 그만큼 대가 셌기 때문에 가능했다는 것이다.

또 그가 잘 사용하는 말 중의 하나는 "버르장머리를 고쳐놓겠다"는 것이다. 고(故) 정주영 회장이나 박태준 전(前)포철회장, 박철언 의원 등은 모두 버르장머리가 없어서(?) YS에게 곤욕을 치른 사람들이다. 심지어 일본이라는 국가에 대해서도 버르장머리를 고쳐줘야 한다고 말한다.

YS에게 선악의 기준은 오로지 자신이다. 자신이 통제할 수 있고 자신을 지지하면 선이요, 자신의 영향력이 미치지 않거나 자신과 반대 입장을 취하면 그건 바로 악이다. 그는 자신의 정신세계 안에서 칭송받고 존경받아야 할 인물로 자신을 규정한다.

나르시시즘은 대인관계 자체를 존재하지 않게 한다. 그의 정신세계에는 자신과 자신의 욕구만이 존재하기 때문이다. 그래서 타인의 존재를 전제로 하는 비판을 수용하는 일 따위는 나르시시즘과 애초에 동침이 불가능한 짝이다.

YS에게 화를 내거나 그의 의견에 반대한 사람은 비록 그가 어제의 동지일지라도 그 순간부터 YS의 적이 된다. 그는 지금도 미분화된 심리구조를 가지고 있는 것이다. 그런 사람에게 '자기 자신에 대한 올바른 인식' 을 주문하는 것 자체가 어리석은 일인지도 모른다.

문득 앤터니 서머스의 책 『오만한 권력: 리처드 닉슨의 비밀세계(The Arrogance of Power: The Secret World of Richard Nixon)』에 나오는 대통령의 정신건강에 관한 대목이 떠오른다. 닉슨이 미국 대통령으로 재직하고 있을 때의 일이다. 그는 자신의 기분이 무척 변화가 심하다는 것을 의식하고 있었다. 그래서 닉슨은 국방장관에게 다음과 같은 비밀명령을 따로 내려두었다고 한다.

"내가 탄핵받으면 해병대를 출동시킬지도 몰라. 만일 그러면 국방장관 당신이 그 명령을 막아요."

비록 심리치료를 받고 있었지만 적어도 닉슨은 자기 자신에 대한 인식만은 확실히 하고 있었던 모양이다. 미국의 정치평론가들은 대통령과 정치인들의 정신건강 문제가 이미 대중적인 논의의 주제가 됐는데도 놀라울 정도로 많은 정치인들이 자신의 정신적 문제를 여전히 숨기고 있다고 목소리를 높인다.

그런 연장선상에서 대단히 실례되는 말이지만, 나는 지금 YS가 '전직 대통령' 이라는 게 그나마 다행이라고 생각하고 있다.

"아니 이럴 수가, 본지가 겨우 17위였다"

이번에는 김어준 『딴지일보』 총수에 대해 살펴보자.

99년 한 시사주간지에서 1년 동안 가장 영향력이 있는 언론매체 순위를 조사했더니 인터넷 미디어로서는 최초로 『딴지일보』가 20위 안에 선정되는 사건(?)이 일어났다. 『딴지일보』는 이 사실을 이렇게 비틀어 보도한다.

"아니 본지가 10위권 밖이라니... 아니.. 씨바 이럴 수가... 본지가... 겨우... 17위였다. 경악과 당혹감을 금치 못한 본지는 10위 이하의 자세한 순위와 그 근거를 파악하기 위해 바로 시사조널 담당자에게 연락을 취해 그 조사결과 전체를 입수하여 세부 득표율를 파악한 결과, 본지는 교수 · 학자 · 언론인 집단으로부터 주로 득표하여 17위를 차지한 것으로 드러나따. 아... 본지가 그 동안 그 모든 탄압과 역경을 헤치며 고난의 민족정론 행보를 이어왔건만 겨우 17위란 말인가."

『딴지일보』의 목소리로 유머러스하게 표현해서 그렇지 이쯤 되면 새로운 형태의 언론권력이라고 평가받을 만하다. 제도권 언론권력의 오만방자함에 대한 응징을 표방하고 있는 『딴지일보』 입장에서 보면 별로 유쾌하지 않은 해석일 수도 있겠지만, 심정적인 차원과는 별개로 현실세계에서 『딴지일보』의 영향력은 막강하다는 느낌이다.

지난 98년 7월 4일 '웹진 형태의 개인 홈페이지' 로 출발한 『딴지일보』는 349일 만에 조회수 1천만 번을 돌파했고 2001년 7월 현재 조회수가 약 4천5백만 번에 달하고 있다. 하루에 4만 번 이상, 한 달에 1백만 번 이상의 조회수를 기록하고 있다는 말이다. 4천5백만이라면 대한민국 전체 인구와 비슷한 수치다. 우리 나라 언론의 보도방식처럼 풀어헤쳐 쉽게 설명하자면 갓난아기부터 백 살 먹은 노인까지 대한민국 국민이라면 모두가 한 번씩 『딴지일보』를 보았다고 말할 수 있는 횟수다.

이 막강한 『딴지일보』의 총수이자 발행인이 바로 김어준이다. 많은 사람들이 이미 잘 알고 있을 김어준을 소개하면서 북한의 지도자를 소개하듯 거창하고 긴 수식어를 붙이는 데는 나름의 이유가 있다. 앞서 말한 것처럼 사람의 급을 따지기 좋아하는 사람들의 딴죽걸기를 피해보고 싶은 마음에서다. 단 몇 천 부를 발행하는 신문사의 발행인도 지역 유지로 행세할 수 있는 우리의 풍토에서 대한민국 인구수만큼의 조회수를 기록하고 있는 언론사의 발행인이라면 그의 위상에 대해서 더 왈가왈부할 필요가 없지 않겠는가 말이다.

윤봉길 의사는 테러리스트?!

김어준은 1968년 경남 진해에서 출생했다. 서울에서 고등학교를 졸업하고 서울대를 세 번 떨어진 후 홍익대학교 전기공학과에 입학했다. 마음을 비우고 공부에 몰두하고 싶어 대학 1학년 때 최초의 배낭여행을 다녀왔는데 그 이후 무려 3년 동안 이스라엘, 터키, 이집트 등 40여 개국을 여행했다.

미당의 시구를 빌어서 표현해본다면 '지금의 김어준을 키운 건 9할이 여행이었다'. 95년 대학 졸업 후 포항제철 해외영업부에 근무하던 어느 날 "김 대리는 지금 배낭여행 중입니다"라는 모 그룹의 신문광고를 보고 입사 8개월 만에 퇴사했다. 여행을 가기 위해서였다. 집에는 출장 간다고 말한 후에 짐을 꾸려서 이집트로 날아갔다.

김어준은 이집트라는 나라에 남다른 애정이 있는 모양이다. 이집트에 가면 사기꾼도 많고, 바가지도 심하고, 나라 전체가 시장통 같고 어수선한데 그런 게 마음에 든단다. 그 이유가 재미있다. 주류라는 게 없어 보이기 때문이라는 것이다. 그냥 다들 떠들고 축제 같고 무엇보다도 개인의 삶에 대한 억압이나 부당한 요구, 속임수 이런 게 없어서 좋아 보인다는 것이다. 그가 이집트에서 느끼는 친근함이나 호감은 그대로 김어준과 『딴지일보』가 추구하는 철학과 일치한다.

이집트에서 귀국한 김어준은 여행 관련 IP 사업과 이벤트 사업, TV 다큐멘터리를 기획·제작하는 일에 종사한다. 특히나 배낭여행 중에 만났던 입양아들을 소재로 한 작품으로 다큐멘터리 영화제에서 대상을 수상하면서 그의 예사롭지 않은 기획 능력을 드러내기 시작한다. 배낭여행과 인터넷을 결합한 신종 여행상품을 개발해서 경제적 풍요를 구가하던 김어준은 IMF를 맞아 수천만 원의 빚을 지고 졸지에 실업자 신세가 된다.

그의 말에 따르면 『딴지일보』는 그때 시간은 남는데 할 거는 없고 그래서 심심풀이로 만들어본 개인 홈페이지라고 한다. 결혼하고 몇 개월밖에 안 된 새신랑이 백수 신세가 되어 돈도 되지 않는 일에 매달려 신문을 만든다고 컴퓨터에 코를 박고 있을 때 새댁의 심정은 어떠했을까. 그러나 김어준은 조금도 위축되지 않고 『딴지일보』에 혼신의 힘을 기울였다. 『딴지일보』를 만들고 처음 몇 개월간 김어준은 발행인 집무실이었던 안방 구석에서 그룹총수, 발행인, 편집장, 취재기자, 프로그래머, 디자이너, 윤전기사, 청소부의 역할을 혼자서 다 해냈다. 밤 10시부터 일을 시작해 새벽 5시까지 일을 하는 밤샘작업이 대부분이었다. 당시 『딴지일보』를 통한 수익이나 장밋빛 청사진이 전혀 없는 상황에서도 그처럼 꿋꿋할 수 있었던 뒷심은 여행의 경험이었다는 게 김어준 자신의 진단이다.

김어준은 틈만 나면 여행의 중요성을 강조한다. 『딴지일보』를 통해 드러나는 다양한 시각이나 풍부한 소재, 사람을 유쾌하게 만드는 패러디 등은 대부분 그의 여행 경험에서 비롯한다. 그가 글이나 인터뷰에서 자주 언급하는 중동지방의 여행담을 들어보자.

그는 아랍을 여행하기 전까지는 아랍인들에 대해서 굉장히 부정적인 선입견이 있었다고 말한다. 종교심이 강하고 배타적이고 어설프고 게다가 테러리스트, 한마디로 나쁜 놈이었다는 것이다. 그에 비해 유태인은 머리 좋고 역경을 이겨낸 민족, 우리 편이라는 생각이 강했다고 한다. 그런데 실제로 아랍을 여행하면서 김어준은 큰 충격을 받는다. 아랍 버스에 올라와 검문을 하는 이스라엘 군인은 아랍의 편에서 보면 일본 순사였고, 팔레스타인인의 폭탄 투척을 그들의 등뒤에서 봤더니 바로 우리 윤봉길 의사의 도시락 폭탄과 다를 바 없었다는 게 그의 주장이다.

지나치게 단순화한 느낌이 없지는 않지만 김어준이 느낀 충격의 강도나 철학적 고민이 그대로 실려 있는 에피소드다. 그렇게 선입견을 없애고 뒤집어서 생각해본 경험이 『딴지일보』를 만드는 원동력이 되었다는 것이다. 독일 프랑크푸르트 공항도 그에게 값진 교훈을 주었다. 거기에는 우리 나라 공항처럼 흡연박스가 따로 없고 사람들이 청사 안에서 담배를 피운단다. 왜 담배를 안 피우는 사람의 권익을 존중해 흡연박스를 만들지 않느냐는 질문에 대한 그들의 대답이 의미심장하다. 환기시설에 더 투자해 다른 사람에게 피해가 안 가게 하면 되지 왜 담배를 피우는 사람들의 권리를 제약하는가.

김어준은 그런 경험들에서 인간을 중심으로 한 발상 전환의 필요성을 체득한다. 그가 강조하는 다양한 시각이란 역지사지(易地思之)에 다름 아니며 균형감각의 또다른 표현이다. 그의 균형감각은 경쾌함을 진중하게 표현할 줄 아는 모차르트의 재능처럼 다분히 천성적이다. 김어준의 균형감각은 그의 분신이랄 수 있는 『딴지일보』에 그대로 묻어 있다.

"그래? 그럼 니가 만들어"

김어준은 지난해 8백억이라는 천문학적인 금액의 『딴지일보』 인수 제의를 거절했다. 팔고 싶지 않은 게 첫째 이유고, 둘째는 앞으로도 자신이 생각한 방향대로 해보고 싶은 생각 때문이었단다. 그러나 이런 감상적인 이유만으로 인수 제의를 거절했다면 그건 『딴지일보』의 김어준이 아니다. 그 이유를 들어보자.

"8조 원짜리도 될 수 있다고 생각했으니까요."

당당하고 호기롭다. 김어준은 YS와는 또다른 측면에서 오만과 독선을 드러낸다. 그런데 그의 오만과 독선은 다른 사람의 마음을 불편하게 하지 않는다. 오히려 귀엽고 유쾌하다. 『딴지일보』가 '우짜겠습니까, 니가 참아야지' 따위의 철저한 무(無)서비스정신을 표방하는 것도 그런 맥락이다.

『딴지일보』 기자들은 자신들의 신문을 '조폭시스템'이라고 말한다. 한마디로 김어준 총수가 짱이므로 딴지에 충성을 맹세한 기자들은 자신의 모든 자유와 권리를 총수에게 일임해야 한다는 것이다. 여자건 남자건 개의치 않는다. 이런 오만과 독선, 독재가 또 있겠는가. 김어준은 『딴지일보』를 '1인 신문'으로 운영할 때부터 이런 기질을 유감없이 드러냈다.

『딴지일보』 1호를 인터넷에 띄우고 혼자 하릴없이 조회수를 올리다가 야후코리아 서핑팀장에게 메일을 하나 보낸다.

"임명장. 귀하를 본지의 제1호 홍보담당 임원으로 직권에 의거 낙하산 임명함. 반항은 금물이며… 어쩌구저쩌구… 딴지그룹 발행인."

일면식도 없는 사람이었지만 그 강압적인 메일을 받고 야후의 서핑팀장은 『딴지일보』의 홍보담당 임원이 되어 『딴지일보』를 네티즌들에게 알리는 일등공신이 되었다. 창간 사설도 그러한 김어준의 스타일을 잘 보여준다.

"쓰윽 한번 돌아보자. 왜?글쎄 보자면 한번 보자. 『딴지일보』는 이 거대한 흐름 속에서 나름대로 제 목소리 한번 내보려는 작고 희한한 지랄빵이다. 때론 실수하고 그러더라도 봐주기 바란다. 귀엽잖은가. 발행인."

『딴지일보』가 폭발적인 인기를 끄는 이유는 철저하게 비주류를 지향한 데다 고정관념 없이 핵심을 향해 거침없이 찌르고 들어가는 비판과 풍자 때문이라는 게 인터넷 전문가들의 평가다. 여기에는 김어준이 비주류로서 주류와 맞서는 방법으로 고안해낸 독특한 패러디가 큰 역할을 한다. 또한 통신

김어준

'우짜겠습니까, 니가 참아야지' 따위의 무(無)서비스 정신.
'그래? 그럼 니가 만들어' 라고 서슴없이 내뱉는 철저한 오만과 독선.
하지만 그곳에 '내 맘대로' 식 사고는 없다. 차라리 '니 맘대로' 식 사고라고나 할까.
타인을 중심으로 한 발상의 전환, 역지사지(易地思之)에서 비롯된 절묘한 균형감각.

공간에서 자라난 새로운 말투에 기초한 특유의 입말 풍자체가 대중적 주목도를 크게 높였다.

『딴지일보』의 보도원칙이라는 것도 딴지식 표현처럼 '엽기적' 이다.

"독자를 가르쳐주지 않는다. 독자의 항의에 아랑곳하지 않는다. 독자에게 변명하지 않는다." 철저하게 오만과 독선을 바탕으로 한다. 『딴지일보』의 독자들은 김어준과 딴지의 '귀여운 오만과 독선' 을 충분히 수용하고 즐기기까지 한다. 잠재적인 피학 성향의 충족 때문이 아니다. 커뮤니케이션 채널이 적절하게 가동되는 쌍방향의 관계이기 때문이다. '따로 또 같이' 의 관계라고 할까. 김어준의 말을 직접 들어보자.

"독자들이 딴지와 관련해서 어떤 '제안' 을 해올 때는 충분한 답변을 합니다. 하지만 딴지가 잘못한 부분에 대한 '지적' 이나 '비판' 을 해오면 그냥 놔둡니다. 왜냐하면 그 지적이나 비판 자체는 그 독자가 언론으로 기능하는 모습이기 때문입니다. 어차피 '1인 언론' 의 실현이 딴지의 모토이기 때문에 저는 지적이나 비판을 하는 독자도 하나의 언론으로 간주하고 싶은 겁니다. 딴지라는 하나의 언론매체와 그것을 향유하는 독자의 관계는 거부합니다. 그래서 아무런 대꾸도 안 합니다. 정 귀찮게 구는 독자가 있으면 저는 이렇게 대답합니다. '그래?그럼 니가 만들어' ."

대단한 통찰력에다 얄미울 만큼 한계가 명확하다. 2년간 체중이 24kg이나 증가한 데다 수염까지 길러 얼핏 산적을 연상케 하는 외모지만, 김어준을 볼 때마다 여우같다는 느낌을 받는 건 바로 그런 이유일 것이다.

'당연한 걸 가지고 쓸데없이 폼은'

그는 자신의 이런 성향이 부모님의 영향 때문일 거라고 말한다. 특이하게도 김어준은 부모의 완전 방임 속에서 자랐다고 한다. 공부를 잘해도 잘했다는 말을 안 하고, 못해도 '공부해' 라는 말을 안 하고, 그래서 한때는 부모님이 자신에게 아무 관심이 없다고 심각하게 생각했단다. 맛있는 게 있으면 부모님들만 드시면서 "너는 먹을 날이 많이 남았잖아, 짜식아", 그렇게 말씀하셨단다.

김어준의 아버지는 환갑이 넘은 아들에게 멸치 잡아 돈을 대겠다는 YS의 부친과는 아주 대조적인 스타일인 모양이다. 그러니까 간단하게 말하면 부모가 자식에게 해주는 게 거의 없는 대신에 통제나 참견도 일절 하지 않겠다는 것이다.

김어준은 그런 관계 속에서 해주는 것이 없다는 생각보다는 통제 없는 시스템 속에서 자율적인 인간이 되었다고 고백한다. 마음대로 하되 그 결과도 스스로 책임지는 것을 배웠다는 것이다. 그 아버지에 그 아들이다. 『딴지일보』가 말을 막 하는 것 같지만 실제로는 근거 없는 말을 하지 않는 것도 무책임한 짓을 할 수 없다는 생각 때문이란다.

출판인 김규항은 김어준을 독특한 인간이라고 말한다. 운동권이라든가 제대로 학습을 했다든가 하는 따위의 경험이 거의 없으면서도 세상을 바라보는 눈이 대단히 정확하다는 것이다.

김어준은 늘 상식에 근거해 판단하려 한다고 말한다. 실상 『딴지일보』도 우리 나라에서 30년 이상을 산 사람이라면 누구나 알고 있는 문제점을 재미있게 비틀어놓는 정도의 발언을 하는 것으로, 그 이상은 아니라고 한다. 그 단순하고 당연한 시각에 4천만 번 이상의 환호와 지지가 있다는 것은 무엇을 뜻하는 것일까. 그런데도 그의 아내는 처음엔 "오빠가 대통령과 저명한 정치인의 사진을 저렇게 해도 되나 걱정이 되고 그러다 붙잡혀 갈까 봐" 걱정을 많이 했단다.

그의 아내 얘기가 나온 김에 덧붙이자면 김어준은 페미니스트로 알려져 있는 사람이다. 그러나 그의 말은 좀 다르다.

"저 페미니스트 아니에요. 호주제를 폐지해야 하는 건 당연합니다. 남자 여자 차별 안 해야 하는 거 상식 아닌가요? 너무 당연한 걸 가지고 지가 페미니스트라고 잘난 척하는 남자들, 저 이해 못해요."

역시 상식 수준의 역설이다. 다른 웹진은 적당히 폼을 잡지만 『딴지일보』가 그의 표현처럼 '씰데없는' 폼을 잡을 필요가 없는 건 상식을 존중하는 그의 믿음 때문일 것이다.

상식의 존중은 균형감각을 담보로 한다. 균형감각이 둔해지면 상식이 아닌 일도 상식이라고 우길 수 있기 때문이다. 균형감각을 잃지 않는 가장 좋은 방법은 나와 타자(他者) 사이에서 '나에 대한 인식'을 확실히 하는 것이다. 물론 쉽지 않은 일이다. 이제 30대 초반의 김어준은 그 쉽지 않은 일에 끊임없이 몸과 마음을 내던지고 있다.

'니 꿈을 이뤄주마'

지금 일부에서는 『딴지일보』가 이 사회의 부조리에 맞서서 어떻게 기능하고 어떻게 자리매김될 것인가를 사회적이고 학술적인 차원에서 접근하는 연구들이 진행되고 있다. 유익하고 바람직한 시도라고 생각한다.

나는 그런 연구에서 『딴지일보』가 우리에게 던지는 자기 인식의 중요성에 대한 언급도 한번쯤은 있었으면 하는 바람을 가지고 있다. 『딴지일보』는 김어준이라는 이 젊은 총수와 '암수한몸' 관계이기 때문이다.

이제 현실세계에서도 김어준은, 아직 규모가 작긴 하지만 딴지사옥을 마련해 주방과 간이 바도 만들어놓고 수많은 딴지 식구들과 함께 삐딱한 책상에 앉아서 세상을 삐딱하게 보고 있다. 그가 말하는 딴지그룹의 경영철학도 삐딱하긴 마찬가지다.

"저희의 사규가 '니 꿈을 이뤄주마' 예요. 직장이 바로 자신의 꿈을 실현시켜줄 수 있는 공간이 되는 거죠. 저는 과거에 그 사람이 무엇을 했는지엔 관심이 없습니다. 앞으로 하고 싶은 게 무엇인지가 중요하죠."

원래 총수란 대기업 등 큰 조직체나 집단을 거느리는 사람을 말한다. 어쩌면 그는 멀지 않은 장래에 『딴지일보』를 8조 원 규모의 딴지그룹으로 키워 진짜 총수로 취임할지도 모른다. 하지만 나는 김어준이 '딴지그룹 총수'로서만이 아니라 자신의 크고 복잡한 마음을 효율적으로 통제할 수 있는 '마음의 총수'로 등극하기를 진심으로 바란다.

마지막으로, 어느 해 추석을 앞두고 역지사지의 정신을 설파하는 김어준의 말을 들어보자.

"왜 방송은 추석 때마다 성룡 영화를 그토록 재방 삼방하는지 모르겠어요. 그거 PD들이 골라냈을 텐데, 그 사람들한테 묻고 싶어요. '니넨 그거 재밌니? 니들이 재미없으면 우리도 재미없어'."

김규항의 말처럼 '세상 사람들은 『딴지일보』 덕에 별 볼일 없는 놈이 떴다'고 하지만, 실은 『딴지일보』가 너무 뜬 덕에 김어준이 별 볼일 없는 놈으로 가려져 있는지도 모른다. 김어준, 재미있고 존경스러운 젊은 총수다.

오로지 '나'를 위한 예외

미국의 어느 젊은 기자가 '미국 국회의원들은 모두 다 저능아다'라는 신문기사를 작성했다고 한다. 그 문장을 미리 본 고참 기자는 그에게 충고했다. 그 기사가 나가면 국회의원들의 항의가 빗발칠 것이다. 그러니 한 구절만 추가하자. 다시 고친 문장은 이랬다.

"미국 국회의원들은 한 명만 빼고 모두 다 저능아다."

기사가 나간 후 항의한 국회의원은 한 명도 없었단다. 국회의원들은 모두 그 '한 명' 이 바로 자기라고 믿었기 때문이다.

자기에 대해서 제대로 인식한다는 것이 얼마나 힘든 일인지 모른다.

이건희 vs 조영남

완벽하지 '못한' 황제, 망가지지 '않는' 광대

누구에게나 적어도 한 군데씩은 '아픈 곳'이 있다.
흔히들 콤플렉스라고 부르는 열등감이 그것이다.
그런데 희한하게도 이 열등감의 경우엔 '누구나 그렇다'는 말이 별 위로가 되지 못하는 것 같다.
그건 오히려 열등감을 부추긴다는 쪽에 가까운데, 이렇듯 스스로도 모를 만큼
은밀하게 키워진 열등감은 결국 자기 주변에서 모든 사람들을 내몰아버리고 만다.
자신의 실제 바람과는 정반대로 말이다.

(이건희 vs 조영남)

완벽하지 '못한' 황제, 망가지지 '않는' 광대

누구에게나 '아픈 곳'은 있다

삼성그룹 이건희 회장은 가수 조영남보다 세 살쯤 많다. 둘 다 50대 후반이지만 사는 방법이나 하는 일이 다르다. 취향이나 사고방식도 워낙 달라 우연히 부딪쳐도 서로 멀뚱멀뚱할 것 같은 사람들이다.

매번 그런 건 아니지만 보도를 통해서 두 사람에 관한 일을 접할 때 직업병처럼 떠오르는 공통적인 단어가 하나 있다. 그건 바로 '콤플렉스'라는 정신분석학 용어다.

정신분석학자 칼 융에 의하면 '콤플렉스'란 '우리로 하여금 당황하게 하거나 화를 내게 하거나 또는 목을 매게 하는 마음속의 어떤 것'이다. 심한 마음의 상처를 입었을 때 우린 흔히 "아픈 곳을 찔렸기 때문"이라고 말하는데 콤플렉스란 바로 그 아픈 곳에 자리하고 있는 무의식의 덩어리다. 오늘날에는 콤플렉스란 말이 열등감과 같은 뜻으로 일상용어처럼 쓰이고 있다.

사람들은 자신의 모습을 자기 내면보다는 타인들의 평가에서 찾는 경향이 있다. 타인이 자신을 비춰주는 거울인 셈이다. 다른 사람과 비교하고 그들의 평가와 기대에 자신을 끊임없이 맞추다보면 상대적인 열등감이 발동한다. 열등감이란 객관적일 수 없는, 철저하게 주관적인 감정인 것이다.

그래서 사람들은 누구나 주관적인 경험을 근거로 많든 적든 콤플렉스를 가지고 있다. 이탈리아의 무솔리니는 폐소공포증으로 동굴에 들어가지 못했을 뿐 아니라 집무실의 규모도 엄청나게 크게 만든 것으로 유명하다. 미국의 대부호 하워드 휴즈(공교롭게도 이건희 회장의 별명 역시 '하워드 휴즈'다)는 극단적 결벽증과 세균공포증 같은 강박증상 때문에 사람들과의 만남을 꺼려 거의 은둔자처럼 일생을 보낸 것으로 알려졌다. 영화 〈대부〉로 유명한 배우 알 파치노는 자신의 작은 키에 심한 콤플렉스가 있어서 머리가 희끗희끗한 할아버지가 된 지금까지 젊은 아가씨들도 꺼릴 정도로 굽이 높은 구두를 신는다고 한다.

개인적 콤플렉스는 인간의 심리적 발달과 밀접한 관련이 있다. 정신분석학자 프로이트에 따르면 사람은 구강기(口腔期), 항문기(肛門期), 남근기(男根期)의 순서로 심리적인 발달을 하며 성장한다고 한다. 그에 따르면 성인이 되어서도 구강기에 머물러 있는 사람은 소아적 의존성을 가진 미숙한 사람일 가능성이 많고, 항문기적 성향인 사람은 목표를 정하고 완벽을 추구하며 강박적인 삶을 사는데, 그들은 세상을 경쟁의 원리에 따라 바라본다. 그에 반해 남근기적 성향인 사람은 즐거움 자체를 추구한다. 그들에게 경쟁과 완벽은 의미 없는 논리가 된다.

이렇게 분류할 때 두 남자, 이건희 회장과 가수 조영남은 어디에 속할까. 나는 이건희는 전형적인 항문기적 성향의 소유자고, 조영남은 그것을 뛰어넘은 남근기적 성향의 사람으로 본다. 이건희는 왜 항문기적 성향에 머물고 있으며 조영남은 또 어떤 이유로 그것을 뛰어넘은 자유로운 남근기적 삶을 즐기고 있는 것일까.

두 사람의 내면세계 분석을 통해 정신의학의 중요한 코드 중 하나인 '콤플렉스'의 실체에 대해서 살펴보자. 먼저 이건희 회장이다.

황제의 열등감?!

이건희는 단순히 우리 나라에서 가장 돈이 많은 사람일 뿐 아니라 현재 우리 나라 경제 전반에 미치는 파급력이 가장 큰 삼성그룹의 총수다. 이제는 비단 삼성에 직접적으로 연관된 사람만이 아니라 일반 국민들조차도 그의 행동 하나 말 한마디를 관심 있게 지켜볼 수밖에 없다는 말이다. 그가 암 진단을 받고 치료를 할 때 많은 사람이 지대한 관심을 보인 것도 그런 이유에서였을 것이다.

지금은 완치가 되어 이건희 특유의 카리스마를 발하며 활발한 경영활동을 하고 있지만, 그가 암 치료를 위해 미국에 머물러 있을 당시 일각에서는 '포스트 이건희'라는 말이 조심스럽게 거론되기도 했다. 내가 이건희에 관한 글을 쓰려고 마음먹은 것은 그때다. 이건희라는 인물이 우리의 일상생활과 얼마나 밀접하게 관련이 있는 사람인지를 새삼 깨달았기 때문이다.

당연히 이 글은 삼성그룹 이건희 회장의 경영활동을 비판하거나 그의 인간적 특성을 자극적인 관점에서 묘사하려는 의도를 가지고 있지 않다. 이건희의 특이한 카리스마와 관련된 심리적 메커니즘을 정신과적 영역에서 살펴보고자 함이다. 이건희 본인이 의도하지 않았더라도 그의 일거수 일투족에 경제적 · 심리적 영향을 받을 수 있는 나 같은 일반 국민의 입장에서는, 이건희라는 인물이 궁금할 수밖에 없지 않겠는가. 한 정신과 의사가 이건희를 보는 '또다른' 관점 정도로 받아들여졌으면 한다.

이건희는 재벌의 아들로 태어나 '황태자'를 거쳐 '황제'가 된 사람이다. 사람들은 그가 한 다이어트를 '황제 다이어트'라 칭하고, 그가 사람들에게 베푼 정을 가리켜 '황제의 정'이라는 희한한 단어로 표현한다.

그런데 나는 이건희를 볼 때마다 정상에 선 사람의 고독감보다는 '황제의 열등감'을 느끼곤 한다. 얼핏 생각하면 이건희에게 '열등감'이란 단어는 가당치도 않아 보인다. 그러나 정신과 의사의 눈으로 '인간 이건희'의 일생을 찬찬히 관찰하다보면 열등감이란 키워드만큼 그를 잘 설명할 수 있는 단어가 또 있을까 싶은 생각이 든다. 그의 인생을 그림에 비유할 때, 그림의 바탕색을 결정하고 있는 중요한 요인의 하나가 바로 열등감이라는 말이다.

그렇다면 그의 열등감이 인간 이건희에게서는 어떤 식으로 나타나고 있으며, 그가 오너로 있는 삼성그룹에는 어떤 형태로 스며들어 있을까.

'삼성은 기필코 달라야 합니다'

"삼성이 만들면 다릅니다"라는 카피가 있었다. 오만할 만큼 당당한 자신감의 발로였고, '역시 삼성'이라는 탄성을 자아내게 했다. 그러나 그런 자신감을 보이기까지 그들이 쏟아부었을 노력에 대해서 혹시 생각해본 적이 있는가. 아마도 처절할 만큼 혼신의 힘을 기울였을 것이다. 그게 바로 삼성의 일등 자존심이고 기업문화다. 그런 자존심이나 기업문화가 좋다거나 나쁘다거나 하는 말을 하자는 게 아니다. 그 이면의 심리적 메커니즘을 살펴보자는 말이다.

IMF를 거치면서 삼성의 일등주의는 현실세계에서 구체적으로 그 위력을 보이고 있다. 2001년 4월 공정거래위원회는 삼성그룹이 자산 기준으로 현대그룹을 물리치고 재계 1위 기업이 됐다고 발표했다. 주식시장에서도 삼성그룹은 국내 시가총액의 20%를 차지하고 있고 대부분 고가주(高價株)에다 블루칩 대접을 받고 있다. 더구나 지난해 12월 결산 상장업체들이 1년 동안 거둔 수익 중에서 삼성전자 한 회사가 차지하는 비중이 69%나 되었는데, 삼성전자는 반도체 부문 영업이익만 6조1천억에 달해 법인세만 1조 원을 넘게 납부했다고 한다.

"우리 나라 기업은 삼성과 기타 기업으로 나눌 수 있다"라는 말이 나돌 만큼 삼성의 독주는 발군이며, 일등주의에 대한 삼성의 자부심은 그 어느 때보다 높아 보인다.

한 교수는 "삼성의 강점인 '일등주의'는 진취적이고 공격적인 의사결정을 가능하게 한다"고 평가한다. 그러나 정신의학적인 관점에서 보면 일등에 대한 집착은 끊임없는 내적 열등감의 발로인 측면이 있다.

정신분석학자 애들러는 자신의 실패나 무력(無力)을 변명한다든지 합리화한다든지 하는 의식적인 작용을 '열등 콤플렉스(Inferiority Complex)'라고 불렀는데, 이것은 자기의 열등감을 보상하기 위해 다른 사람이 엄두도 못 낼 만큼 엄청난 노력을 하는 것을 말한다. 원래는 말더듬이였다가 지하실에 틀어박혀 밤낮없이 노력한 결과 훗날 웅변의 아버지라고까지 불린 그리스의 데모스테네스는 '열등 콤플렉스'를 극적으로 보여주는 인물이다.

삼성은 다분히 '강박적인' 기업문화를 가진 조직이라는 게 내 생각이다. 열등감을 보상하기 위해 다른 사람이 엄두도 못 낼 만큼 엄청난 노력을 하다보면 자기도 모르게 강박적으로 생각하고 처신할 수밖에 없게 된다. 삼성만의 독특한 OJT(현장실무교육)나 돌다리도 열 번 이상 두들기고 건넌다는 의사결정 방식 등이 삼성의 강박적 기업문화를 입증하는 하나의 사례들이다. 이러한 강박적 기업문화를 기반으로 삼성은 국내외 시장에서 수많은 일등제품을 가지고 있는데 치밀하고 섬세한 강박적 문화의 순기능이 가장 도

드라진 대표적 분야는 반도체일 것이다.

혹여 이러한 내 개인적 생각에 반발심을 가질지도 모를 사람들에게는 '강박적 기업문화' 와 관련된 사례들과 그 의미들에 대하여 더 얘기하고 싶지만, 이 글의 목적은 삼성의 기업문화를 진단하기 위한 것이 아니라 이건희라고 하는 한 인물을 살펴보자는 데 있으므로 그의 개인적 성향에 초점을 맞춰 살펴보자. 인간 이건희의 내면을 분석하다보면 삼성의 기업문화가 '강박적' 이라는 내 개인적 진단이 설득력을 얻는, 의외의 소득을 얻을지도 모르겠다.

이건희에겐 시비도 걸지 마라

이건희의 성격을 정신의학적으로 규정해보면 '강박적 성향' 에 해당한다. 이 성향의 심리적 축은 열등의식이다.

강박적인 성격의 특징을 한번 살펴보자.

첫째, 그들은 감정기능이 빈약하다. 감정표현이 아주 드물며 감정 대신 그들이 사용하는 것은 사고(思考)이고 원칙이다.

이건희는 취미가 '연구와 생각' 이라고 할 정도로 감정보다는 사고가 비대한 사람이다. 그의 방은 한 벽에는 침대, 한 벽에는 책, 또 한 벽에는 대형 TV · VTR · 오디오가 있다고 한다. 밖이 훤히 내다보이는 창가엔 책상과 의자가 있는데, 재택근무를 자주 하는 이건희는 회사에 문제가 생겼을 때는 몇 시간이고 꼼짝 않고 그 자리에 앉아 생각에 잠긴다. 퇴근 후에도 잠옷으로 갈아입고 자기 방에 들어가 한번 앉아버리면 거의 바깥출입을 하지 않는다고 한다.

그의 자녀들이 어린 시절에도 2~3일에 한 번씩 아빠방에 와서 '아빠'

소리 한 번 하고 겨우 5분 정도 이야기하는 게 고작이었단다. 20년이 넘는 세월 동안 가족끼리 외식한 횟수도 두세 번이 전부이고, 부인과 맞선을 볼 때도 인사만 하고는 한마디도 묻지 않은 채 영화 〈닥터 지바고〉를 보면서 몇 마디 주고받았을 뿐이었다고 한다. 좀 극단적인 진단이긴 하지만 이건희는 인간관계에서 감정적 교류가 거의 불가능한 사람처럼 보인다.

강박적 성향의 소유자는 타인과의 감정적, 정서적 접촉을 꺼린다. 왜냐하면 그들의 무의식에는 권위에 대한 공포가 내재화돼 있고 그와 함께 자신의 잠재의식 속에 있는 강한 분노와 적개심이 혹시라도 튀어나오면 어쩌나 하는 강한 불안감을 갖고 있기 때문이다.

97년 10월에 발간된 독일의 경영전문 월간지 『매니저』에는 삼성그룹을 분석한 특집기사가 실려 있다. 그 기사를 보면 한국에서 이건희에게 시비를 거는 것이 얼마나 어리석고 치명적인지를 한 독일 최고경영자가 서울에서 겪은 일을 소개하면서 설명하고 있다. 독일의 최고경영자는 이웃집의 개 짖는 소리가 너무 커 두 번이나 항의해도 통하지 않자 세번째 항의 차 옆집으로 갔다. 그러자 관리인은 그 집이 이건희 일가가 살고 있는 저택이라고 말하면서 독일인이 세든 집도 이미 이건희 소유로 넘어갔다고 설명했다고 한다. 이건희가 항의 소식을 듣고 옆집을 매입하도록 지시했다는 것이다.

그는 감정이 개입되기 마련인 문제를 만나면 아예 그 해결과정을 피하기 위해서 불필요한 비용을 들이는 경우가 많다. 가부장적이던 선친의 원칙이기도 하지만 어쩌면 삼성의 무노조 정책을 이런 맥락에서 해석해볼 수도 있지 아닐까. 삼성은 노조를 봉쇄하는 대신 타사와는 전혀 다른 사원복지 정책을 쓰고 있기 때문이다. 삼성 에버랜드의 일반직원용 기숙사는 이례적으로 1인 1실이라고 한다. 하루 종일 수많은 손님들에게 인사하고 불평을 들으면서 심신이 지친 사람은 저녁시간만이라도 혼자서 조용히 지내고 싶은 마음이 생기는데, 그런 사람의 본성을 고려한 방 배치란다. 그런 복지 정책이

나쁘다는 게 아니라 삼성은 사람에 대해 그만큼 치밀하다는 말이다.

재택근무를 즐기는 이건희는 24시간을 거의 개와 함께 지낸다고 한다. 개와 아이스크림을 나눠 먹을 정도로 개를 좋아하는데, 그는 그 이유를 "개는 거짓말 안 하고 배신할 줄 모르기 때문"이라고 말한다.

평생을 '황태자'와 '황제'의 위치에서 직원들의 충성을 받아온 사람이 이건희다. 배신을 많이 당해서가 아니라 인간관계란 것이 그에겐 그토록 어려운 일이고 사람과의 교감이란 그에겐 그토록 위험한 일인 것이다.

나의 아름다운 정비소

강박적 성향을 가진 사람의 두번째 특징은 원리원칙을 따지기 좋아한다는 것이다. 그들은 일할 때 '일하는 것 자체'가 방해받을 정도로 지나치게 완벽주의적이다. 그래서 다른 사람이 자신의 방식 그대로 정확히 복종하지 않으면 비난하고 같이 일하길 꺼려한다.

이건희는 삼성직원들에게 '신경영'을 전수하면서 "내 말을 적어도 50번 이상 반복해서 테이프를 통해 들어라. 자꾸 들어 외울 정도가 되어야 비로소 몸에 배게 되고 실천이 가능해진다"면서 자신의 방식을 전적으로 받아들이지 않는 직원들을 향해 분통을 터뜨렸다. 삶의 철학이란 것이 반복해서 듣고 보는 것만으로 체득되는 것인가.

강박적 성향의 사람은 매우 사변(思辨)적이어서 이론이나 개념에 대한 논쟁을 시작하면 끝도 없이 지속될 가능성이 높지만 개인적인 감정이 거의 배제되어 있기 때문에 논쟁을 하다보면 지루하고 공허하다. 말은 맞는데 받아들여지지 않는 경우가 많은 것이다. 관념적이기 때문이다.

예전에 『중앙일보』 간부들과의 회의에서 이건희는 "나보다 일본에 대해서 더 아는 사람 있으면 나와봐라. 나는 일본의 역사를 알기 위해 45분짜리 비디오테이프 45개를 수십 번씩 봤다"고 말했다. 그는 또 직원들에게 훌륭한 아버지가 되어야 한다면서 그러기 위해서는 『육아전서』를 최소한 30번 이상은 읽어야 한다고 강조한다. 훌륭한 아버지가 되기 위해서도 그는 아이와의 정서적 교류보다 공부를 해야 한다고 주장하는 것이다.

이건희는 93년 '신경영'을 주창하며 독일 프랑크푸르트를 시발로 런던, 도쿄, 오사카 등을 돌며 해외 현지회의를 주재했는데 밤낮없이 8시간에서 최장 16시간까지 이어지는 마라톤식 회의로 화제가 되었다. 이때 이건희는 "더러 24시간 잠을 안 자며 구상할 때도 있었지만 48시간 꼬박 안 잔 것은 이번이 처음"이라고 밝히기도 했다. 주위 사람들은 이런 그의 집착을 '상상을 초월하는 것'으로 평가한다.

문제가 있을 때 그 메커니즘이 머릿속에서 풀리는 순간 문제는 해결됐다고 생각하는 게 그의 방식이다. 그가 기계에 열광하고 자동차를 수도 없이 분해·조립했다는 것도 이런 성향의 연장선상에 있는 것이다. 그는 인간관계도 그러한 원칙에서 예외가 아니라고 굳게 믿는 눈치다.

그는 자신을 가리켜 '삼성 안에서 국회의원에 나와도 떨어질' 정도로 사람 이름을 못 외는 데 천재적이라고 표현한다. 그것은 그의 정신적인 에너지가 자기의 안으로만 집중되기 때문에 일어나는 현상으로, 사변적이고 강박적이며 상상이나 공상의 세상을 즐기는 사람에게서 흔히 나타나는 증상이다.

삼성을 우리 나라 일등기업으로 성장시킨 탁월한 경영인 이건희가 삼성자동차 같은 무리수를 둔 것도 그런 증상과 무관하지 않다. 프랑스의 한 신문은 기계에 열광하고 페라리 수집가인 이건희 회장이 어떤 대가를 치르더라도 삼성 마크의 자동차를 갖는 데 집착했다고 분석했다. 결국 '오너의 취미가 부른 참극'이라는 소리까지 들은 삼성차는 모두 4조 원 이상이 투입됐지만 프랑스 르노사에 3천억 원에 매각되는 것으로 막을 내렸다.

삼성차의 후유증 때문이었는지 그는 오랫동안 예전보다 더 자폐적인 생활을 해오다가 99년 말, 연말 불우이웃돕기 성금으로는 천문학적 액수인 1백50억 원을 기부하면서 다시 경영활동에 복귀했다.

독립군정신이 곧 기업정신?

강박적 성격의 세번째 특징은 도덕성에 대한 과도한 집착이다. 그러나 그들이 실제로 도덕적으로 사느냐 하는 것은 별개의 문제다. 반듯하고 금욕적으로 살던 남자에게 어느 날 숨겨둔 여자와 아이가 있다는 것이 밝혀지는 것처럼 지나친 도덕적 무장으로 자신을 통제하는 사람은 그만큼 일탈의 욕망도 커지기 때문이다.

그들은 예의범절이나 에티켓 같은 것을 지나칠 정도로 중시하는데, 이를 자신의 내면을 지배하고 있는 적개심을 감추는 가면으로 무의식적으로 사용한다. 그러나 본인은 이러한 사실을 잘 의식하지 못한다. 이들은 어릴 때 권위적인 부모 밑에서 성장하며 그 권위에 압도당한 과거를 가지고 있는 경우가 많다. 권위에 굴복하면서 자기의 욕구들은 무의식 저 밑바닥에 숨겨놓은 채 예의바르고 도덕적인 생활을 추구한다. 또 자기가 한때 저항했던 그 권위를 스스로 내면화해나가며 자신도 권위적인 사람이 되어가기도 한다. 그러나 마음속 깊은 곳에는 자신의 욕구가 억압당한 데 따른 분노와 적개심을 숨기고 있다.

이건희도 성격적으로 이러한 특징들을 많이 가지고 있다. 이건희는 자신이 추구하는 경영철학을 "기업이란 이윤추구 집단이 아니라 높은 도덕성과 강한 동지애로 뭉쳐 최고의 효율을 통하여 인류사회에 기여하는 모임" 이라고 정의한다. 일제치하의 독립군에게나 요구함직한 덕목을 절대적인 이윤추구 집단인 기업에 적용하려 하는 것이다. 허황하다는 느낌마저 든다.

기업이나 종교단체, 학교, 사회단체 등은 지역사회나 개인적인 삶의 질을 향상시키기 위해서 각기 담당해야 할 나름의 몫이 있는 법이다. 그러나 기업의 오너이면서 완전한 도덕성을 꿈꾸는 이건희의 욕심은 끝이 없다.

"요새 과학으로는 밥 안 먹고도 살게 되어 있다. 난 밥을 안 먹고, 하루 종일 생선 몇 조각과 야채만 집어먹고 있다. 금욕, 권력욕, 식욕. 이 세 가지가 사람을 버린다. 이 세 가지를 어떻게 없애느냐가 관건이다."

지난 대선 때 이회창 총재가 패배한 가장 결정적 원인은 그가 줄기차게 강조한 '도덕성' 때문일 수도 있다는 게 내 생각이다. 도덕성을 트레이드마크로 내세울 만큼 깨끗한 이미지를 가진 사람의 아들이 병역기피 혐의를 받자 그의 존재기반이 송두리째 무너진 것이다. 도덕성을 전면에 내세우면서도 한 점 부끄러움 없이 살 수 있을 만한 사람은 타계한 테레사 수녀 정도의 몇몇 성인에 불과하기 때문이다. 인간이 언행이 일치하는 완벽한 도덕적 존재가 되는 것은 그만큼 어려운 일이다. 그럼에도 이건희는 '도덕경영'을 부르짖으면서 거기에 끊임없이 도전하고 있다. 이러한 도덕적 완벽주의는 강박 성향의 한 표현이다.

그는 자기 스스로의 내적 기준과 원칙에 엄격하고 특히나 도덕이라는 절대선(絶對善)을 자기의 푯대로 생각하기 때문에 다른 사람들의 삶에 잔소리가 많아지고 사소한 부분까지 침해하게 된다.

영자지(英字紙) 『파이낸셜 타임즈』는 96년 9월에 한국 재벌총수들의 위압적인 자세를 꼬집는 기사를 실었는데, 특히 이건희 회장은 생산성 향상을 위해 직원들에게 취침시간까지 가르치지 않고는 견딜 수 없어 한다면서 구습이 좀처럼 사라지지 않는다고 비판했다.

"초일류 사원은 인간적인 면에서도 초일류가 돼야 한다. 업무의 질은 인간의 질, 나아가서 삶의 질과 이어져야 진정한 가치가 있다. 그러므로 삼성맨은 직장인으로서뿐 아니라 한 가정의 일원으로서 올바른 도덕심을 갖춘 교양인, 국제적 감각과 매너의 소유자, 신뢰받는 동료애의 실천자가 되어야 한다. 이를 위해 우리는 '질'로 향하지 않으면 안 된다."

이건희가 주장하는 초일류주의, 질(質)경영, 도덕경영을 다른 말로 하면 '강박경영'이라고 할 수도 있다.

강박적 성향의 사람들이 지나치게 양심적인 것을 추구하는 것은 정신적인 건강함이나 성숙함에서 연유하는 것이 아니다. 그래서 사소한 문제에는 지나치게 양심적이다가도 정작 중요한 문제에 있어서는 그 잣대와 전혀 반대의 행동을 보이는 기현상이 나타난다. 그의 아들 이재용 씨의 경영승계 문제와 관련된 잡음들이 그것이다. 이건희의 도덕추구 성향은 마치 수천만 원짜리 밍크코트를 가지고 있는 여자가 시장에서 콩나물 값 1백 원을 깎으며 스스로를 알뜰하고 절약하는 주부라고 생각하는 것과 같다.

성냥팔이 소녀, 두 얼굴의 사나이가 되다

그렇다면 그의 도덕경영은 어디서 연유된 것인가. 정신의학적으로 보면 그의 도덕적 강박관념은 비현실적인 내적 공포심에서 생긴 것이다.

이건희의 내적 공포심의 대상은 그의 아버지, 이병철 선대(先代) 회장이다. 이병철 회장은 새끼를 벼랑 밑으로 떨어뜨려서 살아남은 새끼만을 키우는 사자를 예로 들면서 강한 자식을 키우기 위해서는 자녀들에게도 '어설픈 정'(?)을 주지 않아야 한다고 굳게 믿었다. 유태인은 자식에게 '부모라도 믿지 말라, 의지하지 말라'고 했는데 이것이 바로 유태인이 세계경제를 주도하는 이유라고 생각한 것이다.

이건희

그가 한 다이어트는 '황제 다이어트', 그가 베푼 정은 '황제의 정'. 하지만 정작 그는 황제가 아니다?
TV뉴스에 등장하는 그의 어딘지 모르게 부자연스럽고 구부정하니 어설픈 모습은,
그가 아직 '황제의 열등감'에 머물러 있음을 보여준다. 일등에 대한 집착, 완벽에 대한 집착, 집착, 집착…….
이 강박적 성향은 때로 이중적 모습을 보이기도 한다.

그래서인지 이건희는 늘 혼자였고 '혼자의 삶'에 익숙해졌다. 유치원 때부터 친구가 없었다는 그의 담담한 얘기를 듣다보면 측은하다는 생각이 들기까지 한다. 그는 골프를 쳐도 비디오를 보면서 철저히 원리를 연구하고 생각하는 것을 좋아하며, 또 필드에서 골프를 즐기기보다는 연습장에서 각종 샷을 날려보고 그 탄도와 정확성을 따져보는 게 더 즐겁다고 말한다. 취미생활도 승마, 스포츠카 타기, 기계 조립하기처럼 주로 혼자서 즐기는 것을 선호한다. 세상과 사업을 대하는 그의 스타일이 어떤 것인가를 잘 알 수 있는 대목이다.

이건희는 태어나면서부터 고향의 친할머니 밑에서 자랐다. 사업하는 아버지 뒷바라지 때문에 대구에 나가 있던 엄마 품에 처음 안겨본 것이 네 살 때였고 그때 엄마를 처음 보았다고 한다. 그 전까지는 할머니를 엄마로 알고 '엄마'라 부르면서 살았던 것이다.

특정 대상과 가까이 있으려 하고 그 사람과 같이 있을 때 심리적인 안정감을 갖게 되는 유아들의 성향을 '애착(attachment)'이라고 한다. 사람은 초기 발달과정에서 부모와의 따뜻한 애착관계에 결핍이 생기면 성장과정 중에 대인공포증이나 불안장애 등의 여러 가지 정서적 문제가 생기게 되는데, 이건희는 인생 초기의 기본적인 애착관계에서 치명적인 결함이 있었고, 계속 그런 구조 속에서 성장하게 된다.

'일본을 배워라'는 아버지의 엄명으로 연락선을 타고 혼자 일본으로 건너간 게 그가 초등학교 5학년 때다. 그 당시 일본에선 한국이란 나라를 '전쟁과 가난의 대명사'로 인식하고 있었다. 그런 상황에 일본 아이들이 소년 이건희를 어떻게 상대했을지 짐작하는 건 어려운 일이 아니다. 그와 관련된 이건희의 말을 들어보자.

"가장 민감한 때에 인종차별, 분노, 객지에서의 외로움, 부모에 대한 그리움, 이런 모든 걸 다 느꼈습니다. 그래서 지금도 일본에게라면 뭐든지 지고 싫지 않아요. 상품은 물론이고 레슬링, 탁구, 뭐든지 일본에게만 이기면 즐거워요."

어린 시절 엄마에게 사랑받지 못하고 자란 소년 이건희는 또다시 일본이라는 유학지에서 엄청난 열등감을 경험하며 영화 속에 빠져든다. 초등학교 3년간 그가 본 영화가 1천 편이 넘는다고 하니, 그가 영화 속에서 홀로 보낸 공상의 시간은 또 얼마나 많았을 것인가. 혹한 속에 내던져진 성냥팔이 소녀가 성냥불 속에서 따뜻한 난로와 엄마를 보듯이 소년 이건희에게 영화는 성냥팔이 소녀의 성냥불과 같은 유일하고 안락한 안식처였을 것이다. 그런 경험 때문인지 그는 지금도 가끔 뭔가 꽉 막히면 며칠씩 자기 방에 파묻혀 비디오를 보며 소일하다가 무언가 영감을 얻는다고 한다. 영화적인 결론, 영감의 결론을 내린다는 것이다.

그때 어머니가 보고 싶지 않더냐는 질문에 대한 이건희의 답이다.

"나면서부터 떨어져 사는 게 버릇이 돼서요. 저희 남매가 부모님과 함께 다 모인 게 손가락으로 셀 정도였습니다. 중학교 3학년 때 처음으로 모두 모이게 돼서 사진관에 연락해 사진을 찍은 적이 있으니까요. 그래서 그런지 지금도 혼자 있고 떨어져 있고 하는 건 아무렇지도 않아요. 그게 보통인 것 같아요."

정상적인 가족 개념을 가지고 있는 평범한 소시민의 입장에선 얼른 납득이 가지 않는 고백이다. 그에게는 어린 시절에 지나치게 엄격했던 아버지에 대한 공포의 감정이 내재화됐을 가능성이 높다. 동시에 그만큼의 분노의 감정도 존재할 것이다.

강박적 성격의 소유자는 어린 시절에 지나치게 엄격한 부모에 대한 '공포와 분노', 지나치게 엄격한 부모에 대한 '복종과 반항' 사이를 시계추처럼 왕복하며 불안정한 양가(兩價)감정을 내면화하게 된다. 분노와 반항은 무의식 속으로 억압한 채 의식의 수면 위로는 복종만을 내보인다. 권위에 대한 공포심 때문에 복종적인 삶을 살게 되는 것이다. 그러나 그들의 무의식에 잠재되어 있는 분노나 반항은 때를 만나면 언제라도 다듬어지지 않은 상태로 불쑥 불쑥 그들의 삶을 위협한다.

삼성의 울타리 안에서는 분노를 터뜨리고 반말로 자신의 의견을 거침없이 토로하는 이건희의 모습은 전혀 어색하지 않다. 그러나 TV 뉴스에 등장하는 이건희를 보게 되면 어딘지 모르게 부자연스럽고 표정이나 태도가 당당하지 못한 느낌을 받는다. 아마도 양가감정의 두 얼굴이 아닐까 싶다.

찬바람은 옷섶을 열지 못한다

이건희처럼 강박적 경향이 있는 사람은 내적인 규율이나 원칙이 엄격하고 이상주의적이어서 스스로나 가까운 가족들에게는 고통을 주지만 타인에게는 득을 주는 경우도 있다.

삼성이 지향하는 초일류주의는 그러한 사실을 상징적으로 보여준다. 초일류정신을 구현하기 위해서 겪는 이건희와 삼성 사람들의 고통은 엄청날 것이다. 그러나 많은 소비자들은 그 열매를 달게 즐기고 있다. 이윤을 추구하기 위한 한 방편이었겠지만 삼성은 우리에게 '고객'과 '서비스'라는 개념이 무엇인가를 깨닫게 한 거의 최초의 기업이다.

경제 전문가들에 의하면 삼성은 시스템 그 자체가 살아 움직이는 조직이라고 한다. 삼성의 한 임원은 "이건희 회장이 전횡을 한다는 말은 삼성의 실체를 모르는 얘기이며 회장은 단지 큰 방향만 지시한다"고 말한다. 이건희 회장은 실무적인 일을 직접 챙기지 않고 보이지 않는 곳에서 꾸준히 직원들에게 위기의식을 불어넣는 역할만 한다는 것이다.

그러나 삼성의 완벽주의적 문화는 이건희라는 인물의 개인적 성향으로부터 비롯되는 것으로 보인다. 삼성이라는 조직 자체가 가지고 있는 놀랄 만한 잠재력을 과소평가하자는 게 아니고 아직까지는 그게 우리의 현실이기 때문이다. 어느 기자의 다음과 같은 평가도 그러한 현실상황의 또다른 표현일 것이다.

"'가장 합리적으로 판단하는 것이야말로 생산성을 높이는 지름길' 이라고 합리성을 강조하는 삼성에서 유독 오너 문제만 나오면 일반인들도 납득하기 어려운 비합리적 판단과 의사결정을 내리는 것은 아이러니다."

그는 아주 오래전에 "제발 나를 비판해달라. 비서실에 2백 명이 있지만 아직까지 나한테 잘못을 지적해주는 사람이 한 사람도 없었다. '회장 이러시오, 저러시오' 하는 사람이 아무도 없다" 며 개탄했던 사람이다.

수퍼엘리트 집단인 '인재의 삼성' 에 예스맨만 즐비해서 그런 것은 아닐 것이다. 이건희는 분노와 은둔의 극단적인 두 얼굴을 가진 사람인데, 그의 분노나 적개심은 적절한 출구를 찾지 못하는 것처럼 보인다. 주위 사람들은 그걸 두려워하는 것이다.

자신의 문제를 보지 못하는 사람의 분노는 주위 사람을 불안하게 하는 법이다. 비만아가 영양실조라는 진단을 받을 수 있는 것처럼 황제에게도 공포심과 열등감이 있을 수 있다. 어쩌면 '황제의 열등감' 에서 기인하는 정신적 빈혈은 더 은밀하고 치명적으로 진행되어 본인과 주위 사람들을 불행하게 만들지도 모른다. 이건희도 개인적으로 보면 인격적으로 여러 문제를 안고 살아가는 많은 사람 중의 하나다.

이건희식 사고방식을 한번 그대로 차용해보자.

"어떤 문제에 대해서 정확한 이해를 하는 순간 문제 해결은 끝난 것이나 다름없다."

이건희 자신과 삼성의 문제에 있어서도 그럴 수 있기를 바란다. 그리하여 인간 이건희와 삼성의 울타리에 있는 수많은 사람들이 강박관념에서 벗어나 더 유연하고 여유 있는 '남근기적 삶'을 음미할 수 있었으면 좋겠다. 그렇게 된다면 소비자로서 우리의 즐거움과 기쁨은 이건희의 고통스런 개인적 삶을 기반으로 하지 않고도 가능해질 수 있을 것이다.

'어떻게 사는 것이 옳은가'도 좋지만 '어떻게 사는 것이 행복한 것인가'도 깊이 생각해보아야 하지 않겠는가.

이 세상의 히트곡이 나의 히트곡

이번에는 가수 조영남에 대해서 살펴보자.

70년대 초반, 조영남이 지금의 H.O.T나 조성모급으로 활동하고 있을 때의 일이다. 이화여대 강당에서 조영남 콘서트가 열렸다. 공연 몇 시간을 앞두고 리허설을 하고 있는데 수업을 끝낸 이대생들이 하나 둘씩 들어와서 공짜 구경을 하기 시작했다. 그러다가 급기야는 그 숫자가 수백 명에 이르게 되었는데 구경꾼(그것도 여자들)을 의식한 조영남은 확실하게 오버하며 열창을 했다. 너무 불러제끼는 통에 진짜 공연 때는 목이 거의 잠겨 그 공연을 망쳐버리고 말았단다. 아마 지금 그 같은 상황이 벌어져도 그는 여전히 오버할 것이다. 미국에서 신학박사 학위를 받았지만 예쁜 여자를 보고도 설교를 계속할 자신이 없어서 목사 되기를 포기했다는 사람이 바로 조영남이기 때문이다.

"왜 노래를 부르냐구요? 더 예쁜 여자, 더 좋은 여자를 얻어 멋지게 살기 위해서죠."

데뷔 2년째인 68년, 한 인터뷰에서 그가 한 말이다. 못난 얼굴을 가리기 위해서 일부러 큰 안경을 끼고 다닌다는 그가 그렇게 여자를 중요시(?)하면서도 그로 인한 열등감에 발목이 잡혀 있지 않고 언제나 '여복이 많다'고 자랑하는 걸 보면 신기하기까지 하다.

'가수, 화가, MC, 글쟁이, 뮤지컬 배우, 연애쟁이.'

그가 밝히는 자신의 다채로운 이력이다. 근자에 그가 가장 많은 관심과 애정을 가지고 있는 일은 그림이다. 20여 년간 십수 번의 개인전과 초대전을 열었는데 요즘은 그의 그림값이 만만치 않다고 한다.

못생긴 얼굴에다 〈화개장터〉 외에는 변변한 자기 노래 하나 없는 그가 평생 화려한 스포트라이트를 받으면서 지금은 미술계에서도 무시 못할 존재로 살아가는 원동력은 무엇일까.

"저는 가수입니다. 히트곡 하나 없는 가수입니다."

언젠가 신문에 기고한 그의 칼럼은 그렇게 시작하고 있다. 데뷔 초창기의 이문세가 가수로서보다 모창을 잘하는 재치 있는 MC로 활동하고 있을 때, 방송인 이종환은 그에게 늘 히트곡도 없는 가수가 무슨 가수냐고 방송에 나올 때마다 면박을 주었다고 한다. 이문세에게는 그 말이 엄청 스트레스였던 모양이다. 그 후 그는 피나는 노래 연습과 좋은 곡에 대한 끝없는 욕심으로 최정상급 가수가 됐다.

그러나 조영남은 30년 넘게 그런 얘기를 들으면서도 꿋꿋하기 그지없다. 오히려 그걸 자기의 무기로 삼고 인기의 원천으로 활용한다. 68년에 조영남이 〈쇼쇼쇼〉라는 무대를 통해 가요계에 데뷔해 선풍적인 인기를 누릴 무렵, 최희준은 몇 년째 가수왕을 독식하면서 가요계를 평정하고 있었다. 조영남의 데뷔 당시를 회고하는 최희준의 고백이다.

"저렇게 노래를 잘하는 놈이 나왔으니 정말 큰일났다고 생각했다. 그런데 그가 얼마 후에 미국으로 건너가버려 안도의 한숨을 내쉬었다"

조영남은 그런 가수였다. 그는 지금까지 늘 팬들로 꽉 찬 수백 차례의 개인 콘서트를 열었고 1백여 장의 음반을 냈다. '이 세상에 있는 히트곡이 바로 나의 히트곡' 이라는 그의 배짱이나 당당함은 그 말을 듣는 사람의 마음까지 유쾌하게 한다.

그는 젊은 시절부터 천성적으로 자유주의자에 가까운 사람이었다. 클래식을 아무리 파야 대학교수 되는 것 말고는 뾰족한 미래가 있지 않을 것 같아 쉽게 유명해지고 돈도 벌 수 있는 '경음악'을 선택했다.

와우아파트를 건설한 서울시장 앞에서 신고산 타령을 개사한 '와우아파트는 우르르…'를 불러 괘씸죄로 군대에 끌려갔고, 군 시절에는 부대를 방문한 박정희 전대통령 앞에서 '작년에 왔던 각설이 죽지도 않고 또 왔네'를 열창해 '심기경호'를 부르짖는 대통령 주변 사람들의 간담을 서늘하게 한 죄로 인생을 마감할 뻔하기도 했다. 그게 조영남이란 사람이다.

"너무 예쁘고 똑똑해서 그래"

그는 얼마 전부터 도올 김용옥에 심취한 모양이다. 나는 도올에 대한 그의 얘기를 들으면 '아 저 얘기는 조영남이란 사람이 김용옥을 통해서 자신의 마음을 투사하고 있구나' 하는 느낌이 들 때가 많다. 도올에 관한 조영남의 얘기는 결국 조영남 자신의 속마음에 다름 아니라는 뜻이다. 그가 말하는 도올의 모습, 도올의 장점이란 결국 그 자신의 모습, 그가 직접적으로 표현하진 못하지만 스스로 생각하는 자신의 모습인 것이다.

그는 '이자식, 저자식, 개새끼, 소새끼' 하면서 목 핏줄 터지는 도올의 TV강의를 들으며 매번 강의마다 '아, 나의 살아 있는 스승이여!'를 되뇌었다고 한다. 그는 도올을 '이 시대의 마지막 스승'으로 모시기로 결정했다고 말한다.

"그의 중국식 검정 복장, 민머리, 일그러지는 얼굴표정, 핏발 튀는 탁한 목청의 하이톤, 칠판 위를 유창하게 달리는 중국어와 일본어, 영어 단어들.

그가 골라 쓰는 난폭한 어휘, 하버드의 철학박사 학위를 손톱만큼도 의심할 수 없는 방대한 학문세계, 거기서 걸러져 나오는 우리네의 고질적 환부를 향한 예리한 비판과 통렬한 지적 등. 이런 요소들은 내가 좋아하는 사극 〈왕과 비〉를 방불케 한다."

그는 할 수 있는 한 최대의 찬사를 도올에게 바친다. 비단 도올뿐이 아니라 조영남은 자기만의 목소리를 내는 사람, 재능이 뛰어난 사람들에 대해 무한한 애정을 보인다. 조영남은 자신도 '자기만의 목소리를 가진 달란트가 많은 사람' 이라고 스스로 생각하거나 그렇지 않다면 최소한 그런 희망사항을 강하게 가지고 있는 듯하다. 따라서 그런 사람들이 부당하게 대접받거나 곤경에 처하게 되면 적극적으로 그들을 두둔한다. 그게 정신의학에서 말하는 '투사(projection)' 다.

예전에 그는 불법운전면허 문제로 재판을 받고 사회봉사 명령을 받은 탤런트 이승연을 두둔하는 칼럼을 썼다가 심한 비난을 받은 적이 있다. 그의 두둔 이유를 들어보자.

"불법면허증 정도는 흔히 있던 일 아니냐. 초범이고 나름대로 방송을 통해서 국민을 위해 그간 헌신도 했으니 관대히 대해줘야 하는 것 아니냐? 그런 걸 뭘 꼭 끌어다가 정식 재판까지 치러야 했느냐? 승연아! 어쨌거나 너는 큰일을 해냈다. 국민들에게 운전면허 불법취득이 그토록 무서운 죄라는 걸 원 없이 각성시켜주었기 때문이다. 왜 너한테 시선이 따거운 줄 아니? 네가 너무 이쁘고 똑똑해서 그런 거란다."

간혹 사람들은 자기와 같은 처지의 사람들을 보면 이유를 불문하고 무조건 비호하려는 충동을 느낀다. 그건 무의식적으로 자신을 보호하려는 욕구와 같다. 도올에 대한 비난에 대해서도 비슷하다.

"노자를 가르치는 사람이 자기 자랑이나 하고 앉았다니. 그런 유치찬란한 구조를 모를 김용옥이 아니다. 짬짬이 자화자찬으로 들려지는 대목들은 면밀히 계산된 그만의 풍자이며 해학이다. 멍청한 상대방의 뇌신경을 찌르는 경각의 침술이며 상대방의 침술을 끌어당기는 고도의 테크닉일 뿐이다."

놀랄 만큼 조영남의 속마음이 그대로 담겨 있는 말이다. 내가 보기에 도올은 '면밀히 계산된 풍자와 해학'의 소유자가 아니다. 노자와 김용옥이라는 단어만 없애면 그건 그대로 조영남 자신을 설명하는 문장이 된다.

자기를 망가뜨리면서도 절대 망가지지 않는 사람

사람들한테 '오버' 한다는 얘기를 들을 만큼 과장된 몸짓과 말투는 조영남의 트레이드마크다. 예전에 〈쟈니윤 쇼〉에서 보조MC로 나왔던 그를 기억한다. 턱을 괴고 앉아서 웃다가 팔꿈치가 무릎에서 미끄러져 옆으로 넘어지고, 게스트가 우스갯소리를 할 때면 자리에서 벌떡 일어나 손뼉을 치다가 바닥에 주저 앉기도 했다. 30년을 넘게 대중예술인으로 활동하고 있는 그가 자신이 하고 있는 행동의 유치함의 구조를 모를 리 없다. 의도적인 '오버'가 지나쳐 94년도에는 '무의미한 감탄사의 습관적 사용, 불필요한 발어사 및 비표준 발음 문제'로 방송위원회에서 개선명령을 받기도 했다. 그런 것들은 모두 코미디 프로그램에서 조영남이란 인물을 표현할 때 사용하는 익숙한 이미지들이다.

그러나 조영남은 자기를 망가뜨려가면서도 절대 망가지지 않는 사람이다. 못생겼다는 자신의 얼굴이나 두 번의 이혼 경력, 히트곡 하나 없는 가수 등의 약점을 그대로 드러내면서 상대방을 무장해제시킨다. 그쯤 되면 그의 약점은 이미 약점이 아니다. 오히려 자신의 상품가치를 적절하게 높일 수 있는 하나의 훌륭한 도구인 것이다. 그는 열등감을 훌쩍 뛰어넘어서 진화시킨다.

균형감각까지 보태진 풍자와 해학은 김용옥을 능가한다. 2000년 4·13 총선에 출마한 개그맨 김형곤에게 보낸 충고의 글을 한번 보자.

"형곤아! 선배의 마지막 부탁이다. 어디 가서 네 입으로 너 자신을 '정치권의 가시 같은 존재(김형곤은 자신이 정치풍자 개그를 했기에 정치권에서 자신을 그렇게 본다고 했다)' 라고 표현하지 마라. 너무 오버였다. 그쪽도 다 바쁜 사람들이다. 장담하건대 아무도 너를 미워하지 않고 가시같이 여기지도 않는다."

절묘한 대중감각을 바탕으로 한 풍자와 해학의 백미다. 그런 풍자와 해학을 무기로 그는 각종 매체에 글을 기고하는 일급 칼럼니스트로도 활약중이다. 그의 글은 재미있다. 문장이 쉽고 직설적이어서도 그렇지만 일단 유명한 사람이 많이 나오기 때문이다. 그는 글의 문맥상 특별한 의미가 없어도 대중이 알 만한 사람들의 실명을 하나하나 거론하는 것을 좋아한다. 그래서 그의 글을 읽다보면 그가 누구와 만나서 무엇을 했는지도 금방 알게 된다.

"내가 멤버들을 소개하면 내 말뜻을 여러분은 금세 알아차릴 것이다. 저쪽 끝자리부터 필립모리스 담배를 파는 아저씨 민병휘, 국민회의 부총재 정대철, 연극배우 노처녀 정경순, 역시 연극배우 출신이자 전직 환경부장관 손숙, 내 옆으로 조순 전(前)서울시장의 홍보비서였던 앵커우먼 정미홍, 천하의 국민아나운서 김동건, 그리고 맨 끝자리에 명지대학 이사장 유영구……."

그가 소개하는 사람들 앞에는 늘 그들의 직책이 길게 따라붙는다.

"민주당 정대철 최고위원도 30년 가까이나 형 동생으로 사귀어왔고, 내 친구 문화관광부 장관 김한길이도 어쩌구 저쩌구……."

"내가 친하게 지내는 김연주는 서울 강남에 있는 영동여고의 학생회장 출신이고……."

조영남

그의 트레이드마크는 뭐니뭐니 해도 '오버'.
미끄러지고, 벌떡 일어나 손뼉치고, 바닥에 주저앉고, 그야말로 유치찬란하게 망가진다.
하지만 그는 자기를 망가뜨리면서도 절대 망가지지 않는다. 여지없이 드러난 그의 약점은
오히려 상대방의 마음을 여지없이 무장해제시키는 강점으로 전환된다.

그의 속을 다 알 수야 없지만 정치권에 진입할 수도 있는 훗날을 위해서 인맥 인프라를 구축하는 차원은 아닌 것 같다. 그는 인간관계 자체를 즐기면서 사는 것처럼 보이기 때문이다. 대중은 유명인에 대해선 무조건적인 관심을 보이는데 그는 그런 심리를 자기 글의 상품성을 높이기 위한 수단으로 삼고 있는 듯하다. 그런 점에서 그는 천재다.

새빨갛게 달아오른 아버지의 얼굴

연애도 인생도 봄바람처럼 가볍게 생각하는 그는 결혼 두 번, 이혼 두 번에 지금은 자유로운 싱글이다. 이젠 세상의 히트곡처럼 세상의 여자가 온통 그의 연애 대상이 되었다.

그가 두번째 이혼을 하자 한 개그맨은 "딸 가진 부모님들 조심하십시오. 조영남이 이혼을 했답니다"라며 사람들을 웃겼다.

그는 하늘이 내린 예술적 재능과 비상한 머리를 이용해 자신의 자유로운 삶과 대중의 욕구를 적절하게 충족시키면서 '풍요로운 예술가'로 살아간다. 그러한 자유로움의 심리적 근원은 무엇일까.

나는 개인적으로 〈내 고향 충청도〉라는 그의 노래를 참 좋아한다. 조영남은 〈내 고향 충청도〉를 TV가 아닌 일반 무대에서 부를 땐 가사를 바꾼다. "어머니는 밭에 나가시고, 아버지는 장에 가시고"라는 가사 대신에 "어머니는 예배당 가시고 아버지는 술집에 가시고"로 바꾸어 부른다.

사연은 이렇다. 그가 초등학교 5학년 때 평생 술독에 빠져 지내던 아버지가 중풍으로 쓰러졌다. 식구들을 예배당으로 내몰고 정작 당신은 장터에서 술에 절어 지내곤 하던 아버지였다. 13년을 발치에 오줌깡통 놓고 사시다 세상을 뜬 아버지였지만 그는 아버지가 살아 계셔서 늘 좋았단다. 고등학교를 서울 누이 집에서 다녔던 그가 방학 때 고향집으로 달려와 "아버지, 저 왔어요" 하면 아버지는 너무 반가워 얼굴이 새빨갛게 달아올랐는데, 그 모습을 생각하면 지금도 그는 설레임과 벅찬 감동을 느낀다고 말한다.

이건희의 부자 아버지와는 달리 무능했지만 아들과 정서적인 끈을 놓지 않아 행복했을 조영남의 아버지. 조영남은 어린 자신에게 화투 '육백'을 가르치던 한량기 많던 아버지(사실 그 기질을 그가 물려받기도 했을 것이다)를 조금의 찜찜함이나 부끄럼 없이 지금도 자랑스럽게 회고한다. 어쩌면 그의 당당함이나 거침없음은 이런 아버지와의 관계에서부터 비롯되는 것인지도 모를 일이다.

50대 중반이 넘어서 제2의 전성기를 맞고 있다는 평가를 받을 만큼 세인의 주목을 받고 있는 조영남, 앞으로 그가 펼쳐 나갈 또다른 방식의 새로운 삶에 호기심이 생긴다.

자막 좀 비뚤어지면 어때!

열등감이란 인간이 좌절을 겪었을 때 생기는 감정이다. 인간은 생로병사라는 근원적인 좌절을 피할 수 없는 존재이므로 모든 인간은 어쩔 수 없이 열등감을 가질 수밖에 없다. 우린 보통 가진 것이 없을 때 좌절할 것이라고 생각하지만, 좌절로 인해서 스스로 아무 것도 가진 것이 없다는 사실을 깨닫는다고 말하는 게 더 옳을 수도 있다.

그래서 감정적인 풍성함 속에서 좌절을 우회해가는 못생긴 조영남보다 부모의 냉정함 앞에서 애정에 대한 엄청난 좌절을 맛본 황제 이건희가 가진 것이 더 없다고 느낄 가능성이 많고, 이건희의 열등감은 조영남의 그것보다 훨씬 더 많을 수 있는 것이다.

몇 년 전에 TV광고를 연출하는 감독으로부터 재미난 얘기를 들은 적이 있다. 그의 말에 따르면 CF감독에게 가장 피가 마르는 순간은 완성된 작품을 가지고 클라이언트 앞에서 시사회를 할 때라고 한다. 시사회장에서 CF를 보는 사람들의 눈빛이나 제스처, 하다못해 기침소리까지에도 예민해진다는 것이다. 그래서 그 감독은 가끔 시사회장에서 장난(?)을 친단다. 그 회사의 이름이나 브랜드명을 표시하는 자막을 일부러 약간 삐딱하게 집어넣는다는 것이다. 그러면 시사회장에 있던 열 명 중 열 명 모두가 그 삐딱한 자막에 신경이 쓰여 다른 부분에 제대로 정신을 집중하지 못한다는 것이다.

"회사 로고 자막만 똑바로 하면 좋을 거 같네요."

자막을 교체하는 정도의 작업은 일도 아니란다.

어쩌면 누구에게나 조금씩 있는 열등감의 심리적 구조도 그와 비슷할지 모른다. 문제의 본질과는 별로 상관이 없는 지엽적인 문제에 발목이 잡혀 에너지를 소모하는 경우가 적지 않다는 말이다. 비뚤어진 자막 때문에 정작 더 중요한 것들을 놓친다면 이것보다 더한 어리석음이 없다. 그러나 열등감에 사로잡히면 모든 것이 그 필터를 통해서만 인식되기 때문에 삶의 태도나 가치관, 대인관계 등이 모두 그 영향권에 놓이게 된다.

열등감이 없는 사람은 없다. 남한테는 아무 것도 아닌 일이 내게는 너무나 심각한 일인 경우가 수도 없이 많기 때문이다. 열등감이란 감정은 마치 변종 아메바처럼 다양하고 예측할 수 없는 모습으로 우리의 삶을 지배한다.

열등감으로 고민하고 있는 사람들을 가만히 살펴보면 실상은 '마음의 자막'을 하나 갈아 끼우는 간단한 작업만으로 해소될 수 있는 경우가 참 많다. 그럼에도 당사자는 죽을 듯 괴로워한다. 아마도 그게 우리네 삶인 모양이다.

장세동 vs 전유성

'나'로부터의 도피, '나'를 향한 일탈

'자유' 라는 단어만큼 끊임없이 마음을 두드리는 말도 없을 것이다.
때때로 막연하게 터져나오는 "아, 자유롭고 싶다". 하지만 자유는 늘 그 '막연함' 속에만 존재한다.
자유는 단지 잠시 동안의 휴식으로 여겨지거나 혹은 방탕함과 같은 부정적 가치로 인식된다.
현실에는 늘 보다 높은 가치가 존재하며, 자유는 단지
그 가치를 더욱 빛내기 위해 억제되는 조연의 역할에 머무른다.
그렇다면 자유를 억누른 대가로 당신이 얻은 것은 무엇인가?

(장세동 vs 전유성)

'나'로부터의 도피, '나'를 향한 일탈

자유, 그 떠나지 않는 되울림

혹시 휴양지로 유명한 클럽메드의 슬로건을 들어본 적이 있는가.

"무엇이든 할 수 있는 자유, 아무 것도 안 할 수 있는 자유."

나는 그 표어를 볼 때마다 인간의 원초적인 자유의지를 묘하게 자극하는 말이라는 느낌이 들곤 한다.

무엇이든 할 수 있는 1차적인 자유도 중요하지만 아무 것도 안 할 수 있는 2차적인 자유도 그에 못지않게 중요하다. 하지만 우리는 아직 1차적인 자유의지조차 버거운 삶을 살고 있다.

정신분석가 중에 프리츠 펄스(Fritz Pearls)라는 사람이 있다. 프로이트를 존경하던 동시대의 정신분석가였지만 프로이트의 이론을 반박했다는 이유로 프로이트 학파에서 쫓겨나고 그로 인해 정신의학사에서도 별로 중요하게 다뤄지지 않는 사람이다.

그러나 그의 학설을 신봉하는 사람들이 의외로 적지 않다. 그는 처음부터 끝까지 인간의 '자유의지'가 중요하다고 역설했는데, 그 이론에 많은 사람들이 열광한 것이다. 성격발달에 대한 그의 기본이론은 '환경 의존'으로부터 '자아 의존'으로의 변화이다. 다시 말해 부모나 사회의 가치관에 의존하는 삶에서 벗어나 진짜 자신의 모습을 발견하여 그것대로 살아가는 것이 인생의 핵심과제라는 것이다. 그는 더 이상 도덕적 체계, 지적 체계, 종교적 체계에 의존하지 말고 '나의 실존에 대한 모든 책임은 나 자신이 져야만 한다'고 주장한다'.

인간이 자신의 자유의지를 갖지 못하거나 그런 의지를 환경에 의한 억압으로 펼치지 못하는 것만큼 불행하고 쓸쓸한 일은 이 세상 어디에도 없다. 인간의 자유의지와 그에 수반되는 행동에너지는 그만큼 중요하다.

언젠가는 인간의 2차적인 자유의지에 대해서도 부담 없이 말할 수 있는 날이 오겠지만, 이 글에서는 장세동 전안기부장과 개그맨 전유성이란 인물을 통해 우리의 1차적인 자유의지와 행동에너지에 한정해서 얘기하려고 한다.

그런 전제하에 펄스의 성격발달 이론을 극단적이고 현상학적으로 대입해본다면, 장세동 전안기부장의 삶은 '환경 의존형'이고 개그맨 전유성의 삶은 '자아 의존형'이라고 할 수 있다.

먼저 장세동 전안기부장에 대해서 살펴보자.

5공 청문회의 스타(?)

지난 99년 초 국회에서 IMF 관련 청문회가 논의되던 시점이었다. 청문

장세동

5공 청문회의 실질적인 스타, 사나이 중의 사나이, 의리의 화신.
사람들은 그에게 환호했고, IMF청문회 때는 그를 벤치마킹하는 비망록까지 등장했다.
하지만 무조건적 충성심에 대한 환호는 진돗개로 족하지 않을까. 머리 없는 충성, 알맹이 없는 인생.
자기 의지의 영역을 맹목적 복종으로만 채운 이런 가치관에 왜 우리 시대는 환호하는 걸까?

회의 첫번째 증인으로 강경식 전부총리가 거론되던 중, 그의 비망록이 공개되는 바람에 화제가 됐다. 비망록에는 청문회 내내 꼿꼿한 자세를 유지해야 한다거나, 청문회를 자신의 소신을 떳떳이 밝혀 대중적 인지도를 높일 수 있는 수단으로 활용해야 한다는 등 세세한 지침이 적혀 있었다.

그 지침은 5공비리 청문회 때 장세동이 보여준 행동을 분석한 뒤에 나온 것이라는 후문이다. 한마디로 장세동을 벤치마킹한 것이다. 확실히 장세동은 노무현이나 장석화 전의원처럼 5공 청문회가 낳은 또다른 스타(?)였다.

진짜 사나이 중의 사나이, 쾌남아, 의리의 화신이라는 찬사가 당시 청문회에 선 장세동에게 쏟아졌다. 서울시장감이라는 말까지 나왔으니 장세동을 잡는 청문회가 아니라 장세동이라는 '의리의 사나이'(?)를 온 국민에게 알리는 홍보성 이벤트가 되었던 셈이다. 현재 일반 대중이 알고 있는 장세동의 긍정적 이미지는 대부분 이때 쌓인 것들이다. 선거 때마다 빠지지 않고 그의 이름이 후보자로 거론되는 것도 바로 그러한 대중적 이미지 때문일 것이다.

물론 일부 식자층에서는 그의 의리타령을 유치하기 짝이 없는 뒷골목 건달패식의 사고방식으로 치부하기도 하고, '5공 원죄론'을 이유로 그에 대한 어떤 긍정적 평가도 반대한다. 그러나 장세동이란 인물의 대중적 이미지는 이미 그 자체로 대단한 파워를 가지고 있는 것 같다.

지난 98년, 전북대 강준만 교수는 장세동에 대해 이렇게 말했다.

"장세동의 의리를 칭찬하는 목소리가 높아지자 가끔 텔레비전에 비치는 그의 얼굴도 날이 갈수록 더욱 당당해지는 것처럼 보인다. 그런데 전두환씨를 공격적으로 비호하는 것이 단지 의리 때문일까? 나는 그의 심리상태를 이해하는 것이 필요하다고 생각한다."

그런데 그의 심리만큼이나 중요하게 짚고 넘어가야 할 것은 장세동에게 환호하는 대중의 심리라는 게 내 생각이다.

탈주범 신창원을 기억할 것이다. 신창원은 몇 년 동안 온 나라를 떠들썩하게 만들며 일부 청소년들 사이에서는 의적이라고까지 불렸지만 사실관계에만 주목한다면 내용은 싱거우리만큼 간단하다. 살인과 절도죄로 복역중인 재소자가 감옥을 탈출하여 도피행각을 벌였다는 것이다. 그러나 일반대중이 가지고 있는 신창원에 대한 이미지, 즉 그에 대한 인식은 좀 다르다. 그의 만만치 않은 싸움 실력이나 자신의 여자를 보호하려는 남자다움, 남다른 의지력 등이 부풀려지면서 많은 사람들은 그에게 호기심을 느끼고 환호를 보냈다. 신창원의 이미지가 실제 신창원을 압도한 경우다.

'장세동을 어떻게 볼 것인가' 하는 질문에 맞닥뜨려서도, 장세동에 관한 '사실(fact)' 과 장세동에 대한 사람들의 '인식(recognition)' 이라는 결코 쉽지 않은 문제가 포함돼 있는 듯하다.

장세동은 자신이 군인이 되지 않았다면 건축학을 전공하는 대학교수가 되었을 거라고 말한 적이 있다. '장세동 교수' 라는 직함이 별로 어색하지 않을 만큼 그는 충분히 지적인 느낌을 주는 사람이다. 그 때문인지 '충성과 의리' 의 이미지를 독과점하면서도 자칫 그런 경우에 동반되기 쉬운 '단순, 무식, 경박' 등의 부정적인 느낌을 주지 않는다. 실상 충성심으로만 따지자면 전임 경호실장들이었던 박종규나 차지철 혹은 이후락 같은 이들도 장세동 못지않을 것이다. 그러나 사람들은 그들에게 열광하지 않는다. 장세동처럼 충성스러우면서도 스마트하고 지적인 느낌을 동시에 주지 못하는 것이 한 이유가 될 것이다.

장세동은 20년 전 자신의 부대에 근무했던 부하들 이름을 지금도 다 외울 정도로 기억력이 뛰어나다고 한다. 그는 또 자기 통제력이 뛰어나며 사전준비가 놀랄 만큼 치밀한 사람이라는 평가를 많이 받는데, 5공 청문회가 그것이 사실임을 증명해주었다. 그의 청문회 증언 등을 보면 '무관답지 않은'(?) 어휘력으로 개념 정리를 명확하게 한다는 느낌을 받게 된다.

"나는 정치란 진실을 논리적으로 정리하는 과정이 아니라 사회통념을 선점하기 위한 선전 내지 선동이라고 봅니다. 이럴 때는 용어가 중요해요. 신문사 편집기자들의 제목 선택이 사회적 통념을 만드는 데 중요합니다."

5공에 대한 왜곡된(?) 이미지는 많은 부분 언론에 책임이 있다며 목소리를 높이는 그의 말이다. 논리의 타당성은 둘째로 하고 이쯤 되면 완전히 5공의 율사 수준이다.

실제로 많은 군 출신 인사들이 활동하던 80년대에 그를 자주 접할 수 있었던 한 중견기자는 그를 자신이 만나본 여러 군인들 가운데서 가장 두뇌가 명석한 사람이라고 기억했다.

실제로 장세동은 어떤 인물인지 그의 연대기를 잠깐 더듬어보자.

알맹이 없는(?) 연대기

장세동은 1936년생으로 전남 고흥군 도양면에서 3형제 중 둘째아들로 태어났다. 4살 때 서울로 이주한 후에 성동공업고등학교를 졸업할 때까지 계속 서울에서 살았다고 한다. 그런 이유 때문인지 육군사관학교 60년도 졸업앨범인 '북극성 4293'을 보면 장세동과 친한 동기생들조차 그의 출생지를 서울로 알고 있다는 기록이 나온다.

해방되기까지 경찰공무원이었던 그의 아버지는 6·25 때 실종됐다. 등록금을 마련할 수 없었던 그는 원래 마음먹었던 서울대 건축과를 가지 못하고 57년 육군사관학교에 16기로 입학한다. 이종찬, 천용택 전국정원장과 고(故) 강재구 소령이 그의 육사 동기다. 71년, 35세라는 늦은 나이로 은행원이던 지금의 부인과 결혼했다.

77년 수경사 30경비단장으로 임명되었는데, 12·12사태 때의 경복궁

모임이 바로 30경비단장인 그의 사무실에서 이루어졌다. 5공이 들어서면서 그의 전성기가 시작된다.

장군으로 진급한 81년 7월에 경호실장에 취임해 3년 7개월간 재직했는데, 재직중이던 84년 12월엔 중장 진급과 동시에 전역, 28년간의 군 생활을 마감했다. 85년 2월 안기부장에 임명되어 87년 5월 박종철 군 고문은폐사건으로 물러날 때까지 2년 3개월 동안 명실상부한 5공의 2인자 역할을 하며 한때는 전두환 전대통령의 후계자로까지 거론된 적이 있다.

88년 5공비리 청문회 증인으로 나온 이후부터는 전두환 전대통령을 위한 시련(?)의 연속이었다. 89년 1월 일해재단 설립비용 모금과 관련해 직권남용 혐의로 처음 구속된 그는 93년 3월에는 통일민주당 창당방해 사건(세칭 용팔이 사건)을 배후조종한 혐의로, 96년 12·12 및 5·18사건에서는 내란중요임무종사 혐의로 각각 쇠고랑을 찼다. 현재 그는 66세의 나이로 전두환 전대통령의 잦은 나들이에 동행하며 여전히 당당하게 살고 있다.

그러나 이러한 장세동의 삶은 그가 '어른'으로 모시는 전두환 전대통령과 연결하여 살펴보지 않으면 그 참모습을 제대로 파악하기 어렵다. 아니 '어려운' 정도가 아니라 불가능하다는 말이 더 적절할 것이다. 장세동에게 전두환 전대통령은 존재 근거 그 자체이기 때문이다. 이도령과 분리된 방자를 생각하기 어려운 것처럼 이제 장세동은 전두환 전대통령을 통해서만 의미가 생기는 사람이 돼버렸다.

한때 남들은 꿈도 꾸지 못할 만큼 대단한 권력을 휘둘렀고 이제는 60대 중반의 나이에 두 아들의 아버지인 한 남자의 삶을 규정하는 표현치고는 지나치게 단정적이며 과격하다고 생각할 수도 있을 것이다. 하지만 정신의학적으로 살펴보면 장세동은 부모 품을 떠나기가 두려워 시집도 안 간 채 순종적으로 살아가는 노처녀의 삶처럼 종속적이고 불안정하다. 그 이유를 한번 짚어보자.

'성은이 지극하시니 갚고 갈까 하노라'

장세동은 지금도 전두환 전대통령을 반드시 '어른' 이라고 지칭한다. '어른' 이라는 말 속에는 상대적으로 자신을 미성숙한 '어린 아이' 로 규정하는 의미가 내포돼 있다. 육사 11기와 16기의 선후배 사이니까 실제 나이는 다섯 살 정도밖에 차이가 안 나지만 그가 '어른' 을 대하는 태도는 엄격한 부자지간이나 봉건적인 군신관계를 연상케 한다. 큰절을 올리는 것은 다반사고 자신의 생각이 어른에게 알려지는 일 자체를 '외람되이' 생각한다.

그는 어른을 정성으로 모셨다고 말하면서 그런 면에서 자신은 행복한 사람이라고 토로한다. 훌륭한 분을 오랫동안 모실 수 있었기 때문이라는 것이다.

'성은(聖恩)이 지극하시니 갚고 갈까 하노라.'

어른에게 바치는 충성심을 칭송하는 사람들에게 장세동이 가끔 인용한다는 옛 시조의 한 구절이다. 그가 어른으로부터 받은 은혜나 은총, 그리고 국가로부터 받은 혜택을 다소라도 갚고 인생을 마무리하고자 하는 그의 간절한 마음이 담긴 시구란다. 변함없는 충정을 노래한다는 면에서 현대판 '사미인곡(思美人曲)' 이 따로 없다.

장세동이 이런 대단한(?) 어른을 처음 만난 건 1966년 그가 월남전에서 부상을 입고 병원에 입원해 있을 때였다. 구라파 출장길에 병원에 들렀던 전두환 중령은 장세동 대위에게 깊은 인상을 받았는지, 67년 11월 그가 월남에서 돌아오기도 전에 자신이 대대장으로 있는 수경사 30경비대대 작전장교로 명령을 내놓았다. 상관과 부하 관계로서 둘 사이에 최초의 만남이 이루어진 것이다. 그 후로 두 사람은 파월 백마부대의 일원으로, 공수특전단장과 대대장으로, 대통령 경호실의 상관과 부하로 무려 7년 8개월을 동고동락하게 된다. 그는 전두환 전대통령과 가장 오랫동안 직접 상관과 부하 관계를 유지하며 같은 부대에서 군 생활을 한 사람으로 알려져 있다.

12·12사태 때 장세동은 장태완 수경사령관 휘하에 있는 수경사 30경비단장으로 근무하고 있었지만 당연하게 그는 전두환 국군보안사령관의 명을 받들어 그의 사무실을 거사 장소로 제공한다. 두 사람의 완벽하다고까지 할 신임과 충성 관계에 대한 그의 해석을 들어보자.

"인간관계란 무형적인 것이기 때문에 수적으로나 양적으로 표현되거나 잴 수 없는 것이다. 그분은 나에게 여러 형태의 가르침을 줬다. 첫째는 정이 담뿍 담긴 격려와 충고의 말씀이 있었고 또 내가 소화시키지 못할 정도의 꾸짖음과 채찍질이 있었고, 마지막으로 그분의 행동과 체취에서 풍기는 무형적인 교훈이 있었다. 내게 영향을 준 것은 무형적 교훈, 채찍질, 충고의 말씀 이런 순이었다. 이런 것들이 종합돼 그분의 은혜에 대해 반사적으로 내가 할 수 있는 최대의 정성과 충성을 바쳤다."

결국 전두환 전대통령의 인품에 매료되었다는 얘기다. 어떤 면에서 보면 전두환 전대통령은 자신의 끈끈한 인간관계를 바탕으로 정상의 권좌를 차지한 사람이다. 그는 대통령이 되기 전부터 '나는 적이 없는 사람이야' 라고 자랑스럽게 말했단다. 전두환 전대통령이 사조직과 공조직을 통합하여 우두머리가 될 수 있었던 한 비결은 그가 동기생과 후배들을 위해 몸을 아끼지 않았던 점이라고 알려져 있다. 그는 육군에서 가장 청탁이 많은 장교였다는데, 그 대부분이 자신을 위한 청탁이 아니라 동기생이나 후배장교들을 위한 인사청탁이 주된 것이었다고 한다.

인간관계에서 그의 가장 큰 능력은 동기생이나 부하들로 하여금 '저 사람은 누구보다도 나를 제일 신뢰한다' 고 믿게 만드는 힘이라고 한다. 거기에 덧붙여서 받는 사람의 예상보다 늘 '0' 이 하나 더 붙어 있곤 하는 촌지 액수도 그에 대한 충성심을 강화시키는 데 한몫을 한다는 게 일반적인 평가다. 실제로 장세동이 감옥을 다녀와 '휴가 다녀왔습니다' 라고 인사를 하자 전두환 전대통령은 물경 18억 원을 그에게 위로금으로 주었고 그 후에도 여덟 차례에 걸쳐 모두 30억 원을 하사했단다. 아무리 대가를 바라고 바치는 충성이 아니라고 주장해도, 주군이 이 정도의 배려를 하면 감읍하지 않을 도리가 없을 것이다.

머리가 있는 충성은 충성이 아니다

그가 '어른' 에게 바치는 정성과 충성은 경호실장과 안기부장을 거치면서 절정에 달한다. 대통령이 산책로에서 돌부리에 걸려 비틀거리면 심기가 불안해지고, 그렇게 되면 의사결정에 악영향을 끼친다면서 도로의 정지작업 정도로는 성이 안 차 길에 새똥이 쌓여 굳은 것을 녹이는 약품을 개발하도록 했단다. 대통령의 심기안정이 경호실장과 안기부장으로서 가장 큰 임무였다고 생각한 것이다. 이른바 '심기경호' 다.

그는 경호실장 시절에 '어른' 이 찾으면 늘 3분 이내에 출두했으며 연락받는 즉시 머리손질을 하고 '어른' 이 쓰는 것과 똑같은 향수를 뿌리고, 권총을 찬 뒤 윗옷의 양 호주머니에 지도를, 그리고 메모용 수첩을 반드시 윗옷 안쪽 호주머니에 넣고 갔다고 한다. 지도는 수행 도중에 대통령이 산의 높이나 낯선 건물에 대해서 물을 때 머뭇거리지 않고 대답하기 위해서다.

그는 또 술자리에서도 각하의 말씀을 하나라도 놓칠까 봐 바로 옆자리에 앉아서 메모를 했다고 한다. 각하가 술맛이 떨어지겠다고 핀잔을 주었을 정도라니 기가 질릴 만하다. 그런데 그렇게 하는 행동에 붙이는 이유가 자못 숙연하기까지 하다. 사석에서라도 대통령께서 공무에 관계되는 말씀을 하시면 적어두었다가 관계부서장에게 통보해주려고 그랬다는 것이다. 이쯤되면 '입 속의 혀' 가 따로 없다. 분명 쉬운 일은 아닐 것이다.

그의 이런 유별난 충성심을 5공 정권 창출의 기여도 측면에서 해석하는 사람들도 있다.

10 · 26사건에서 12 · 12사태 사이에 전두환 합동수사본부장과 함께 권력의 의지를 다졌던 핵심측근으로 다섯 명을 꼽는다고 한다. 허화평 비서실장, 허삼수 총무국장, 이학봉 수사국장, 장세동 수경사령부 30단장, 김진영 33단장이 바로 그들이다. 전두환 본부장에 대한 영향력과 정권 탄생 모의에 있어서의 기여도는 허화평, 허삼수, 이학봉, 김진영, 장세동의 순서라는 게 일반적인 관측이다. 혼자만 전남 출신인 장세동은 전 본부장과의 개인적 친분에 크게 의존하고 있었다. 경상도 출신이 주류인 다른 측근들과는 인간적으로 크게 가깝지 못했다는 것이다. 전 본부장을 대하는 태도에 있어서도 다른 사람에 비해 경직되어 있었다는 게 중평이다. 5공 출범기에 장세동은 '2허' 에 비해 권력의 핵심에서 조금 떨어져 있었던 게 사실이고, 주도 세력 사이에서 그는 정권 창출의 기획자라기보다는 실천자라는 시각이 팽배했다.

5공 창업의 기획자 허화평은 전두환 전대통령을 절대권력자로 보기보다는 주식회사 대표이사쯤으로 생각하고 자신도 주주로서 당당하게 행세했다. 허화평은 장영자 사건을 계기로 대통령의 친인척이 관련된 비리에 대해서도 전두환 전대통령과 이순자 씨의 의견과는 달리 단호하게 처리해야 한다고 생각했다. 결국 그는 대통령의 처삼촌까지 구속하는 무리수(?)를 두게 된다. 절대적이고 무조건적인 충성심을 보이지 않은 것이다.

충성심이란 단어를 들으면 떠오르는 최인호의 역사소설 한 대목이 있다. 신궁의 활솜씨를 가진 성주가 있었다. 그는 활솜씨가 뛰어난 99명의 궁사를 뽑아 자신의 그림자처럼 훈련을 시킨다. 그가 활을 들면 동시에 활을 들고 시위를 당기면 똑같이 따라하며 그가 화살을 겨누는 방향으로 99개의 화살이 겨누어지도록 끊임없이 훈련을 시키는 것이다. 어느 날 그는 자기 부하들의 충성심을 테스트하기 위해 마당에서 꽃을 돌보고 있는 자신의 애첩을 향해서 갑자기 활을 겨눈다. 주위에 있던 부하들이 동시에 활을 겨누었고 주군은 자신의 애첩을 향해 서슴없이 화살을 당긴다. 물론 애첩은 고슴도치가 되어 죽고 만다. 그런데 부하 중 한 명이 머뭇거리며 활을 쏘지 않은 것을 보고 성주가 그에게 묻는다. 왜 나와 같이 행동하지 않았는가. 부하가 말한다. 소장은 그 애첩에 대한 주군의 지극한 사랑을 잘 알고 있기 때문에 그녀가 죽으면 주군의 상심이 너무 클 것 같아서 차마 화살을 당길 수가 없었습니다. 성주는 자신의 명령대로 움직이지 않았던 부하를 죽인다. 생각하는 부하는 필요없다는 것이다. 머리가 있는 충성은 충성이 아니라고 생각한 것이다.

머리 쓰는 부하 허화평은 장영자 사건에서 자신의 주장을 펴다가 결국 권력의 핵심에서 퇴장당한다. 그 후부터 전두환 전대통령 참모의 제1기준은 충성심이 되었다고 한다.

장세동은 그런 조건에 가장 부합되는 인물이었고 그런 상황 때문에 그의 충성심은 한층 더 그 강도가 높아졌을 것이다.

본능에 반(反)하여?

그러나 사람들이 장세동에게 환호하는 건 주군에 대한 그의 의리나 충성심이 직업적, 객관적 관계가 종료되었음에도 계속되었기 때문인 듯싶다. 5공이 끝난 뒤 경호실장이나 안기부장으로서 객관적인 책임감이 전혀 없는 상태에서 어른을 보호하기 위해 그가 기울인 노력은 처절하기까지 하다. 인구에 회자되는 명언도 많이 남겼다.

"사나이는 자기를 알아주는 사람에게 목숨을 바친다." "어른을 구속하려 들 경우에는 내가 역사의 수레바퀴에 깔려 죽는 한이 있더라도 막을 것이고, 그러지 못한다면 나는 어른의 뒤를 따라가겠다." "가만히 있어라. 내가 링에 올라가면 모두가 불행해진다." "용팔이 사건에는 나 이상의 배후가 없다." "신고합니다, 각하. 휴가 잘 다녀왔습니다."

그때부터 사람들은 그에게 '의리의 사나이 돌쇠' 니, '그림자 인생' 이니 하는 별명을 붙여주었다.

97년 한나라당 김덕룡 의원의 측근 중 한 사람이 부정한 돈을 받아 조사를 받은 적이 있었는데 당시 그 사람은 자신의 보스인 김 의원의 명예나 위상보다도 자신을 방어하기에 급급한 변명성 발언을 쏟아놓아 김 의원을 곤경에 빠뜨렸다. 그는 김 의원의 고교후배로 야당 시절부터 김 의원을 따르고 도와줬던 사람이며 당시 김덕룡 대통령만들기 작업에도 참여했던 핵심 참모여서 김 의원의 실망감이나 배신감은 더 깊었다고 한다. "전두환을 끝까지 보호한 장세동 같은 사람이 한 사람만 있었어도……." 그때 김 의원 캠프에서 쏟아진 장탄식이란다.

5공의 경호실장 장세동과 6공의 경호실장 이현우가 동시에 감옥에 간 적이 있었다. 교도소 안에서도 장세동이 나타나면 사람들이 환호하고 이현우가 나타나면 야유를 했다고 한다. 이현우는 자기가 모시던 노 전대통령을 끝까지 비호하지 않았기 때문이었다.

사람이란 기본적으로 자기중심적인 속성을 가졌기 때문에 결정적인 위기의 순간에 타인을 먼저 생각해서 자기의 이익에 반하는 행동을 한다는 것은 대단히 어렵다. 그래서 장세동의 '본능에 반하는' 한결같은 충성심은 대중을 감동시킨다.

지난 98년 그가 사면복권되던 날 보도된 저녁 TV뉴스는 그에 대한 세간의 관심을 압축적으로 잘 보여주고 있다.

"오늘 두 전직 대통령과 함께 특별사면된 장세동 전안기부장은 5공의 핵심이자 전두환 전대통령의 심복으로 잘 알려진 인물입니다. 5공 시절의 업이 역사의 심판대에 오르자 전씨와 함께 몰락의 길을 걸어 세 차례나 수감생활을 해야 했던 장씨의 그림자 인생. (…) 그런 장씨의 그림자 인생은 권부의 핵심에서 물러나 몰락의 길을 걸으면서도 계속됐습니다. 이 때문에 배신과 변절이 다반사인 정치판에 식상한 일부 국민들은 무지막지한 군사독재의 첨병이었던 그를 의리의 화신으로 화제에 올리는 아이러니가 빚어지기도 했습니다. 입원해 있던 경희대 병원에서 사면복권 통보를 받은 장씨는 오늘도 전씨 소식을 더 궁금해했습니다. 장씨는 앞으로 계획을 묻는 질문에도 '먼저 어른을 찾아뵙고 결정하겠다' 며 여전히 전씨에 대한 충성심을 과시했습니다."

장세동은 어떻게 초지일관 그런 태도를 견지할 수 있는 것일까.

강준만 교수의 분석에 따르면 장세동 같은 인물은 자기에게 주어진 현실을 자신의 이데올로기로 바꾸어 정당화시키는 일에 거리낌이 없다고 한다. 그는 누가 그런 현실을 비판하면 '개새끼' 라고 소리치는데, 그 소리는 확신과 신념으로 가득하다는 것이다. 이렇게 설명해보면 어떨까.

몇 가지 물건 중에 하나를 선택하도록 강요받은 사람이 오랜 생각 끝에 하나를 선택했다고 가정하자. 선택 후 사람의 반응은 선택 전과는 달라진다. 자기가 선택한 것은 확실히 좋은 것이었다고 확신하며, 선택하지 않은 것에 대해서는 평가절하하는 경향이 나타난다. 때론 자기가 선택한 것에 대해 적극적인 선전자로 변신하기도 한다. 경제학에서 말하는 '상표충성도(Brand Loyalty)' 는 그런 심리적 이유로 생겨난다.

그런데 자기가 선택한 상품에 대해서 불안감이 큰 사람일수록 선택 후의 합리화 경향이 심해진다고 한다. 장세동이 지금까지도 '전두환' 이라는 상표에 지나치게 충성하는 정도도 혹시 그의 내적 불안감의 크기와 비례하는 것은 아닐까.

물론 장세동의 의리나 충성심 전체를 깎아내리고 싶은 생각은 없지만, 그에게 혹시 이런 속마음도 있지 않을까 상상해보는 일조차 금지된 것은 아니잖은가.

'나도 한두 번쯤은 내 행동에 대해서 심각하게 생각해보았습니다. 나도 생각이 있고, 똑똑하다면 똑똑한 놈 아닙니까. 그렇지만 이제는 전두환에 대한 충성심이나 의리를 계속 외쳐대는 것 외에는 사실 대안이 없습니다. 사람들이 내 의리를 그토록 칭찬해주었는데 이젠 너무 지쳤다고 말할 수도 없지 않아요? 지금 와서 등을 돌린다고 나에게 득이 될 게 뭐 하나라도 있어야지요. 그러니 참아야지요. 갈 때까지 이대로 가는 수밖엔 없게 되어버렸습니다.'

남성판(版) 순결 콤플렉스

그런데 그의 '어른'은 늘 전력투구형 충성심에 익숙해 있는 모양이다. 김동건 아나운서가 어떤 기자와 인터뷰 중에 이런 말을 했다.

"저는 전두환 전대통령이 신기합니다. 어떻게 한 인간을 그 많은 사람들이 추종할 수 있을까 하는 점 때문이죠. 장세동, 안현태 등 수없이 많잖아요. 그런데 어느 날 우연히 전대통령과 함께 식사를 할 기회가 있어 물어봤어요. '장세동, 안현태 이런 분들이 왜 그렇게 충성합니까?' 그랬더니 뭐라 대답한 줄 아십니까? '그 사람뿐이 아니여. 그런 사람말고도 많아요'라며 웃더군요."

한 순진한 처녀가 운명적인 사랑이라고 믿어 의심치 않는 남자를 만났다. 그런데 운명의 장난으로 그 사내는 플레이보이였다. 처녀는 남자를 만나고 집으로 돌아와서도 밤새 그와 함께했던 시간들을 달콤하게 추억하지만 바람둥이 사내는 그 시간에 또다른 여자를 만나고 있다. 순진한 처녀에겐 그 남자가 유일한 대상이지만 플레이보이에게 그 처녀는 여러 여자 중 하나일

뿐이다. 장세동은 순진한 처녀일 수도 있다. 딴 남자를 생각한다는 그 자체만으로도 자신이 순결하지 않다고 생각하는 것이다.

'배, 배, 배신이야, 배신.'

한동안 장안의 화제가 되었던 유행어다. 〈넘버3〉라는 한국 영화에서 얼치기 두목 조필(송강호)이 졸개들의 절대적인 충성심을 강요하면서 더듬거리던 대사다. 남자들은 배신자로 낙인찍히는 것을 죽기보다 두려워한다. 신의가 없는 남자는 남자도 아니라는 것이다.

10 · 26 때 김재규의 명령 한마디에 대통령 경호원들을 사살하고 거사에 가담했다가 사형을 당한 박선호 당시 중앙정보부 의전과장의 고백은 충성이나 신의에 집착하는 남자들의 안쓰러운 삶을 적나라하게 보여준다.

"수사할 때 수사관이 나보고 바보라고 했다. 김 부장을 쏘거나 밀고했으면 되는데 그러지 않아서 이렇게 사형을 당하게 되었다는 것이다. 그렇지만 내가 배신했으면 김 부장은 마음이 아팠을 것이다. 신의가 중요하다. 신의가 없는 상관은 죽은 상관이다."

사람들, 특히 남자들은 배신에 대한 두려움을 마음속 깊이 가지고 있는 듯하다. 남자들의 삶의 터전은 정글의 법칙이 지배하는 곳이기 때문이다. 그래서인지 충성이나 의리에 대한 남자들의 무의식적 집착은 그 뿌리가 놀랄 만큼 깊고 집요하다.

천연기념물인 '정이품송'에 대한 민간설화는 '충성심'의 원시적 속성을 잘 보여준다. 어느 날 세조가 한 마을을 지나는데 소나무가 길게 드리워져 있어서 통행이 불편할 정도였다. 그런데 그 순간 소나무가 자기 가지를 스스로 들어올려서 세조의 가마가 걸리지 않고 잘 지나가게 했단다. 후에 세조는 이 나무의 충성심을 잊지 않고 정이품 벼슬을 하사했다. 〈전설의 고향〉 버전으로 해설을 하자면 이런 것이다.

"생명이 없는 미물이라도 간절하게 주군을 향해 충성을 다하면 그렇게 높은 벼슬자리에 오를 수도 있다는 '무조건식 충성'의 아름다운(?) 교훈을, 그 소나무는 오늘날의 우리에게 던져주고 있습니다."

우리 나라 사람들이 진돗개를 명견으로 꼽는 첫번째 이유도 진돗개의 충성심 때문이다. 진돗개는 주인에게 절대 복종하는 성질이 있어 한 번 정해진 주인은 몇 년이 지나도 잊지 않고, 주인과 한 번 맺은 인연은 죽음으로까지 지켜나간다고 한다. 이 대목에서 사람들은 진돗개에게 경의(?)를 표하기까지 한다.

그런 연장선상에서 보면 사람들이 장세동에 열광하고 호감을 가지는 건 그가 남자들의 마음속에 있는 배신에 대한 잠재적 불안감을 해소시켜주는 인물이기 때문인지도 모른다.

희생? 아니 기생(寄生)!

그러나 '무조건식' 충성심으로 무장한 '어른' 중심의 세계관은 그의 정상적인 균형감각을 마비시킬 수밖에 없다.

1백억 원짜리 대통령별장인 청남대 건립, 대통령사저 주변 공원화계획, 4천만 달러짜리 대통령전용기 도입, 전직 대통령에 대한 경호규정 신설, 호사스럽다는 비판을 받은 지방 청와대 신설 등은 그가 경호실장 재직 시절에 벌인 일들이다. 그는 그런 일들에 대한 비판이 일자 '어른'을 중심으로 한 논리만을 가지고 국민들의 무지를 한탄한다. 『소설 전두환』이란 소설에서는 전직 안기부장을 이렇게 묘사한다.

"자신의 주인에게 복종하기 위해 많은 사람들을 희생시킨 사람."

확실히 그는 위에서 밑으로 내리꽂는 하향식 사고에 익숙한 사람이다. 수십 년간을 군대라는 조직에서 보낸 것을 감안한다면 당연한 일인지도 모른다.

"군인은 명령에 거의 무조건 따르도록 훈련된, 사고방식이 아주 단순한 사람입니다. 이렇게 복잡한 사회를 끌고 나갈 수가 없어요."

12 · 12사태 와중에 부하들에게 총격을 받았던 정병주 전특전사령관이 군인의 특성에 대해서 한 말이다. 정상적인 사람이 과연 군대라는 특수사회에서 정상적인 생활을 할 수 있을까?

소설가 구효서는 그의 병영 소설에서 그런 의문을 제기한다.

"여기서 정상적이라 하는 것은 건강한 사고, 양심적 심성, 비판적 사회인식, 진실된 인간애 같은 것들을 일컫게 될 터인데, 이렇게 말하면 이미 군대 생활 잘하고 제대한 분들 중에서 성질 급하고 피해의식에 젖은 양반들은 대뜸 그럼 나는 비정상이었다 이거지? 하고 달겨들 것이다. 그러나 그런 말이 아니다. 애써 변명하자면, '비정상' 이 아니라 '비정상적' 이었다는 얘기다. 비정상과 비정상적인 것은 엄연히 다르다. 울며 겨자 먹기, 즉 까라면 (싫더라도) 까야지 할 때 '싫더라도' 라는 감정을 소유할 수 있으면 그는 '비정상' 이라고 할 수 없고 '비정상적' 이라 할 수 있다."

장세동의 충성심은 과연 '비정상' 인가 아니면 '비정상적' 인 것인가. 그도 이제 60대 중반을 넘어선 나이다. 이미 충분히(?) 어른인 이가 아직도 다른 어른의 삶에 동반된 삶으로만 존재한다면 그건 곤란하다.

'당이 결정하면 우리는 한다' 식으로 상대방과의 객관적인 관계를 유지할 수 없는 충성심은 '비정상적' 이 될 수 없다. 어떤 경우에도 불복종할 수 없는 사람이라면 그는 '비정상' 인 것이다. 상대방에 대한 의존심을 상대에 대한 자신의 희생이라고 착각하면서 은근히 대가를 원하고, 안 되면 상처받고, 그러면서 우리는 우리의 삶을 얼마나 낭비하고 있는가.

기회가 된다면 서두에서 언급한 정신분석가 펄스의 기본사상을 장세동 전안기부장에게 꼭 들려주고 싶다.

"내 일은 내가 하고 당신 일은 당신이 하는 것. 내가 당신의 기대에 따라 이 세상을 살아가는 것이 아니며 당신 또한 나의 기대에 따라 이 세상을 살아가는 것이 아닌 것. 당신은 당신, 나는 나, 우연히 서로를 발견한다면 그것은 아름다운 일. 그렇지 못할 땐 어쩔 수 없는 일."

비가 와도 강행합니다

이번에는 개그맨 전유성에 대해서 살펴보자.

기자들이 전유성을 인터뷰한 기사를 볼 때마다 생기는 궁금증이 있다. 그에 관한 인터뷰 기사는 모두 '천편일률' 적이라 할 만큼 똑같다는 것이다. '내가 하는 말이 지구상에서 처음 듣는 얘기' 가 되도록 끊임없이 애쓴다는 전유성의 노력은, 기자들이 쓰는 그의 인터뷰 기사에서는 여지없이 물거품이 되고 만다. 취재기자가 남자든 여자든, 학생기자든 권위 있는 잡지의 중견기자든, 그 구성이나 내용은 서로 상대방의 논문을 베낀 대학원생들의 논문처럼 대동소이하다. 토크 형식이나 다큐 형식으로 그를 다룬 TV프로그램도 마찬가지다. 물론 전유성에 관한 호기심에서 시작된 이 글도 그런 신세를 벗어나지 못할지 모른다.

전유성

그는 비가 와도 강행한다. 항의 전화가 빗발쳐도 개의치 않는다.
자기 것을 챙기지는 않지만, 자기 의지는 절대 굽히지 않는다. 더우면 바지를 잘라버리고,
떠나고 싶으면 훌쩍 떠나버린다. 그에겐 하고 싶은 일을 꾹꾹 눌러놓는 '정신적 변비' 란 없다.
당신도 주저말고 한번 외쳐보라. '변비 안녕!'

그에 관한 인터뷰기사나 프로그램에서 반복되는 레퍼토리나 컨셉이란 대충 이런 것들이다.

'개그맨' 이란 말을 최초로 사용한 사람이며 가장 썰렁하게 웃기는 동시에 잘 웃지 않는 개그맨이다. 가수 진미령과 야외결혼식을 올릴 때 썼다는 '비가 와도 강행합니다' 라는 청첩장 문구는 역사상 최고의 명카피로 통한다. 『나의 문화유산 답사기』를 패러디한 『남의 문화유산 답사기』라는 유럽여행 견문록의 제목은 청운초등학교 동창생인 유홍준 교수조차 감탄을 금치 못했다. 삼계탕집 오픈식의 특별이벤트로 닭 위령제를 지냈다. 그 동안 펴낸 책이 아홉 권이며 컴퓨터관련서 4권은 도합 1백만 권이 넘게 팔렸다. 한창 잘 나가던 시절에 8개의 TV프로그램에 고정출연하다가 하루아침에 중단하고는 지리산에 혼자 들어가 두세 달 살다왔다. 올라올 때 지리산에서 서울까지 13일 동안 걸어왔다는 등 그의 엉뚱하고 기발한 행동들이 글의 재료다.

이런 인터뷰기사에 곁들이는 사진들이란 무표정한 그의 얼굴이나 뒤돌아서서 바지춤을 내리고 소변을 보는 모습들이다. 결국 이런 기사들에서 그를 규정하는 키워드는 '새로움과 재미남' 을 화두로 삼고 살아가는 '자유인' 전유성이다.

신기한 것은 늘 비슷한 톤의 비슷한 내용이면서도 계속 여성지, 시사지, 주간지, 스포츠신문, 교양지 등과 대학신문, 네티즌을 대상으로 하는 웹진에까지 두루두루 인터뷰 기사가 실린다는 것이다. 코미디언 이주일처럼 늦은 나이에 벼락처럼 데뷔를 한 까닭도 아닐 것이고, 남희석이나 조성모처럼 소위 뜬다는 연예인도 아니고, 한석규처럼 베일에 가려 늘 팬들의 호기심을 자극하는 스타도 아닌데 전유성은 그렇게 자주 인터뷰에 등장한다. 그에게 대중이 원하는 상품성이 있다는 하나의 반증일 터이다. 그렇다면 대중이 그에게서 느끼는 매력의 핵심은 무엇일까.

개그맨이 되어버린 철학자

우연히 한 인터넷사이트에서 젊은 네티즌들이 전유성에 대해서 토론하는 광경을 보게 되었다. 한 사람이 전유성의 개그를 비판했다. 너무 썰렁하게 웃기려고 애쓰는 모습이 안쓰럽다. 그런 안쓰러운 모습을 안 보았으면 좋겠다. 웃기는 데도 수준이 있는 법이다. 그게 비판의 요지였다. 내 관심을 끈 것은 그에 대한 반론을 폈던 한 네티즌의 반응이다.

"글쎄 수준이라기보다는 취향이 다르다고 해야 좀더 옳겠죠? 전 예전엔 전유성 씨를 안 좋아했어요. 나오면 딴 데 틀기도 하고 막 욕하고 다니고 그랬거든요. 근데 나이 들면서(?) 아니 시간이 지나면서 그 사람의 유머가 이해되기 시작했어요. 그리고 그 탁월한 발상은 화려한 달변이나 요상한 몸짓으로 표현하지 않아도 나를 감탄하게 만들죠. 그는 우리가 원하는 개그맨이나 코미디언의 모습은 아닐 수 있어요. 난 그렇게 많은 것을 머리와 마음에 담아두고도 늘 그렇게 어눌하고 어색한 모습으로 무대에 서 있는 전유성 씨가 우습기만 하던데……. 어쨌든 전 그가 부럽습니다. 사회생활하면서 그 사람처럼 머리가 팍팍 돌아가고, 아이디어가 넘친다면, 그렇게 부지런할 수 있다면 좋겠어요. 나도……."

대화의 내용으로 보아 아마도 20대 남성일 듯싶은데 그런 나이에 전유성을 좋아한다는 게 의외였고, 또 그를 좋아하는 이유가 흥미로웠다. 개그맨으로서도 그렇지만 삶에 관한 포지티브한 전범(典範)으로 전유성을 옹호하고 있기 때문이다.

확실히 전유성이란 인물은 무대보다 오히려 일상 속에서의 삶이 더 매력적이고 얘깃거리가 많은 사람이다. 전유성의 직업을 무엇이라고 하면 좋을까? 그는 주종목(?)인 개그맨 이외에 연극과 영화 기획자, 카피라이터, 외화번역 후의 대사윤색 작업자이기도 하다. 한때는 그와 어울리지 않을 것 같은, 대기업 이사라는 직함을 가진 적도 있다. 『컴퓨터 일주일만 하면 전유성만큼 한다』 등의 베스트셀러를 집필한 작가이기도 하며 전천후 광고모델이기도 하다. 근자에는 한 대학의 코미디학과장으로, 또 벤처기업의 임원으로도 활동하고 있다.

그는 하루 10분은 자기 직업에 대해서 생각해야 한다고 역설한다. 자기 자신과 직업에 대한 정체성이 없으면 존재 근거가 흔들린다고 생각하기 때문이다.

그래서 그의 인터뷰기사들은 전유성 개인의 신변잡기에서 시작되는 듯하지만 결국은 삶의 철학에 대한 얘기로 넘어간다. '개그맨이 되어버린 철학자' 란 주철환의 표현이 조금도 어색하지 않다.

그가 20대 때 대마초 사건에 걸려 6년 반 동안 방송에 얼굴을 내밀지 못하게 된 적이 있었다. 단역이지만 인기절정인 동양방송의 〈쑈쑈쑈〉에도 출연하며 자신의 개그를 구사하던 시절이었는데 그 사건으로 그는 한 달 동안 정신병원 신세를 져야 했다. 정신병원에서 퇴원했을 때, 주변에서 걱정 반 농담 반으로 위로의 말을 건넸으나 그는 오히려 한 달 동안의 정신병동 생활이 즐거웠노라고 대답했다 한다. 뭔가 남들과는 다른 생각을 하는 사람들 틈에서 뭔가 남들과 다른 생각을 할 수 있는 좋은 기회를 얻었기 때문이라는 것이다.

지나친 감은 있지만 전유성답다. 그는 남들과 다른 것, 즉 차별화 전략을 삶의 제1장 1절로 삼는 사람이다. 그의 아이디어 발상법 6가지 원칙 중 그 첫번째도 '누구나 생각할 수 있는 것부터 지워나갈 것' 이다. 그런데 이게 보통 어려운 일이 아니다. 먼저 '누구나 생각할 수 있는 것' 이 어떤 것인지를 가늠하기가 쉽지 않다. 그걸 알고 나면 그 다음부터는 다른 사람과 전혀 다른 무엇인가를 끄집어내야 하는데 이게 또 얼마나 힘든 일인가 말이다.

언젠가 모 대학에서 주최하는 고등학생 대상의 백일장에서 학생들에게 '내일' 이란 시제를 주고 글을 써내도록 했단다. 거의 모든 학생이 '내일과 희망' '스피노자의 사과나무' 유의 소재로 비슷한 주제를 담은 글들을 써내 심사위원들이 허탈해했다는 얘기를 들은 적이 있다. 내일이라는 단어에서 연상되는 것 중에 딴 사람도 생각했음직한 것들을 지워보라. 남는 생각이 있기는 한가.

그런데 전유성이란 사람은 거의 습관적으로 매일 그렇게 살고 있다는 거다. 그는 어릴 때 읽은 『빙점』이라는 소설이 발상의 전환이라는 화두를 자신에게 안겨주었다고 말한다. 주인공 꼬마가 돈을 잃어버린 뒤에 "내 돈을 주운 사람은 얼마나 운이 좋을까?" 하는 대사에서 그런 깨달음을 얻었다는 것이다.

내 것은 없다, 내 의지가 있을 뿐

남들이 하지 않고 생각하지 못한 최초의 것을 경험하는 기분은 말로 다할 수 없을 것이다. '처음' 프리미엄은 돈 주고도 못 산다는 게 그의 신념이다. 주인 없는 땅에 내 마음대로 깃발을 꽂을 수 있기 때문이란다. 전유성식 철학의 중심은 펄스가 말한 '자아 의존' 이다. 자유의지에 의한 그런 무한대의 경험은 자신의 정체성이나 사물에 대한 호불호(好不好)를 명확하게 한다. 익히 알려진 대로 그는 자신이 하고 싶은 일이 있으면 어떤 일이 있어도 하는 스타일이고 못마땅하다 싶은 일을 당하면 억지다 싶을 정도로 단호하게 대처한다.

불교방송의 한 프로그램에서, 사십을 바라보는 딸이 시집갈 생각을 안 한다고 하소연하는 아주머니가 전화를 걸어 "딸에게 시집 좀 가라고 전유성 씨가 방송을 통해 한마디 해달라"고 부탁했다. 사실 이럴 때 대부분의 진행자는 싫어도 참고 부탁을 들어주게 마련이다.

'올해는 꼭 결혼해서 어머니 걱정 좀 덜어드리세요' 식의 상투적인 멘트를 하면서 말이다. 그런데 전유성은 이렇게 물었다.

"딸이 방송을 듣고 있나요?"

"안 들어요."

"안 듣고 있는데 내가 얘기해봤자 무슨 소용 있어요?"

"그래도 해주세요."

"난 그렇게 못해요. 시집가라고 하는 엄마 말도 안 듣는 딸이 개그맨 말 듣고 시집가겠다고 결심한다면 그 여자가 잘못된 거 아니에요?"

방송이 끝나고 항의전화가 빗발쳤지만 그는 개의치 않았단다. 자기 말이 백 번 옳았다고 믿기 때문이다. 그는 아무리 자식을 아끼는 부모라도 자식의 자유의지는 침범하지 말아야 한다고 철석같이 믿는 사람이다.

어떤 아줌마가 전유성에게 다가와 자기 아이가 그를 좋아한다면서 사인을 해달라고 말했다. 아이는 저쪽에 서 있고, 엄마가 대신 사인을 받아다주려는 것이다. 그러면서 '공부 열심히 해라' 그렇게 써달라고 그에게 주문한다.

실제로 이런 상황이 닥치면 그는 완전히 돌아버린다고 한다. 쌍욕만 안 할 뿐이지 거의 두들겨 팰 듯이 그 아줌마를 닦달한단다. 부모가 부적절하고 무리하게 자식의 인생을 침범하고 있다고 여기기 때문이다. 그는 그런 일에 가장 크게 분노한다. 물론 호불호가 지나쳐 오버를 하는 때도 있다.

그가 선배와 함께 베란다같이 생긴 창문이 있는 어느 카페 앞에 잠시 앉아서 얘기를 하는데 주인 여자가 뛰쳐나와 왜 남의 가게 앞에 앉아 있느냐고 화를 냈다. 선배가 그녀에게 말했다.

"보아하니 장사가 잘 안 되는 것 같은데 그게 다 이유가 있는 거예요. 이럴 때 '여기 앉아 있는 것보다 안에 들어오시면 좋은 자리가 있는데요' 하면 얼마나 좋아요. 당신같이 여기 앉아 있다고 화를 내는 그런 마음씀씀이 때문에 손님이 안 오는 겁니다."

전유성은 선배의 말이 너무나 지당하다 싶었고 은근히 화가 나기 시작했다. 뒤늦게 흥분한 것이다.

"정말 왜 그렇게 화를 내고 그래요? 우리가 손님으로 가도 화를 냈을 거예요? 내일 아침에 유리창이 깨져 있으면 내가 깬 줄 아세요."

그날 밤 그는 정말로 그 카페의 유리창을 깨버렸단다. 좀 어이가 없을 만큼 과격하고 자기중심적이다.

그의 아내 진미령은 솔직히 결혼 전에는 전유성에게서 좋은 점을 하나도 발견하지 못했다고 고백한다. 그런데 결혼하고 나서 그 남자를 좋아할 이유가 생겼다고 한다. 그것은 바로 굳이 자기 것이라는 이기심을 버리고 함께 공유하고 살아가는 마음으로 자기의 아이디어를 서슴없이 동료나 후배, 혹은 주변 사람들에게 나누어주는 점이라는 것이다. 물질적인 것은 어떤지 모르겠지만 그는 주위 사람들에게 자신의 아이디어를 아낌없이 나누어주는 것으로 유명한 사람이다. 그에 대한 전유성의 답변은 간단명료하다.

"남들이 나보고 아이디어가 많다고 하지만, 어떤 아이디어가 김형곤에게 맞는다고 생각되면 김형곤 주고, 최양락에게 맞으면 최양락 주고, 그러니까 내 아이디어가 많아 보이는 거죠. 다들 자기가 쓸 아이디어만 찾거든요."

전유성만큼 말코 같은 떨거지들을 잘 보살피고 돌보는 사람을 일찍이 본 적이 없을 정도라는 게 대다수 후배들의 얘기다. 한마디로 의리가 깊은 사람이라는 것이다. 이런 성향 때문인지 이규형 같은 후배들은 그를 교주로까지 추종한다.

그러나 나는 그가 이타적이거나 의리가 강해서 그러는 것은 아니라고 생각한다. 그는 이미 '조금만 비겁하면 인생이 즐겁다' 고 공언한 사람이 아닌가. 그의 '결과적인 나눠주기' 는 그가 자신에 대해 명확히 알고 있기 때문이라는 게 내 생각이다. 자신은 주연보다는 조연에 더 어울리고 기타로 쳐도 퍼스트 기타가 아닌 베이스 기타이므로, 주연하려 들다가는 조연도 못하고 사라지고 말 것이라는 자신의 운명을 확실하게 알고 있는 것이다. 전유성이 지금까지 연예계의 막후 실세로, 대부로 의도하지 않은 막강한 영향력을 행사할 수 있는 이유는 순전히 자기를 아는 힘 때문일 것이라는 게 내 생각이다.

발 없는 생각은 한 발짝도 못 간다

그의 후배들은 늘 그의 독서량과 여행 및 만나는 사람들의 양(?)에 경악하며 그 부지런함에 고개를 숙인다고 한다. 그는 연예인 중 책을 가장 많이 읽는 사람이다. 98년 연말에는 교보문고에서 한 해 동안 가장 책을 많이 산 5명 안에 뽑히기도 했다.

그의 말에 의하면 책이란 것은 가장 값싼 돈으로 가장 안 심심하게 해주는 놀이기구란다. 책 중에서도 특별히 상상력을 자극하는 '시집'을 가장 많이 읽는다는 그의 실제 삶은 시처럼 함축된 언어와 상징 같은 것이 많이 담겨 있다. 그의 삶과 일상의 행동들은 길게 설명되는 산문적인 것이 아니고, 너무나 절제되어 있어서 처음에는 그 의미를 알 수 없는 시처럼 앞뒤 연결이 안 되는 듯 보이는 엉뚱함과 변화무쌍함을 지니고 있다.

그러나 완전한 자유인은 튀는 사고에 의해서가 아니라 행동으로 완성된다. '행동하지 않는 양심은 양심이 아니다'라는 말처럼 행동 없는 자유의지란 공상가의 심심파적에 지나지 않기 때문이다. 그런 점에서 전유성은 완전한 '자유인'이라 할 만하다. 그는 생각뿐 아니라 행동에서도 거침이 없다.

일을 하다가 갈증을 느낀 사람이 있다. 그때 그 사람의 주관심사는 '갈증' 이고 '일' 은 부관심사이다. 그러나 물을 마시고 나면 주관심사였던 '갈증' 은 그에게 배경(背景)이 되어 물러나고 부관심사였던 '일' 이 그제서야 비로소 주관심사가 되어 '일' 에 집중할 수 있게 된다. 이렇게 주관심사와 부관심사가 끊임없이 순환하는 것이 인간의 삶이며, 그 순환이 원활할 때 정신적으로 건강한 삶이라 할 수 있다.

어떤 사람에게 주관심사로 무언가가 떠올랐는데 그것을 해소시키기 위한 행동이 뒤따르지 않으면 그의 삶은 거기서 막혀버리고 만다.

춤을 배우고 싶어하는 직장인이 있다. 현재 그에게 주관심사는 '춤' 이고 부관심사는 '일' 이다. 그러나 그는 자기가 춤을 추게 되면 다른 사람들로부터 조롱을 당할지도 모른다는 두려움이 있어 행동으로 옮기지 못하고 전전긍긍하고만 있다. 그러다 보면 그의 주관심사는 계속 해결되지 못한 채 배경으로 물러나지 않는다. 그런 한 그의 '일' 은 항상 부관심사로 처져 있기 때문에 일의 효율이 떨어지는 것은 당연하다. 늘 생각만 있고 행동이 뒤따르지 못하는 일종의 '정신적 변비현상' 이다.

일반적으로 남자들은 30대 중반 이후에는 신변의 작은 변화에도 장고(長考)를 거듭하게 된다. '정신적인 변비' 가 시작되는 것이다. 그렇게 대부분의 사람들은 생각만 반복하다가 결국 아무런 변화도 주지 못하면서 '무난하게' 살아가는 것이 좋은 것이라며 자위(自慰)하고 만다. 행동하지 못하는 자신에 대한 자괴감을 숨기면서.

이런 사람들의 일상적 삶을 비웃기라도 하듯 전유성은 '자기 인생의 주도권' 을 철저히 자기 책임하에 두고 과감히 행동에 옮긴다.

전유성이 일이 없이 여기저기 떠돌던 시절의 일이다. 점심식사 무렵 그가 친구 사무실을 찾았다. 친구와 식사를 하러 나가려던 전유성은 날씨가 너무 덥다면서 바지를 벗었다. 그러고는 옆에 있던 가위로 자신의 바지를 잘라서 반바지로 만들어 입고 나갔다. 그런 식이다. 그는 생각이 들면 주저없이 바로 행동에 옮긴다. 여름에 긴바지를 입고 있다가 가끔 자신의 바지를 반바지로 만들었으면 좋겠다는 생각을 하는 사람은 많다. 그러나 실제로 자르기는 어렵다. 바로 그런 행동력이 전유성에게 거침없는 자유를 보장해주는 것이다.

사람들이 갈등 속에서 번민하며 망설이고 있을 때 전유성은 질주하는 야생마처럼 앞으로 뛰쳐나가 새로운 방법으로 자신의 인생을 계속 실험하고, 느끼며 향유하고 있다.

상상이나 꿈, 취미생활을 통해서 부분적으로 자유를 느껴볼 수는 있다. 취중에 잠깐씩 자유스런 느낌을 가질 수도 있지만 인생 전체에서 자유를 느끼기란 말처럼 쉬운 일이 아니다.

전유성은 어려서부터 '구두끈을 맬 때마다 어디론가 가고 싶었던' 섬세한 감성의 소유자였다고 자신을 진단한다. 그런데 거기에 덧붙여 그는 감성을 행동으로 옮길 수 있는 결단력의 소유자다. 그는 사람들이 상상 속에서나 해봄직한 일들, 취중에 농담으로 할 수 있는 것들이라도 머릿속에 떠오르면 즉시 그것을 행동에 옮기고 싶어하는 행동에너지가 넘쳐나는 사람이다. 자유의지와 행동에너지가 절묘하게 배합되어 있는, '머리와 발' 을 동시에 갖춘 보기 드문 사람인 것이다.

펄스는 '자아 의존' 의 삶에서 행동력이란 것이 얼마나 중요한지를 이렇게 말하고 있다.

"어떤 것을 선택하느냐는 전혀 중요하지 않다. 중요한 것은 결정하는 행위 그 자체이다."

많은 사람들은 자신의 무의식적 욕구를 거침없이 행동으로 옮기며 사는 전유성에게 부러움과 당혹감과 호기심을 느낀다. 그에게서 자신이 펼쳐보고 싶은 무의식의 세계를 엿보기 때문이다. 그게 바로 50대 초반의 전유성이 아직도 그렇게 많은 인터뷰 속에서 일관되게 '자유인' 의 이미지로 그려질 수밖에 없는 이유다. 자유인이란 '자아(自我)의 진도' 가 남보다 빠른 사람에 다름 아니다.

언제까지 '자유인'을 꿈꾸기만 할 건가?

한 명상가가 수련생들에게 말했다.

"당신의 생명이 1개월밖에 남지 않았다고 가정해보십시오. 그런 다음 그 1개월 동안 당신이 꼭 하고 싶은 일들을 떠올려보십시오."

사람들은 진지하고도 고통스럽게 때로는 눈물까지 흘리면서 자신의 마지막 소망을 종이에 적었다. 고향으로 내려가 노모의 손을 잡고 산책을 하다 생을 마감하겠다는 중년의 남자, 늘 권위적이기만 한 자기 보스에게 눈을 부라려 보겠다는 소심한 샐러리맨, 자신의 전재산을 정리해 카리브해의 호화유람선을 타보겠다는 20대 처녀, 자신의 장기를 이식하겠다는 청년, 내가 사랑하던 모든 사람의 발을 정성껏 씻어주겠다는 주부.

명상가가 그들에게 다시 물었다.

"그런데 그 소망을 왜 지금 바로 행동에 옮기지 않는 겁니까?"

당신의 자유의지가 하고 싶은 것은 무엇인가. 그 자유의지를 행동으로 옮기지 못하게 막고 있는 장애요인은 또 무엇인가. 그것을 정확히 알고 있다면 당신은 이미 절반은 자유인이다.

'마당발'의 닫힌 연대, '단독자'의 열린 고립

어려움에 봉착했을 때 여기저기서 쉽사리 도움을 얻는 사람은 인간성이 좋다거나
사회생활을 제대로 했다는 평가를 받는 반면, 그 반대 경우엔 거의 낙오자 취급을 받는다.
사회생활을 하는 사람이라면 아마 별 이의 없이 고개를 끄덕일 것이다.
소위 '마당발'은 그 자체로 가장 중요한 사회적 '능력'이며, 고립된 사람은 제아무리 재능이 뛰어나도
성공하기 힘들다는 얘기다. 하지만 그런 인간 네트워크의 가치란 도대체 무엇일까?
과연 '참 나'를 버리고라도 반드시 얻어야 할 만큼 그렇게 값진 것일까?

(이수성 vs 강준만)

'마당발'의 닫힌 연대, '단독자'의 열린 고립

혼자라는 두려움, 아니 현실적인 어려움

정신과 상담실에서 자신의 은밀한 얘기를 털어놓는 사람들이 공통적으로 자주 묻는 질문이 하나 있다.

"나 말고 이런 사람이 또 있나요?"

비슷한 사례로 상담실을 찾는 사람들이 꽤 있다고 말해주면 그때부터 편안한 얼굴을 하는 경우가 의외로 많다. 상황이 달라진 건 하나도 없는데 비슷한 유형의 사람이 어딘가에 존재한다는 사실 하나만으로도 위안을 느끼는 것이다.

이처럼 인간은 '고립'에 대해 본능적 공포심을 가지고 있다. 거의 모든 사람의 마음속에는 타인과의 관계를 통해서 자신의 존재를 확인하려는 잠재 심리가 존재하기 때문이다. 심리학에서 말하는 '동조성'은 그래서 생겨난다. '동조(conformity)' 란 외부의 압력이 없음에도 불구하고 의식적 또는 무의식적으로 타인의 영향을 받아 행동상의 변화를 나타내는 현상이다.

인간의 동조성에 관한 재미있는 심리학 실험을 한 가지 살펴보자. 의자에 앉아 있는 4명의 남자에게 묻는다.

"박찬호는 일본 프로야구에서 활동 중인가?"

이 중 3명의 남자는 실험 협조자로 그 질문에 "그렇다" 는 거짓 대답을 하기로 합의가 된 사람이고, 마지막에 앉아 있는 한 사람만 진짜 실험 대상자다. 앞의 질문에 대해 실험 협조자 세 사람이 자신 있는 표정으로 '그렇다' 라고 말하면 네번째 사람은 혼란에 빠져버린다. 박찬호의 경기를 자주 시청했던 사람이라도 '미국에서 활동하다가 사정이 있어서 요즘은 일본에서 활동 중인지도 몰라' 또는 '미국 메이저리그 선수라는 건 내 착각일지도 몰라' 등등의 불안감 때문에 '그렇다' 라고 어이없는 대답을 한다는 것이다. 실제로 이렇게 사실관계가 명확한 질문에서도 무려 35%가 남의 의견에 속없이 따른다는 게 이 실험의 결과다.

그게 인간의 무의식에 잠재해 있다는 동조심리다. 이러한 동조심리에 근거해 벌어지는 현상이 바로 '패거리주의' 나 '연고주의' 다. 많은 사람들이 '연고주의' 에 얼굴을 찌푸리지만 그런 현상에서 자유로울 수 있는 사람은 거의 없다고 해도 지나친 말이 아니다.

특히나 사회생활을 하는 남자들에게 있어서 '패거리주의' 란 관념의 문제가 아니라 실존의 문제다. 지금은 벌써 까마득한 옛날 일처럼 느껴지지만 현대그룹의 경영권 분쟁이 사람들의 입에 오르내릴 때의 일이다. 당시 현대그룹의 핵심요직에 있던 전문경영인 한 사람이 갑자기 한직으로 밀려났다. MK(정몽구), MH(정몽헌)라인이니 하는 어느 곳에도 치우치지 않고 중립적인 입장을 취해왔던 사람이라고 한다. 그런데 소위 '왕자의 난(亂)' 같은 위기상황이 되니까 어느 쪽도 그를 챙기지 않았기 때문에 일어난 일이라는 후문이다.

미국 하버드대에서 직장을 그만두는 사람을 대상으로 그 이유를 조사했더니 22%가 업무관련인 반면, 78%가 인간관계라고 답했다고 한다. 사회생활에서 남자의 능력이라는 건 결국 얼마만큼 다양하고 끈끈한 인간관계를 맺고 있느냐에 좌우되는 것인지도 모른다.

그래서 소위 '마당발' 이라는 사람에 대해서, 남자들은 표피적인 인간관계에 집착하는 사람이라는 비난의 마음과 복잡한 일을 전화 한 통화로 간단히 해결해버리는 현실적 효용성을 부러워하는 감정을 복합적으로 가지고 있다.

이수성 전총리와 강준만 전북대 교수. 한 사람은 우리 나라에서 개인적인 인간관계가 가장 넓다고 평가받는 '지성적 마당발' 로 사람과 직접 교류하는 '근거리 네트워킹' 의 대가이고, 또 한 사람은 자신의 목표를 위해 절대 고립을 자청한 채 살아가는 '독립군 지식인' 이자 사람을 거의 만나지 않으면서 인물에 지대한 관심을 가지고 있는 '원거리 네트워킹' 의 대가다.

그들을 통해서 우리의 일상에 빛과 그림자처럼 드리워진 '고립과 연대' 의 의미를 살펴보자. 먼저 이수성 전총리이다.

약도 없는 '이수성 바이러스'

내가 아는 한 중소기업체 사장은 자신이 이수성과 친한 사이라고 자랑스레 말하곤 한다. 같이 식사도 몇 번 했단다. 그러나 그가 간과하고 있는 것은 스스로 이수성과 친하다고 생각하는 사람이 전국에 5만 명쯤 된다는 사실이다.

한번 감염되면 약도 없다는 '이수성 바이러스' . 누구라도 일단 만나기

이수성

각종 연고와 인맥, 인간관계가 알파요 오메가인 한국 사회. 그러니 '이수성 바이러스'에는 약도 없을 수밖에.
한번 감염되면 순식간에 '그는 알고 보면 착한 사람'이 되어 있다니 말이다.
그러니 이 바이러스의 치명성은 '가까이 좀더 가까이'를 외치며 타인 속으로 파고드느라,
자기 자신에게서는 '멀리 너무나 멀리' 떨어져 나가게 만드는 점 아닐까?

만 하면 그의 사람이 된다는 이수성의 친화력을 가리키는 말이다.

특히 단시간에 사람을 빨아들이는 이수성의 흡인력은 놀랄 만큼 강력해서 일본에서 활동 중인 세계적 사업가 손정의를 연상시킨다. 손정의는 만난 지 5분 안에 상대방을 자기 사람으로 만드는 마력을 가졌다고 알려진 사람이다. 순진, 성실, 열정이 흘러 넘치는 손정의의 친화력이 사람의 마음을 단번에 끌어당긴다는 것이다.

이수성의 흡인력은 휴머니티를 동반한다는 점에서 손정의를 능가한다. 이수성은 80년대 서울대 학생처장 시절 학생시위와 관련해 보안사에 끌려가 조사를 받은 적이 있다. 그런데 나중에 이수성은 자신을 조사하던 사람의 아들 결혼식에 주례를 서게 된다. 조사를 하던 그 틈에 보안사 직원은 '이수성 바이러스'에 감염(?)된 것이다. 당시 보안사라는 살벌한 조직을 생각해 본다면 '소설 속에나 있을 일'이라는 말이 절로 실감난다.

그러나 가장 불가사의한 건 이수성에 대한 사람들의 평판이다. 가끔 정치인으로서의 자질을 평가하는 기사 등에서 언급되는 부정적 표현을 제외하면 그에 대한 평가는 칭찬 일색이다. 이수성의 그늘에서는 보수와 진보의 통합도 가능하며 나이의 많고 적음이나 남녀의 차이도 별 의미가 없다. 그들은 모두 한 목소리로 이수성을 존경하거나 흠모한다고 말한다.

살다보면 죽마고우와도 피치 못할 사정으로 감정적 골이 생겨 험담을 하게 되는 법인데, 그 많은 사람들과 개인적 관계를 맺고 있다면서 어떻게 그런 일이 가능한 것일까.

지난해 4·13총선 때 경북 칠곡에서는 이수성의 국회의원 당선을 위해 전국에서 모여든 수십 명의 '동생'들이 '형님'의 선거를 위해 뛰었다. 또 칠곡에서 민주당 공천을 받아 출마하려던 장영철 의원은 불출마를 선언했다. 4선을 위해 뛰던 장 의원이었지만 이수성과의 개인적인 관계 때문에 자신의 뜻을 접었다는 것이다. 정치인들의 자기 지역구에 대한 집착이나 당선을 향한 집념에 비추어본다면 놀랄 만한 일이다. 권노갑 전의원이 김홍일 의원을 위해 자신의 지역구인 목포를 넘겨주었을 때 '살신성인' 의 자세라는 논평까지 나왔다는 걸 상기한다면 이수성의 개인적 매력을 미루어 짐작할 수 있을 것이다.

이수성은 1939년생으로 경북 칠곡이 고향이다. 서울대 법대를 나와 서울대 교수로 재직하다 95년에 직선제 총장에 선출되었다. 그 해 12월부터 1년 3개월간 국무총리를 역임했고 김대중 정부에서는 민주평화통일자문회의 수석부의장을 지냈다. 그는 그 중에서 서울대 교수라는 타이틀이 가장 소중하다고 말하곤 한다.

그가 서울대 교수일 때 일이다. 타과의 한 교수가 검찰과 관련한 민원이 있어 법대 원로교수를 찾아갔더니 원로교수는 "이수성이가 힘 좀 쓴다"며 그를 불러 도움을 청했다. 그러자 당시 이수성 교수는 그 자리에서 조교에게 자신의 오후 강의를 모두 휴강하도록 지시한 다음 부탁한 교수와 함께 검찰로 직접 가서는 즉석에서 민원을 해결해주었다. 그 교수가 그날 이후 열렬한 '이수성 팬' 이 되었음은 물론이다.

드라마를 만드는 '마이다스의 손'

이수성은 김상현 전의원, 김재기 전주택은행장과 함께 한국의 '3대 마당발' 로 불린다. 그러나 마당발이라고 다 같은 건 아니다. 이수성과의 비교를 위해 김상현 전의원의 이야기를 잠깐 해보자.

김상현은 가난한 시골 집안의 5대 독자로 태어나 조실부모했고 학력은 고교중퇴가 전부다. 그에 비해 이수성은 서울대 법대 출신이며 그의 아버지는 이승만 정부에서 초대 법무장관으로 거론될 정도로 신망 있는 변호사였다. 불행히도 6·25전쟁 때 납북되긴 했지만 이수성의 인간관계는 명망 있는 아버지의 인맥에서 비롯된 측면이 많다.

김상현은 가진 게 없기 때문에 사람들과의 만남을 소중히 여기게 되었고, 자신에겐 그 외의 어떤 밑천도 없다고 말한다. 그의 마당발은 그렇듯 헝그리 정신을 기본으로 한다. 자기 컴퓨터에 입력된 사람만도 2만7천 명에 이르며, 이름도 알고 얼굴도 기억하는 사람이 전국적으로 1만 명쯤 된단다. '우리 나라에서 인맥으로 나하고 연결되지 않는 일은 없다' 는 게 김상현의 자랑스런 믿음이다.

그는 새벽 5시 반에 일어나 새벽미사를 마친 후 신자들과 차 한 잔 하는 것을 시작으로 사람들을 만난다. 식사 약속 외에는 사람들을 만날 때 10분 이상을 넘기지 않는 것이 그의 원칙이다. 한 명이라도 더 만나야 하기 때문이다. 한 장소에서 2건 이상의 약속을 하는 일도 많다고 한다. 이 정도면 마당발은 원한다고 아무나 할 수 있는 게 아니란 사실이 명백해진다. 넘치는 정열과 강인한 체력이 뒷받침되지 않으면 불가능하며 도무지 믿기지 않을 만큼 부지런한 것도 필수조건이다. 김상현의 경우 그런 물리적 조건들이 극명하게 부각돼서 그렇지, 이수성도 그런 마당발의 조건에서 예외일 수는 없다.

그러나 두 사람은 종류가 전혀 다른 마당발이다. 굳이 이름을 붙이자면 김상현은 피나는 노력을 통한 '후천적 마당발' 이라 볼 수 있고, 이수성은 타고난 성향에서 비롯된 '선천적 마당발' 이다.

여러 자료에 근거해 정신의학적 측면에서 이수성의 성격을 분류해보면 그는 '외향적 감각형' 의 사람인 것처럼 보인다. 이러한 유형의 사람들은 한마디로 '극적인 행동파' 라고 할 수 있다. 이들이 있는 곳에는 반드시 일이 일어나기 시작한다. 상징적으로 표현해보자면 이들은 어딜 가도 '불을 밝히고 음악을 듣고 게임을 시작하는' 사람들이다. 이들의 스타일은 일상적이고 평범한 것도 극적으로 만든다. 구태여 극도의 위험부담을 안을 필요가 없을 때도 이들은 기꺼이 그렇게 하며, 오히려 그런 때 더 활기를 찾는다.

사례 하나. 80년 5월, 서울역에 서울지역 대학생들이 집결해서 시위를 벌이고 있었다. 당시 이수성 교수는 시위학생들이 남대문을 넘어설 경우 신군부의 엄청난 진압작전이 준비돼 있다는 얘기를 내무장관을 통해 들었다. 이수성은 그런 얘기를 듣고서 모른 척 지나칠 수 있는 타입이 아니다. 그는 즉시 현장에 나가서 학생들을 간곡하게 설득하여 해산하게 만들었다. 이른바 '서울역 회군' 의 주역이 바로 그였던 것이다.

그는 학생들과 함께 비를 맞으며 서울역에서 서울대까지 걸어서 돌아왔다. 학교로 돌아온 그는 교직원들을 동원해 학생식당에서 1천여 명의 학생들에게 따뜻한 밥을 해먹였다. 마치 한 편의 드라마 같지 않은가. 이수성과 같은 유형의 사람들을 드라마틱하다고 표현하는 이유가 거기 있다.

사례 둘. 95년, 직선제 방식을 통해 교수들의 압도적 지지로 서울대 총장이 된 이수성은 이례적으로 총학생회 출범식에 참석했다. 그때까지 서울대 총학생회 발대식은 과격시위의 전초전으로 인식돼 역대 총장들은 대부분 그 행사에 참석하는 걸 꺼렸다. 그런데 서울대 총장이 된 이수성이 총학생회장의 손을 잡고 행사장 연단에 오른 것이다. 그 모습이 다음날 일간지의 빅뉴스가 된 것은 너무나 당연한 일이다. 밋밋한 일도 그를 거치면 극적인 요소를 가지고 탈바꿈한다. 그것은 그의 타고난 기질로 사람들의 마음을 단번에 사로잡는 '이벤트성 감화력' 의 원천이 된다.

가까이 좀더 가까이

어떤 사람들은 그가 쇼맨십이 강하다고 비난한다.

"그게 쇼라면 나는 평생 쇼만 하고 살 사람입니다. 내 주변에 사람들이 몰리는 것을 두고 패거리정치 어쩌고 하는 사람도 있다는데, 저는 지금까지 어떤 의도를 갖고 사람을 만난 적이 없습니다. 어릴 때부터 유난히 사람을 좋아했고, 지금도 코흘리개 어린이나 장애인 같은 어려운 처지에 있는 사람들을 보면 안아주고 싶어집니다. 저는 평생을 그렇게 살아왔습니다."

이 말을 액면 그대로 받아들여도 무방하다고 생각한다. 그의 행동은 인위적이라기보다는 자연스럽게 발현되는 기질로 보이기 때문이다. 총리실 직원들의 평가에 의하면 어떤 행사를 할 때 직원들의 요청사항을 제일 완벽하게 '연기' 해낸 사람이 이수성이라고 한다. 그런 면에서는 역대 국무총리 중 최고였다는 것이다. 그의 극적인 행동력은 그렇게 그의 삶 곳곳에 스며들어 있다.

외향적이고 감각형인 사람들은 '극도의 위험부담을 안고 모험을 즐기는 성향' 이 다분하다.

67년에 위수령이 내려지고 서울대 내에 군대가 진주하는 사태가 벌어졌다. 당시 데모 주동자로 찍힌 학생 손학규와 조영래는 군인들의 눈에 띄면 바로 잡혀갈 상황이었다. 학생처장이던 이수성은 군인들의 눈을 피해 관용차를 끌고 와서 손학규와 조영래를 숨겨 학교 밖으로 탈출시켰다. 탈출 후에도 숨을 데가 마땅치 않자 그는 자신의 어머니가 사는 고향 칠곡으로 둘을 피신시켰다. 당시 상황으로 볼 때 이것이 얼마나 위험천만한 일이었는지는 짐작하고도 남을 것이다. 국회의원이 된 손학규는 지금도 이수성을 은인으로 모신다고 한다.

특별히 정치적인 소신이 뚜렷한 경우를 제외하고 교수가 적극적으로 나서서 수배 학생을 피신시키는 일은 드문 일이다. 그러나 이수성의 행적이나 말과 글들을 꼼꼼하게 살펴보아도 그에게서 뚜렷한 정치적 성향이 나타났던 때는 별로 없어 보인다. 오히려 극우부터 극좌까지 그저 모든 사람을 감싸안아야 한다는 다분히 색깔 없는(?) 포용과 화합이 그가 내세우는 주장의 알파와 오메가다.

그럼에도 그는 학생들과 관련된 시위의 고비 고비마다에서 심리적 지원자나 실질적 후원자로 맹활약한다. 그가 위험을 무릅쓰고 상황에 개입했던 것은 이데올로기나 정치적 소신에 의한 것이라기보다는 자기 주변인들의 삶에 지나치게 밀착하는 그의 '근거리 성향' 때문이었을 것이다.

내가 정신과 전공의로 근무하던 시절, 이수성과 비슷한 유형의 선배가 한 사람 있었다. 우리는 그를 '이 시대의 마지막 휴머니스트' 라고 불렀다. 예를 들자면 이런 식이다. 그가 응급실 당직일 때 돈이 없어 입원이 어려운 환자가 생기면 그는 자기가 보증을 설 테니 입원을 하라고 한다. 그러고도 그는 그 환자를 다른 사람보다 먼저 입원시키느라고 원무과와 병동에 전화를 걸어 쉴새없이 재촉하곤 한다. 그 환자들은 그 후로 그를 하늘 같은 주치의로 모셨다. 그 선배의 보증건으로 해서 나중에 선배의 부인이 마음고생을 많이 한 걸로 안다.

어쨌거나 이 유형의 사람들은 살면서 인간관계에서만큼은 쉴새없이 오버한다. 좋은 쪽이지만 말이다. 이런 유형의 사람들은 동정심이 많은 듯 하지만 그 표현이 꼭 정확한 것은 아니다. 그들은 언제나 상대를 주시하고 있기 때문에 상대방의 미세한 기미도 잘 알아차리고, 따라서 타인의 예상보다 항상 몇 발 앞서게 되는 것이다. 그런 이유 때문에 동정심이 많아 보이는 것이다. 감정 차원의 문제가 아니라 '행동 속도의 차원' 에서 바라볼 문제일 수도 있다는 것이다.

혹자는 좋은 게 좋은 거지, 선행조차도 뭘 그리 삐딱하게 보느냐고 할지도 모른다. 결과를 놓고 보니 본의 아니게 그렇게 되기도 했다. 이수성의 성향에 몰두한 정신과 의사의 직업병(?) 정도로 이해해주길 바란다.

알고 보면 다 착한 사람?

이수성은 늘 화해와 통합을 외친다. 그 정도와 범위가 워낙 엄청나서 그의 정체성마저 모호하게 한다. 2000년 4월 민국당 창당 때 "신당에는 어떤 사람들이 참여하느냐"는 기자의 질문에 대한 그의 대답을 들어보자.

"누구는 안 되고 누구는 좋다는 식이 돼서는 안 된다. 뜻을 같이하는 사람은 함께 간다. 4 · 19와 5 · 16 세력이 화합하고 5 · 17과 5 · 18 세력의 화합도 필요하다. 대(大)화해를 통해 동서와 남북, 있는 자와 없는 자의 벽을 허물어야 한다. 과거 잘못이 있는 사람도 자성하면 모두 모시겠다."

이수성은 "방법은 다르지만 그들도 나름대로 나라를 생각해서 그러지 않았겠느냐"며 포용력을 과시한다. '알고 보면 다 착한 사람'이라는 논리며, 덕담에서 덕담으로 끝나는 인간관계다. 그는 자신에게 나쁘게 한 것은 다 잊어버리고 자기에게 조금이라도 고맙게 한 것은 기억하고 감사해 한다고 말한다. 그게 자신의 장점이라는 말도 잊지 않는다.

어떤 상황에 처했을 때 같은 값이면 긍정적으로 좋게 생각하는 사람이 적응력이 좋다고 생각하는 게 우리의 일반적인 생각이다. 그러나 정신의학에서는 어떤 상황을 긍정적으로 보는 것보다 더 중요한 것은 '있는 그대로'를 볼 수 있는 능력이라고 본다.

그는 '21세기 민주 박정희론'을 제기했고 전두환 · 노태우 전대통령 문제에 대한 사면을 주장하면서는 "일반론적인 법 이론을 갖고 말한 것입니다. 물론 거기에는 찬반 양론이 있는 줄 압니다. 어쨌든 법의 근본이념은 정의보다 사랑입니다"라고 했다.

열린 친화력이라고 할까 아니면 마당발식 화해라고나 할까, 어쨌든 그의 '총론적인 사고'는 정도가 심하다는 느낌을 지울 수 없다. 사람들은 이런 모습을 보고 박해받은 자가 가해자를 용서하는 그림으로 이해한다. 그러나 진실 여부보다 인간관계 자체를 더 중시하면서 포용과 친화력을 주장하는 그의 특성은 자신의 '각론적 사고'의 부재를 덮는 화려한 수사(修辭)에 불과할 수도 있다.

내가 보기에 이수성의 최대 약점은 그의 정신적 에너지가 오로지 바깥 세상을 향해 있기 때문에 자신만의 생각, 자아에 대한 깊은 성찰이 매우 빈약하다는 것이다. 서울대 총장까지 역임한 최고의 지성에게 무슨 망발이냐고 얼굴을 찌푸리는 사람이 있을지도 모르겠다. 그러나 지식과 지혜가 꼭 일치하는 개념이 아닌 것처럼 지성과 자기 성찰의 상관관계도 마찬가지라는 게 내 생각이다.

'휴머니즘'(?)이 소외시킨 내면

그는 지금까지 1천5백 회 가량의 주례를 섰다고 한다. 40대 중반부터 주례를 서기 시작했다고 가정해보자. 그렇다면 지금까지 20년간 매년 75회, 그러니까 1주에 1.4회씩 주례를 섰다는 계산이 나온다. 휴가나 명절, 외국방문 등의 날짜 등을 제외하고 계산해보면 그는 마흔다섯 이후로는 거의 매주 2회씩 주례를 선 셈이다. 좀스러운 계산이라고 눈살만 찌푸릴 게 아니라 내가 말하고자 하는 실질적인 내용에 주목해주시라. 1주에 2회라면 주례만으로도 일주일의 일정이 분주한 느낌인데, 그 외의 일들은 또 어떻겠는가. 그러면서 교수였던 그가 자신의 공부를 할 시간이 있었겠는가.

그는 법대 교수로 있을 때 실정법상의 범죄구성 요건을 주로 따지는 고시법학보다는 피해자의 권익보호, 피고 인권보호기능 등 '휴머니즘'을 유독 강조했다고 하는데, 그 자신도 "법 조문보다는 법 정신이 중요하다는 핑계로 밤을 새우는 연구가 적었다"고 고백한다. 정치를 할 때도 원론 수준의 추상적인 주장 외에 구체적인 정책 비전을 제시하지 못한다는 얘기를 듣곤 했다.

지금 그의 '근거리 네트워킹' 식 삶이 새로운 고비를 맞고 있다. 4 · 13 총선에서 패한 넉 달 후인 지난해 7월 이수성과 인터뷰를 했던 한 기자의 말이 인상적이다.

"인터뷰 내내 그는 '사람들이 나에 대해 갖는 오해를 풀고싶다' '나는 정치와는 맞지 않는 사람인 것 같다' 는 말을 되풀이했다. 선거가 끝난 지 언제인데 아직도 후유증에서 벗어나지 못하고 있는 것이다. 세상은 정치인 내면의 고통과 속사정까지 헤아려 어루만져줄 만큼 너그럽지 않다. 이씨의 고통은 바로 이런 세상의 현실을 받아들이지 못하는 천성에서 비롯한다."

이수성은 불안에 대한 수용력이 취약하여 인간관계에서 생기는 긴장상태나 갈등을 견디기 힘들어하는 것처럼 보인다. 외적인 상황이 삶의 근간이 되었던 사람은 그것이 무너지면 자신을 추스르기가 어렵다. 그간 쌓아둔 내면적인 에너지가 없기 때문이다. 그는 늘 하던 대로 자신에게 등을 돌린 많은 고향사람들과도 빨리 '화합' 하고 그들을 '포용' 하고 싶을 것이다. 그 방법이 그에게는 제일 익숙하고 편하기 때문이다. 그러나 지금 그에게 가장 필요한 것은 다른 사람과 거리를 두고 소외되었던 자기 내면에서 해결의 실마리를 찾는 것이다. 기자가 물었다.

"정치가 맞지 않는다. 국회의원 되려고 출마했던 것이 아니다. 이런 말씀을 강조했는데 정계은퇴로 받아들여도 되겠습니까?"

"글쎄… 정치를 안 한다고 얘기하면 곤란하겠지. 내가 결단력이 부족해서 이렇게 되었는데. 그렇지만 민족화합을 이루는 아름다운 사람으로 남고 싶어요."

그는 아직도 바깥세상에서 해결의 단서를 잡으려 하고 있다. 어두운 데서 동전을 잃어버린 소년이 가로등 밑이 환하다고 거기서 동전을 찾으려 한다면 그 얼마나 어리석은 일인가.

지금 그에게 절실한 것은 그가 늘 외치던 남북화합이나 동서의 화합과 포용이 아니다. 그의 외향적인 모습과 그의 내면의 '화합' 이며 지금껏 소외되어온 그의 내면을 '포용' 하는 것이다. 휴머니즘의 한 전형을 보여주는 이 특별한 대인(大人)의 균형감각이 하루속히 회복되길 간절히 바란다. 우리 나라에는 아직도 이수성과 같은 사람들이 해결해줘야 할 일들이 너무나 많기 때문이다.

인물 전문가

이번에는 강준만 전북대 교수에 대해서 살펴보자.

강준만은 인물 전문가다. 그가 동의하든 안 하든 적어도 내가 판단하기엔 그렇다. 더 정확하게 말하면 우리 나라 정치인 · 언론인 · 지식인 등의 사상(思想)에 관한 분석에 있어서 현재까지는 그 양이나 질적인 측면에서 가장 정교하고 체계적인 전문가가 바로 강준만이다.

강준만 하면 자동적으로 『인물과 사상』이라는 단행본 시리즈가 떠오른다. 99년 7월 한 시사주간지에는 창작과비평사와 문학과지성사를 해묵은 권력으로, 강준만 교수의 『인물과 사상』을 신생 문화권력으로 자리매김하는 기사가 실렸다.

그는 97년 1월부터 스스로 '저널룩(journalook : journalism + book)' 이라 부르는 『인물과 사상』을 창간했다. 평균 3개월에 한 번씩 나오는 이 책은 20여 권을 내는 동안 1백여 명의 인물과 그들의 사상을 다루었다. 『인물과 사상』 시리즈가 예상 외의 성공을 거두자 이 단행본 시리즈와 병행하여 98년 5월부터 『월간 인물과 사상』도 창간하여 2001년 8월호까지 통권 40호를 발행했다. 또 99년 10월엔 그가 대표필자로 참여하는 『시사인물사전』 시리즈를 창간했는데, 이 책은 가능한 한 주관을 배제하고 객관성과 공정성을 기준으로 인물정보를 담은 책으로 지금까지 모두 3백여 명 이상의 인물자료를 요약, 정리해놓았다. 이 정도면 인물 전문가라는 닉네임이 괜한 말이 아니라는 걸 알 수 있을 것이다.

강준만은 다작을 하는 저술가로 유명한 사람이다. 저널룩 『인물과 사상』을 창간하기 전인 96년까지 그는 『대통령과 여론조작: 로널드 레이건의 이미지 정치』라는 책을 시작으로 그의 이름을 대중에게 인상적으로 각인시킨 명저 『김대중 죽이기』 등 대중문화와 언론학에 관련된 책을 29권이나 출간했다. 그 후에도 매년 개정판을 내고 있는 『한국언론 115년사』와 『노무현과 국민사기극』 등 『인물과 사상』 시리즈를 제외하고도 모두 40여 권의 저서를 집필했다. 강준만은 자신의 저작물이 많다는 사실이 부끄럽다고 말한다. 무슨 콤플렉스 때문이라고 주장하는 사람들도 있지만 그런 물량주의 방식은 자신의 문제제기에 현실적인 힘을 싣기 위한 '필요악' 일 따름이란다.

그는 책을 숭배하는 문화를 버려야 한다고 강조한다. 일생에 딱 좋은 책 하나 쓰는 게 꿈이라고 말하는 먹물들이 아직도 있다는 사실을 의아해한다. 그건 옛날 종이가 귀하던 시절의 가치관이라는 것이다. 어쨌거나 이제 40대 중반을 넘긴 그의 나이에 비추어보면 확실히 저작물이 많기는 많다. 한 독자가 보낸 편지는 그의 정열적인 저술활동을 실감나게 보여준다.

"이상한 얘기지만 저는 교수님이 너무 정력적으로 일하시는 것이 걱정됩니다. 다름이 아니라 독자들도 좀 쉬어야 되지 않겠습니까? 수시로 책을 내시는 탓에 괜찮은 저자의 책은 설사 비슷한 주제라도 웬만하면 다 읽고 수집해야 직성이 풀리는 저 같은 독자들에겐 시간적으로나 경제적으로 부담입니다."

다작을 하다보면 글의 질이 떨어지거나 여기저기 반복되는 글이 나올 법도 한데 그의 작업은 오히려 갈수록 탄력이 붙는다. 그는 글을 쓰는 속도가 너무 빨라 외부청탁을 받고 마감시간을 지켜본 적이 없단다. 늘 며칠 앞서 원고를 전달한다는 것이다. 글쓰는 사람들은 누구나 그 마감시간이라는 것 때문에 피가 마른다고들 말하는데, 그는 예외다.

'기록과 평가' '보상과 문책'

그의 글은 대부분 인물에 관한 것이다. 저널룩 『인물과 사상』 제1권의 표지 안쪽에 자신의 사진과 함께 밝힌 일종의 창간사에서 그는 이렇게 쓰고 있다.

"우리는 기록과 평가의 문화에 인색하다. 특히 인물의 경우에 그러하다. 자신을 희생해가면서 공익을 추구한 사람도 위선과 기만과 변절을 범한 사람의 과거도 우리는 너무 쉽게 잊는다. 그래선 안 된다. 보상과 문책에 철저해야 한다. 그래야 사람들이 공익을 생각하고 기회주의적 처신을 두렵게 여긴다."

현재 우리 나라에서 활동하는 소위 사회적 공인 중에 그의 안테나망에서 자유로운 사람은 거의 없다. 절대 과장이 아니다. 그 인물들은 정치 · 경제 · 사회 · 문화 등 모든 분야를 망라한다. 특히나 저널리즘에 종사하는 지식인의 경우에는 더욱 그렇다.

인물에 관한 그의 글은 방대한 실증 자료와 독특한 해석을 바탕으로 한다. 지난 몇 년간 강준만이 중점적으로 언급한 지식인들의 경우 그들이 쓴 책은 물론 논문까지도 모조리 읽었단다. 그는 분석대상 인물이 여러 매체에 기고한 칼럼들을 거의 다 갖고 있으며 빨간 줄을 쳐가며 정독한다고 한다.

아마 글쓴이 자신이 모아놓은 자기 칼럼들보다 강준만의 '파일'이 훨씬 더 정리가 잘 돼 있을 것이라는 게 그의 말인데, 나는 그의 이러한 얘기를 간접적으로 보증할 수 있다. 지난 5년간 그의 작업을 경탄의 눈길로 꼼꼼하게 지켜봤기 때문이다. 객관적으로도 그의 밑줄이 그어진 칼럼의 사진이나 관련자료들이 체계적으로 공개되어 있어서 누구나 쉽게 확인할 수 있는 사실이다.

그는 1천 개가 넘는 파일을 가지고 있는데, 그 가운데 수백 개가 인명 파일이란다. 신문 · 잡지 등에 글을 많이 기고하는 지식인들의 경우, 그들의 이름을 파일에 붙여 그들이 쓴 글과 자료를 모은다고 한다.

'이규태 분류법' 이라는 게 있다. 박학다식으로 유명한 칼럼니스트 이규태가 자신의 한국학 연구를 위해서 1만6천 건이 넘는 관련자료들을 즉시 찾을 수 있도록 색깔별로 구분한 자료정리법을 일컫는 고유명사다. 아마 세월이 흘러 자료의 양이 더 많아지면 인물자료를 분류하는 하나의 모델로 '강준만 분류법' 이 인구에 회자될 것이다. 강준만은 논리적이고 체계적인 성향이 강한 사람이기 때문이다.

그는 누구를 비판하고자 할 때엔 그 사람의 이름이 붙은 파일자료를 처음부터 다시 읽기 시작한다. 어떡하다 걸려든 말 한마디 물고 늘어지는 따위의 비판은 결코 하지 않는다는 말이다. 그는 지금도 정치인 · 언론인 등 사회적 공인이 낸 책과 그에 관련된 책들은 거의 다 사들이는데 정기간행물 구독료를 포함하여 한 달에 책값만도 2백만 원이 넘게 들어간다고 한다.

그는 텍스트 비평도 헤밍웨이와 마르케스가 역설한 이른바 '빙산 문학론' 의 원리를 따라야 한다고 믿는다. 달랑 텍스트만 보고 비판에 임할 게 아니라 그 텍스트의 일곱 배에 이르는 기초작업이 있어야 한다는 것이다. 그래서 어떤 인물에 대해 평가를 내리려면 적어도 그 사람이 쓴 책이나 글은 물론 그 인물에 관련된 글들은 거의 다 읽어야 한다는 게 그의 주장이다. 사실 그건 보통 일이 아니다. 책 구입비 등과 같은 경제적 이유에서도 그렇지만 그런 종류의 일은 번거롭기도 하거니와 매우 어렵다. 그의 말처럼, 반짝이는 아이디어 하나만 있으면 앉은자리에서 수십 매의 원고를 쓸 수 있는데 굳이 엄청난 자료를 모으고 그 자료를 일일이 다 읽어야 쓸 수 있는 글에 누가 매달리고 싶어하겠는가. 그런 점에서 강준만은 자신의 성향과 재능을 살릴 수 있는 일에 제대로 뛰어든 셈이다.

이 글은 인물비판의 프로임을 자부하는 강준만이란 인물을 정신과 의사의 입장에서 분석하는 글이다. 어쩔 수 없는 상황에서 갑작스럽게 프로축구단의 축구경기를 해설해야 하는 조기축구회 회장처럼 개인적으로 많은 부담감이 느껴진다. 그래서 그의 책들을 다시 읽고 관련자료들을 정리하는 데 적지 않은 시간이 소요되었다.

적어도 외형적으로는 그가 인물평가를 할 때 지켜야 한다고 하는 가이드라인에 충실하려고 노력했다. 내 개인적인 생각이긴 하지만, 한 가지 다행인 것은 강준만 교수와 내가 인물평가를 할 때 적용하는 잣대가 조금 틀리다는 점이다. 그는 어떤 인물을 다룰 때 공적 영역에서 널리 알려진 것만을 대상으로 하는 데 비해 나는 그 인물의 개인적 성향이나 속마음에 더 관심이 많기 때문이다.

예를 들어 어떤 지식인이 전두환 전대통령에게 세배를 갔을 때 강준만은 그 방문의 의미를 5공과 연결시켜 그 인물의 전력이나 사상 등을 공적인 차원에서 언급하지만, 나는 전두환 전대통령에 대한 인간적 의리나 충성 혹은 사적인 인연의 차원에서 그 인물의 개인적 성향에 주목한다는 뜻이다. 물론 중복되는 측면도 있겠지만 그런 잣대를 가지고 강준만을 살펴보자.

'차별 철폐' 외치는 '약자 이데올로그'

강준만은 1956년생이다. 전남 목포에서 초등학교를 나온 후 대학을 졸업할 때까지 쭉 서울에서 성장했는데, 그의 부모님은 모두 황해도 출신이다. 중 · 고교 시절에는 어른들이 깜짝 놀랄 정도로 모험적인 여행을 많이 하고 다녔다고 한다. 80년에 성균관대학교 경영학과를 졸업한 후 3년 정도 MBC에서 PD로 근무했다. 그 후 미국 유학을 가면서 언론학으로 전공을 바꿔 84년에 미국 조지아대 신문방송학과에서 석사학위를, 88년에는 미국 위스콘신대 신문방송학과에서 「정보제국주의: 제3세계의 도전과 미국의 대응」이라는 논문으로 박사학위를 받았다. 89년부터 전북대학교 신문방송학과 교수로 재직 중이다.

강준만에 대한 사람들의 평가는 극단적이다. 그를 좋아하는 사람들은 거의 교도라고 할 만큼 그를 신봉하는 반면 또다른 사람들은 '튀어보려고' 혹은 '돈을 벌려고' 지나치게 대중적이고 선정적인 글을 쓴다고 그를 비난한다. 특히나 지식인 사회에서 그에 대한 시각은 대단히 부정적이다. 그는 '가면무도회' 를 끝내고 '비판실명제' 를 실시하자고 주장하면서 지식인의 실명을 거론하며 비판의 화살을 날리기 때문이다. 강준만은 '실명비판' 이라는 게 직접 해보니까 적을 너무 많이 만들어서 정말 할 짓이 아니라는 생각이 든다고 말한다. 그것도 공개적으로 달려들면 좋겠는데 꼭 뒤에서 칼을 찌른다고 고충을 토로한다. 한 대학교수는 자신이 강준만처럼 남의 인권을 침해하는 글을 써서 출판으로 돈버는 짓을 하지 않는 게 자랑스럽다고까지 말한다. 실명비판이라는 다소 생소한 방식과 공격적 스타일의 글쓰기가 인권침해 시비로까지 이어진 것이다.

강준만은 동의하지 않지만 일부 사람들은 그를 '김대중주의자' 라고 부르기도 한다. 95년 『김대중 죽이기』라는 책에서 시작해 끊임없이 DJ를 옹호하고 정권교체를 외쳤기 때문이다. 강준만에 대해 부정적인 사람들은 그가 반(反)DJ진영의 지식인들을 집중적으로 비판한다고 말한다.

그러나 그가 DJ를 옹호하는 건 단지 정치적 취향의 문제 이상이다. 그는 전라도와 DJ가 부당하게 차별을 받아왔다고 믿기 때문에 그들의 입장을 대변한다고 주장한다. 그가 일관되게 주장하는 건 모든 차별의 폐지다. 특히 지역차별, 학력차별, 여성차별, 장애인차별의 폐지는 그의 기본철학이다. 서울대의 문제점을 끊임없이 지적하는 것도 그런 맥락이요, 지역감정의 문제에 분노하고 천착하는 것도 그 때문이다.

그는 그러한 문제들이 해결되지 않는 핵심적 요인이 지식인의 직무유기와 언론권력의 오만방자함이라고 주장한다. 지역감정을 조장하는 인물들에 대한 매서운 실명비판이나 '조선일보 제 몫 찾아주기' 로 대표되는 안티조선운동이 그가 가장 심혈을 기울이는 일들이다.

그의 문제제기 방식은 '지겹다' 는 말을 들을 만큼 집요하고 끈덕지다. 그를 아끼는 사람들은 강준만에게 '방랑하는 검객' 이 되라고 충고한단다. 홀연히 나타나 멋지게 칼 한번 휘두르고 어디론가 사라지는 검객처럼, 계속해서 문제를 제기하지 말고 한 1~2년 조용히 지내면서 재충전을 했다가 다시 한번 히트를 치라는 것. 물론 강준만은 그런 얘기에 동의하지 않는다. 자신은 연예인이나 운동선수처럼 인기의 정상에 있을 때 은퇴해 불멸의 신화를 남기려는 사람이 아니기 때문이라는 것이다.

그의 문제제기는 대부분 인물비판 방식의 글쓰기로 이루어진다. 그가 거론하는 인물은 실로 다양하다. 이문열에서부터 박노해, 김용옥, 백낙청, 이건희, 최진실, 조순, 조갑제에 이르기까지 스펙트럼이 넓다.

그는 글을 쓸 때 '공정성' 이라는 원칙과 '거리두기' 라는 기본전략을 고수한다. 그의 '공정성' 이란 기계적 중립성이라기보다는 이웃사이더나 주류에서 밀려난 사람들, 약자에 대한 애정을 바탕으로 한다. 선과 악이 대결하는 구도에서 중간에 서 있는 게 공정성이 아닌 것과 같은 이치다. 그의 글에 역지사지(易地思之)란 단어가 많이 들어가는 것은 공정성을 확보하기 위한 최소한의 노력일 것이다.

원거리 네트워크의 중심, 절대고립

글쓰기에 있어 '거리두기' 전략은 그의 실생활을 철저하게 고립시킨다. 그는 글과 말로는 무슨 소리를 하건 정치권과의 접촉을 일절 하지 않고 지낸다. 정치권에서 주관하는 행사에 참여하지 않는 것은 물론이고 서신을 통해 만나자는 제의조차 매몰차게 거절한다. 지난 5년 동안 그는 이 원칙을 철저하게 고수하고 있다. 그는 자신의 작업을 시간과의 전쟁이라고 표현한다. 원체 많은 양의 책을 읽고 써야 하기 때문에 절대적으로 많은 시간이 필요하다는 것이다. 정치인과는 절대 접촉하지 않는다는 그의 원칙과, 시간절약을 위해 가능한 한 다른 사람들과 만나지 않으려는 실질적인 이유가 겹쳐 그의 고립은 극대화된다.

"제가 요즘 사는 게 사는 게 아닙니다. 친한 친구들조차 만나질 못하고 살아요. 제가 개인적으로 잘 알거니와 존경하는 분이 서울에서 전주에 내려와도 얼굴조차 내밀지 않는 비인간적인 작태를 저지르고 삽니다. 왜냐구요? 저는 수퍼맨이 아니거든요. 저는 시간과 전쟁을 하며 지냅니다. 정말 치열한 전쟁입니다. 어떤 이들은 제가 너무 책을 많이 낸다고 흉을 보지만 그 이면엔 제 사생활의 눈물겨운 희생이 있는 거지요. 그래서 당연히 주위 사람들이 제게 '왜 사느냐' 고 묻곤 합니다."

일반인이 볼 때 그의 고립은 쉽게 이해되거나 흉내낼 수 있는 수준이 아니다. 그는 무엇엔가 몰두해 자신을 통째로 던지지 않으면 불안해하는 일종의 환자(?)라고 자신을 진단한다. 실제로 현재 전주에 거주 중인 그는 전화도 끊고 아무도 만나지 않은 채 매일을 고등학교 3학년생처럼 읽고 쓰고 가르치는 일만 하면서 살아간다.

그는 미국 유학 시절에도 그렇게 산 적이 있다. 공부하는 즐거움에 빠져 5년 동안 한 번도 한국에 나오지 않고 학교와 숙소가 전부인 생활을 했다.

강준만

공정성을 가능케 하는 '거리두기'를 위해
그는 자신을 고립무원의 처지로 몰아넣었다.
그렇다면 이 '책임을 위한 고독'을 버티게 해주는 힘은 무엇일까?
단지 그의 '독립군적 기질' 탓일까?

그는 자기가 살던 소도시의 지리를 전혀 모르고 그저 학교와 그 앞에 있던 아파트 사이의 길만 알 뿐이라는 것이다. 그는 외국유학의 가장 큰 장점을 '격리된 환경'에 있다고 생각하는 사람이다. 마치 고시생들이 절이나 고시촌에 들어가는 것처럼 공부에 미치지 않으면 달리 할 일이 없다는 것이다. 그러나 고시생처럼 한시적으로 자신이 이룰 뚜렷한 목표가 있어서 고립을 자초하는 경우와 강준만처럼 지속적으로 격리된 환경에 있는 것은 확실히 차이가 있을 것이다. 같은 대학에 있는 교수들마저 그와 연락이 안 돼 우연히라도 마주치게 되면 "도대체 어떻게 접선해야 되느냐?"고 물을 지경이란다.

예전에 TV에서 이미지의 실체와 중요성에 대한 내용을 담은 프로그램을 보면서 강준만이란 인물에 대해 오랫동안 생각을 한 적이 있다. 그의 저서 『TV와 이미지 정치』라는 책 때문이 아니다. 그 프로그램 중에 가수 나훈아가 지방 호텔의 디너쇼를 위해 준비하는 과정이 있었다.

공연 4일 전에 호텔에 도착한 그는 호텔 방에서 식사도 하고 노래 연습도 하고 운동도 하면서 단 한 발짝도 방 밖으로 나가지 않았다. 공연 연습을 위해 이동할 때는 화물 엘리베이터를 이용해서 사람의 눈에 띄지 않는 호텔 주방을 통로로 이용했다. 팬들과 마주치지 않기 위해서다. 그는 평상시에도 스타로서의 신비감을 유지하기 위해 밖에서 사람을 만난다거나 식당으로 밥을 먹으러 가지 않는다고 말했다. 그러면서 그렇게 고립된 삶이 얼마나 외롭고 힘든지에 대해서 고백했다. 그러나 그는 그렇게 철저한 자기관리로 쌓은 스타의 이미지를 이용해 한 번 공연에 수천만 원의 돈을 번다.

그렇다면 강준만의 고립된 삶은 그에게 무엇을 보장해주는 것일까? 그의 육성을 한번 들어보자.

"전 제 이름을 소중히 여깁니다. 먼 훗날 한국이 세계에서 가장 선진적인 언론을 갖게 된다면 그때 가서 가장 공이 큰 공로자로 제 이름이 기억되기를 저는 바랍니다. 그게 제가 『인물과 사상』에 모든 정열을 바치는 가장 큰 이유입니다."

그는 절대고립을 자청해서 확보한 시간을 이용해 읽기에도 벅찰 만큼의 글을 쓴다. 그의 글을 읽다보면 '기가 질리는' 느낌을 받게 된다. 밀고 당기고 높고 낮고를 가리지 않는 전천후 타자를 만나면 투수는 도대체 볼을 던질 곳이 없는 것 같은 공포감을 느낀다. 피부로 느껴질 만큼 내공이 막강한 고수와 맞선 상대는 자신의 초라함으로 절망감을 경험한다.

그의 글을 읽다보면 그런 느낌이 드는 때가 많다. 엄살이나 과장이 아니다. 개인적 편견도 아니다. 한번 그의 글을 읽어보라.

그가 쓰는 독특한 문장과 쉬운 직설임과 동시에 묻고 답하고 스스로 변증해 들어가는 풍자적 내용은 강준만식 글쓰기의 또다른 매력이다. 어느 독자는 그의 글에 대해 문장 전체에 기포가 들어가 있는 듯 생기발랄한 문체라고 말한다. 그의 글이 반향을 일으키는 것은 '사상에 대한 동조자' 들이 많다는 것도 있지만, 근본적으로 권위주의를 없앤 대신 빨려 들어갈 듯한 호소력과 힘있는 문장 그리고 가끔씩 쉼표처럼 풀어헤치는 나름의 문장 스타일이 단단히 한몫을 한다는 것이다.

물론 그의 글은 모두 상상을 초월하는 방대한 독서량을 바탕으로 한다. 아침마다 10개의 일간지를 거실에 펼쳐놓고 비교해가며 읽는 것으로 시작된다는 그의 독서량은 말 그대로 사람의 기를 질리게 한다.

그의 글을 읽고 있다보면 2천 종이 넘는 정기간행물 중에서 그가 읽지 않고 있는 게 있을까 하는 턱없는 의심마저 생겨난다. 단행본, 월간지, 주간지, 무크지, 동인지, 문예지, 사보, 전문지, 협회보 등 그의 독서 욕구는 무엇이나 먹어치우는 불가사리 같다. 물론 그 자료들은 특정 인물을 새롭게 발견하거나 재설정하는 근거로 사용된다. 그러니까 강준만은 '절대고립' 속에서 수많은 인물들과 '원거리 네트워킹' 을 끊임없이 구축하는 것이다.

'내향적 사고형'의 기질적 고립

그는 자신이 '홀로서기'를 택하지 않았더라면 여러 유력한 관계망을 만들면서 '더불어 사는 삶'의 의미와 보람을 만끽하고 있을 거라고 말한 적이 있다. 체질적으로 타고난 '마당발'이 될 수는 없겠지만 관계망을 키우면서 관리하는 일에 피곤함을 느끼는 그런 유형의 사람은 아니라는 것이다. 성격적으로도 '마당발'로 살 수 있는 사람이 자신이라는 게 그의 말이지만 내 생각은 좀 다르다.

99년 2월, 그는 그간 은둔하면서 글쓰기만 해왔던 방식에서 탈피해 좀 더 많은 사람들을 만나고 사회적으로 활동하는 방식을 병행하겠다고 선언했다. 그 방식의 하나가 전국의 언론강연회에 초청연사로 참여하는 일이었다. 강연비는 『월간 인물과 사상』의 정기구독자 50명을 확보해준다는 조건으로 대신했다. 언론개혁운동의 활성화와 잡지의 발행부수 증가를 위한 공격적 마케팅의 일환이었다. 그러나 의욕적인 출발과 달리 언론강연회는 그해 2월 25일부터 6월 5일까지 모두 13회밖에 지속되지 못했다. 또 98년, 『인물과 사상』 시리즈가 젊은 층에서 대단한 반응을 얻자 MBC TV의 시사토크쇼에 그가 출연했다. 그러나 그때를 처음이자 마지막으로 강준만은 다시는 방송에 출연하지 않았다.

왜 그런 일들이 벌어졌을까? 얼핏 보면 외부적인 요인에 의한 것일 수도 있는 에피소드지만, 나는 그게 혹시 강준만의 개인적 성향에서 비롯된 대인관계의 한 패턴과도 연관이 있는 게 아닐까 하는 추측을 해보게 된다.

인물평가를 상상의 나래를 펴면서 하면 안 된다는 그의 지적이 들리는 듯하지만 정신과 의사라는 직업을 핑계로 한 번만 유추를 해보자.

그의 글을 정밀하고 충분하게 읽어본 후에 내가 내린 결론은 강준만이 '내향적 사고형'의 성격을 가진 사람이라는 것이다. 이 유형의 사람들은 사고와 언어 방면에 가장 정밀함을 보이는데 매우 분석적이고 논리적이며 객관적 비평을 잘한다. 일의 원리와 인과관계에 관심이 많으며 실체보다는 실체가 안고 있는 가능성에 관심이 많다. 개인적인 인간관계나 파티 혹은 잡담에는 별로 흥미를 느끼지 못하며 지나치게 비판적이고 분석적인 사고를 대인관계에도 적용시키는 경향이 있다.

이런 유형의 사람들은 가끔씩 자기 아이들이나 자기 부모와의 관계도 철학적으로 어떤 의미가 있는지 곰곰이 따져볼 정도로 객관적인 사람이다. 그의 말에 따르면 아내와 두 딸을 포함해 온 가족이 워낙 독립적(?)이라 가끔 동네 근처로 저녁 먹으러 나가긴 하지만, 그것 이외에 가족이 한 시간 이상 차를 타고 어디 놀러가는 건 1년 내내 거의 없었다고 한다.

이 유형의 사람은 소수의 가까운 사람들을 제외하고는 다른 사람들과 직접적인 관계를 한두 번 갖고 나면 '이것이 무슨 의미가 있는 것인가' 하는 생각이 자동적으로 떠오르게 된다. 의미 없는 일을 절대 못 견디는 이들의 특성 때문에 대부분의 관계는 곧 끊어지고 만다. 그가 고립된 상태에서 일을 하는 데는 그의 기질적인 측면도 분명 존재하는 것이다.

그는 성격이 급하고 다혈질이고 변덕이 심하고 이기적이라서 다른 사람과 힘을 합쳐 하면 좋을 일도 만나서 회의하고 뭐하고 기타 등등 귀찮은 게 너무 싫어 자기 혼자 다 해보려 한다고 말한다. 그런 성향들이 맞물려 '전략적 연대' 에서 다시 '절대고립' 으로의 원대복귀를 선택한 건 아닐까?

인간이기 위해 거부한 인간조건, '둥글게 둥글게'

99년 7월, 강준만은 그간 해오던 각종 언론매체와의 서면 인터뷰조차 중단하겠다고 선언한다. 사실상 은둔을 해왔지만 자기 주장의 이론화 작업에 집중하기 위해서 더욱 은둔하겠다는 것이다.

"어떤 사람들은 사람들과의 만남이 중요하다고 그러지만 그거 알고 보면 사교(社交)에 지나지 않습니다. 물론 그로 인해 얻는 것도 많겠지만 기회비용까지 따지면 적어도 제 작업하는 데 있어선 남는 게 아닙니다."

그러니까 운동을 하지 않고 글쓰기 전문의 지식독립군으로 남겠다는 것이다. 공적인 차원에선 든든하고 사적인 차원에선 안쓰럽다. 남한에 변변한 친척 하나가 없어 무슨 일 생겼을 때 전화 한 통 할 데가 없다는 이 사내의 '독립군 지식인' 선언을 마음 편히 듣고 있어도 되는 것일까.

한국사회의 연고주의와 패거리주의에 적응하지 못하는, 현실세계에서 매우 발이 작은 한 사내의 자기 변명쯤으로 치부해버려도 좋은 것일까. 주로 '잘난 척하는 경우' 에 왕따를 당한다는 학생들의 조사결과를 인용하면서 남의 일이 아니라 마치 자기 얘기를 하는 것 같다고 내적 갈등을 토로하는 이 사내의 말에 우리 모두 한번쯤은 진지하게 귀기울여 보아야 하는 건 아닐까.

언론개혁 운동, 실명비판의 문화 정착, 지식인에게 책임 묻기 등 강준만식의 '잘난 척' 하기가 확실히 쉬운 일은 아닌 모양이다. 7백2명으로 시작한 『월간 인물과 사상』의 정기구독자가 1만 명이 넘으면 '성공가속도법칙' 에 의해서 오래지 않아 10만 명 규모의 잡지로 성장할 수도 있을 것이라던 그의 가슴 설렘은 공수표가 되고 말았다. 99년 6월 처음으로 1만 명의 정기구독자를 확보한 그 잡지는 2년이 지난 지금도 계속 그 언저리에서 맴돌고 있을 따름이다. 그의 말처럼 한국인은 그 어떤 악인보다도 혼자 잘난 척하는 사람을 훨씬 더 싫어하는 심성을 갖고 있기 때문인지도 모른다. 그의 표현을 한번 빌려보자.

"튀는 두더지는 방망이로 찍어누르고 모난 돌은 정으로 때려야만 직성이 풀린다. 둥글게 둥글게, 그게 인간의 조건이다. 집단주의에 중독된 사람들은 홀로 된다는 것에 두려움을 느낀다. 그들은 자율적 판단능력을 발휘하려고 하기보다는 연고집단에 적극 참여하거나 '대세' 라고 판단되는 흐름에 무조건 동참하는 데에서 삶의 의미와 보람을 찾는다."

'인간은 사회적 동물' 이라는 명제 속에는 타인과의 연대나 관계에 귀속되려는 인간의 본능적 욕구가 담겨 있다. 부당한 청탁을 거절하는 중요 부서의 한 직장인에게 청탁자가 말한다. '당신, 언제까지 그 자리에 있을 거라고 그렇게 뻣뻣하게 굴어?' 그 청탁자가 유력인사인 경우 그런 상황이 되면 많은 직장인들은 '나 혼자 이렇게 살 필요가 있는 것일까' 하는 갈등과 유혹에 마음이 흔들린다. 그게 인간의 본성이다.

강준만은 늘 그런 실존적인 고민에 시달리면서 살아간다. 그래서 '사람' 에 대한 관심이 그렇게 많은 건지도 모른다. 그의 글을 읽다보면 우리가 잘 알지 못하는 사상가나 운동가에 대한 인물평가도 심심찮게 등장한다.

인물에 대한 그의 관심은 사회적 공인에 대한 단순한 감시자의 역할을 뛰어넘는다. 적성에 딱 맞는 보직을 부여받은 샐러리맨의 경이로운 성공담을 보는 느낌이다. 일간지의 인물동정란, 격월간지의 독자투고란에서도 인물을 발견하는 그의 감각은 거의 동물적 본능에 가깝기 때문이다. 절대고립 속에서 상상할 수 없을 만큼 많은 사람과 '원거리 네트워킹' 을 구축하고 있는 것이다.

독립과 고립과 고독

강준만의 글에서 가장 많이 사용되는 단어 가운데 하나가 '부메랑' 이다. 그 단어를 사용하지 않을 경우엔 '그대로 돌려준다' 거나 '똑같이 적용된다' 는 등의 문맥으로 자신의 의견을 피력한다. 거의 모든 글에서 예외가 없다. 어떤 인물이 사용한 문장의 논리구조를 그대로 차용해 그 인물을 공격하는 수단으로 사용하는 경우도 허다하다. '눈에는 눈, 이에는 이' 를 주장하는 함무라비 법전식의 비판이다. 펀치볼을 치고 난 후 얼굴을 들이밀었을 때 받는 충격의 강도는 당연히 자기가 주먹으로 내지른 펀치볼의 세기와 같다. 동일한 원리로 언행이 일치하지 않거나 지식인이라는 지위를 이용해 자신의 사익을 추구하는 경향이 많은 사람일수록 강준만이 그에게 겨누는 비판의 칼날은 그만큼 더 날카로워진다. 일종의 강준만식 '부메랑 비판' 이다. 이런 부메랑 현상은 비단 비판의 영역에서만 존재하지는 않는다.

"사실 나도 강 교수의 팬이다. 그런데 다른 팬들의 글을 찬찬히 살펴보면 이상하게 강 교수의 글체를 따라간다는 것이다. 즉 강 교수의 필체와 문체에 자신의 글체가 흡수되어서 무언가 공허한 느낌을 줄 때가 있다."

어느 네티즌의 이 같은 지적은 일리가 있어 보인다. 강준만에 대해 애정 어린 비판을 하는 지식인 중에서도 이런 말을 하는 사람들이 적지 않기 때문이다. 어떤 경우에는 문체뿐만 아니라 사고의 틀 자체도 '강준만화' 되는 경우를 목격하게 된다. 존경하는 인물란에 서슴없이 자기 부모님과 김대중 대통령, 그리고 강준만을 적었다는 어느 육군 훈련병의 편지는 그러한 영향력의 크기를 절감하게 한다.

그의 표현에 따른다면 강준만도 '컸다' 는 한 반증일 것이다. 그가 늘 공언하듯이 강준만은 이제 더더욱 자기의 말과 글에 책임을 질 수밖에 없는 입장에 서게 되었다. 치열한 프로정신과 성실한 지적 활동을 통해서 얻어진 막강한 권력(?)은 이제 그대로 부메랑이 되어 엄청난 책임감으로 그에게 돌아간다.

그는 지식인의 애프터서비스 정신을 강조하는 사람이다. 자신이 지지한 사람에 대해서는 끝까지 책임을 져야 한다는 것이다. 김대중주의자라는 말을 들을 만큼 그를 지지했으므로 김대중 정권이 실패하면 공개적으로 강준만의 과오를 인정해야 한다는 게 그의 주장이다. 이미 그는 김대중 정권의 실책에 대한 비판을 강도 높게 진행하고 있다.

그런 논리에 따라 강준만을 긍정적으로 묘사한(?) 나도 그를 감시하고 질책해야 할 입장에 서게 되었다. 옛 어르신들의 말씀 중에 시집간 딸의 치아는 출가한 지 몇 년이 지나도 친정부모가 책임을 지는 것이라는 뼈있는 우스갯소리가 있다. 그걸 현대적으로 다시 말하면 애프터서비스 정신일 것이다. 나는 강준만에 대해 그런 애프터서비스 정신을 절대로 잊지 않겠다.

그런 이유 때문에라도 나는 강준만이 절대고립의 외로움을 견디지 못해 치마끈 풀고 아무에게나 몸을 허락하는 비극적인 일이 발생하지 않기를 간절히 바란다. 그리하여 절대고립의 외로움을 견디면서 권위적이고 부당한 차별에 대항했던 '독립군 지식인' 강준만이란 인물의 행적을, 내가 그와 한 시대에 살았다는 사실을 감사하고 자랑스러워하면서 역사적 기록으로 남길 수 있었으면 한다.

이제 그의 육성으로 강준만에 대한 평면적(?) 기록을 마무리한다.

"독립은 고립이 아니다. 인간은 빵만으로 사는 게 아니다. 가치를 지향한다. 그래서 독립된 사람들끼리의 연대는 의외로 무서운 것이다. 서로 술 한 번 같이 마신 적 없고 얼굴 한 번 본 적 없고 전화 한 통 한 적 없어도 같은 뜻을 나누고 힘을 모을 수 있다. 그래서 독립은 고독도 아니다. 고독하다면 그건 책임의 고독이다. 우리는 책임을 위해선 각자 좀더 고독해져야 한다."

나도 얼굴 한 번 본 적 없고 전화 한 통 한 적 없지만 이 희한하고 매력적인 '독립군 지식인' 에게 무한의 애정과 신뢰를 보낸다.

고립은 '참 나'의 요람

한 사람이 번화한 거리에 서서 손을 이마에 대고 하늘을 뚫어지게 올려다보고 있으면 행인 중 80%가 길을 가면서 그쪽을 향해 시선을 주고, 그 중의 40%는 가던 길을 멈추고 서서 그 사람과 같은 방향을 쳐다보게 된다고 한다. 독립적으로 사는 건 그렇게 어려운 일이다. 정신분석학자 에리히 프롬은 인생 초기에는 부모로부터의 독립, 후에는 사회로부터의 독립이 가장 중요한 심리적 과제라고 했다. 사회나 집단이 강요하는 가치관으로부터 벗어나 자기만의 색깔을 찾아가는 것이 궁극적인 목표라는 것이다.

어떤 경우엔 '왕따' 를 각오하면서도 자신만의 소신을 당당하게 펼쳐 보이는 삶도 필요한 법이다.

'고립' 은 때로 '진정한 나의 모습[眞我]' 을 선물한다.

박종웅 vs 유시민

'돈키호테'형 소신, '햄릿'형 소신

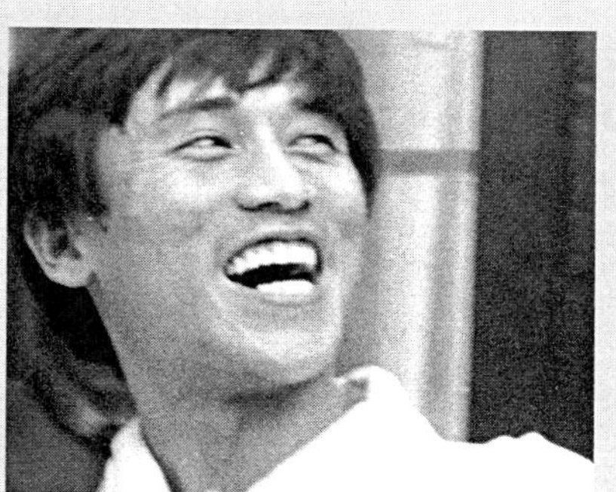

사람을 평가할 때 '소신'이 중요한 평가기준으로 작용함에도 불구하고

소신 있는 사람이 여전히 희소가치를 누리는 걸 보면,

자기 소신을 갖고 사는 일이 확실히 쉽지는 않은 모양이다.

그리고 그 희소가치 때문인지 누군가의 소신에 대해 왈가왈부하는 일도 그다지 쉽지 않다.

글쎄, 과연 소신은 그 '소신'이라는 이름만으로 존중받아야 하는 것일까?

그 '소신'의 영역엔 넘어선 안 될 경계란 존재하지 않는 것일까?

(박종웅 vs 유시민)

'돈키호테'형 소신, '햄릿'형 소신

나도 소신 있는 남자!?

박종웅 한나라당 의원과 시사평론가 유시민은 소신(所信)이 남다른 사람들이다. 박종웅은 김영삼 전대통령에 대한 정치적 소신이 남다르며 유시민은 자유주의에 대한 믿음이 남다르다.

소신이란 말 그대로 '자기가' 확실하다고 굳게 믿는 바다. 지극히 주관적인 말이다. 그래서 옳고 그르고의 개념을 함부로 적용하기 어렵다. 유시민의 소신에 별 한 개 반짜리 평가를 한 사람이 박종웅의 소신에는 별 다섯 개 만점을 줄 수도 있고, 박종웅의 소신에는 별점을 하나밖에 주지 않은 사람이 유시민의 소신에는 네 개의 별점을 줄 수도 있다.

별점 매기기의 단순성을 감안해도 쉽게 이해될 수 있는 편차는 아니다. 그러나 모든 사람이 흔쾌히 기립박수를 보내는 명화가 있는 것처럼 모든 사람이 만점을 줄 수 있는 소신이란 것도 분명히 존재한다. 한 개인의 소신이 보편타당성을 획득할 때 그렇다. 상식에 근거하지 못하거나 대중의 공동감각과 지나치게 동떨어진 믿음은 독선이나 망상으로 발전한다. 종말론에 심취한 사람의 믿음이 아무리 확고해도 '현실 검증력(Reality Testing)' 을 갖지 못하면 종교망상으로 취급되는 것과 같은 맥락이다.

그러나 소위 선지자(先知者)나 천재들 혹은 스스로를 그렇게 생각하는 사람들의 소신은 상식이나 시대를 초월한다. 당대에는 마녀사냥의 대상이었지만 후대에는 정당한 것으로 평가받기도 한다. '내가 하느님의 아들' 이라고 했던 예수도 당시의 로마인들에겐 지금의 종말론을 주장하는 사이비 종교의 교주로밖엔 보이지 않았을지도 모른다. 남의 소신에 대해 왈가왈부하는 일은 그래서 더 어렵다.

종교적 신념에 따른 '양심적 병역거부자' 들이 있다. 그들은 일제시대에는 신사참배를 끝까지 거부한 몇 안 되는 종교집단 중의 하나로 의롭게 인식되었지만, 군사정권 시절에는 이적행위 의혹까지 받았다. 똑같은 종교적 신념에 따라 징병을 거부했을 뿐인데도 시대상황에 따라 독립투사가 되기도 하고, 범죄자가 되기도 하는 것이다.

인간의 소신이란 것이 부질없다는 얘기를 하자는 게 아니다. '자기가 믿는 바' 를 위해서 자신의 모든 것을 내던지는 일은 때론 소름이 끼칠 만큼 아름답고 숭고하다.

문제는 '자기가 믿는 바' 에 대한 지나친 자기몰입이다. 무리한 자기몰입은 끓는 물을 보고서 '저 물이 끓는 것은 내가 커피를 마시고 싶기 때문' 이라는 식의 자기중심적 사고를 유발한다. 물이 끓는 것은 섭씨 100도가 되었기 때문이다.

만일 그런 분류가 가능하다면 박종웅과 유시민의 소신을 각각 '돈키호테' 형 소신과 '햄릿' 형 소신으로 별칭해보자.

'돈키호테' 형 소신이란 자신의 선택에 대해서 절대 뒤돌아보지 않고 최면을 걸듯 자기강화를 공고히 하는 믿음이다. 저돌적이고 전투적이며 무엇보다 자기중심적이다. 반면 '햄릿' 형 소신이란 공동의 선(善)을 위한 것이라는 소신이 있어도 혹시 그게 나만의 생각은 아닌지 한번쯤 따져보는 '의심' 을 동반한 믿음이다. 부드럽고 철학적이며 무엇보다 신중하다.

두 유형의 소신 중 어느 것이 더 우등하고 열등하다는 식의 물리적 분류는 잠깐 보류하고, 그 사람들의 소신을 그렇게 볼 수도 있겠구나 하는 정도에서 생각해보자.

학벌 좋고 능력 있는 '또라이' '꼴통'

먼저 박종웅 의원에 대해서 살펴보자.

"흔히들 그를 일컬어 '또라이' 라고 한다."

작년 10월 박종웅을 인터뷰한 한 주간지의 기사는 이렇게 시작된다.

"그는 왜 '꼴통' 을 자처하는 것일까."

이건 비슷한 시기에 또다른 잡지에 실린 그에 관한 기사의 일부다.

박종웅은 현재 3선의 지역구 국회의원이다. 그런 사람에게 권위 있는 시사주간지들이 '또라이' 니 '꼴통' 이니 하는 표현을 쓰는 건 매우 특별한 일이다. 그런 표현은 일반사람에게도 대단한 결례다. 잘못하면 명예훼손으로 고소를 당할 수도 있다. 하물며 박종웅 같은 중견정치인이야 더 말할 나위가 없다. 그런데 그런 기사를 쓰는 쪽이나 거론된 당사자나 아무 일도 아닌 것처럼 덤덤하다.

박종웅은 자신을 보고 많은 사람들이 틀림없이 대학도 안 나왔을 거라고 손가락질한다는 얘기도 스스럼없이 털어놓는다. 물론 사실과는 전혀 관

박종웅

'3선 의원' '국감 스타' '상임위 베스트의원'과 '또라이' '꼴통' '똘마니'.
이것이 과연 동일 인물에 대한 평가인가? 이 극단적 괴리 사이에는,
국민이 부여한 국회의원 배지를 YS가 내린 기사 작위만도 못한 모양새로 만들어간,
그의 '반성 없는' 소신이 자리하고 있는 것처럼 보인다.

계없는 얘기다. 그는 서울대 법대를 졸업한 수재다.

그가 사람들에게서 '또라이' 나 '꼴통' 이라는 소리를 듣는 건 순전히 김영삼 전대통령과의 관계 때문이다. 더 정확하게 말하자면 98년 9월 김영삼 전대통령이 한나라당 의원들을 상도동으로 초청하는 '만찬정치' 를 시작한 이후부터다. 그때부터 박종웅은 '상도동 대변인' 이라는 비공식 직함을 갖고 활동해왔다. 지금은 '대변인 격' 이라는 공식 명칭(?)으로 통일되었지만 당시만 해도 전례가 없던 일이라 언론에서도 "YS의 '입'" "YS의 '대변인' 처럼 활동하고 있는" "YS의 복심(腹心)으로 불리는" "YS의 돌격대장" "YS의 비서 출신" 등 표현이 제각각이었다.

박종웅은 이제 동전의 양면처럼 YS와 분리해서 존재할 수 없는 사람이 되어버렸다. 대중의 인식도 그렇지만 본인 스스로도 그렇게 생각하는 듯하다. 그는 자신이 가장 존경하는 사람으로 김영삼 전대통령을 꼽는다. 취미도 YS와 똑같이 등산과 조깅이며, 우선 명쾌하게 답을 내면서 설명하는 어법마저 YS와 흡사하다고 한다.

그런 이유 때문에 박종웅의 소신을 말하는 글인데도 어쩔 수 없이 YS가 중심소재로 등장하는 걸 피할 수가 없게 되었다. 박종웅의 생각이나 가치관은 대부분 YS와 관련된 발언으로 표출되기 때문이다. 독자적인 발언은 거의 없다고 봐도 과언이 아니다. 그의 홈페이지를 찾은 한 젊은이는 "전직 대통령을 따라 다니며 직언 하나 못하고 개인비서질을 하고 다니는 한심한 현직 의원" 이라고 박종웅을 비난한다. 'YS의 똘마니' 라는 과격한 표현까지 등장한다. 그나마 호의적인 측의 반응이래야 '쓸 만한 사람이 망가졌다' 는 정도다.

그러나 상도동 대변인으로 활약하기 이전만 해도 그는 정치권에서 '꽤' 괜찮은 국회의원으로 꼽히던 사람이다. 관련시안의 맥을 짚어내는 성실한 의정활동으로 여러 매체에서 국감스타로 선정되기도 했다. 그는 국회문광위에서 '싸움닭' 으로 통하는데 국감 때마다 쟁점사안에 대한 대정부 공세를 주도해서 피감기관의 '기피인물 1호' 라는 별명까지 얻었다.

정치성 질의에 치중하면서도 나름의 평가를 받는 것은 '각론' 을 무시하지 않는 그의 집요함 때문이라는 게 한 언론의 평가다. 그는 93년에 국회의원이 되자마자 그동안 '성역' 으로 여겨오던 언론과 종교계의 문제를 끈질기게 파고들었다. 연간 조(兆) 단위를 넘어선다는 종교계 헌금문제를 제기하면서 종교계의 개혁을 주장하기도 하고, 현재 우리 사회의 주요 관심사인 언론개혁에 대해서도 일찍부터 목소리를 높여왔다. '언론이 바로 서야 나라가 바로 선다' 는 게 그의 일관된 생각이다. 그래서 언론과 척지면 안 된다는 정치권의 금기를 깨고 언론사 기업공개, 언론사 세무조사, 언론인 재산공개, 족벌, 재벌언론의 소유구조를 집중 거론하는 바람에 일부 언론에 밉보이기도 했단다.

상임위별로 평가하는 베스트의원에도 여러 번 선정됐고, 특히 전체 의원의 40% 가량이 한 달에 한 번꼴로 회의에 빠진다는 국회상임위의 최다참석 의원에 포함되어 성실한 의정활동의 증거를 보여주기도 한다. 일부 정치부기자들의 평가처럼 학벌도 좋고 능력도 있는 국회의원이었던 것이다.

이런 사람이 YS와 연결되기만 하면 사람들의 격렬한 비난을 받는 '똘마니' 가 되거나 남들의 손가락질을 아랑곳하지 않는다는 '또라이' 이나 '꼴통' 소리를 듣는다. YS와의 관계에서는 예외지만 그의 반골 기질도 만만치는 않은 듯하다.

박종웅은 1953년 부산 출신으로 경남중고를 졸업했는데, 경남고 2학년 재학 시절에는 3선개헌 반대 데모를 주동했다는 이유로 무기정학을 당하기도 했고, 서울대 법대에 진학해서는 당시 서울대 5대 패밀리 중 하나로 꼽힐 만큼 이념성이 강한 경제법학회의 창립회원으로 활동했다.

집착을 낳는 '생명체의 무기력'

그가 YS와 인연을 맺은 건 그의 나이 27살 때 신민당 총재기획실 총무를 맡으면서부터다. 그는 이후 민추협 기획위원, 통일민주당 총재 공보비서, 민주당 대표최고위원 보좌역, 민자당 총재 보좌역 등을 맡아 YS를 보좌했는데 특히 87, 92년 대선 때는 YS의 연설문 작성을 도맡을 정도로 YS의 신임을 받았다.

문민정부 출범 후 민정비서관으로 청와대에 들어간 그는 한 달만에 국회의원으로 변신하는 행운을 잡는다. 93년 3월 부산 사하구에서 보궐선거가 실시되었는데, 이때 YS는 자천타천으로 거론되던 10여 명의 후보를 제쳐놓고 박종웅에게 공천장을 준 것이다.

특별한 지역적 기반도 없는, 당시 갓마흔을 넘긴 젊은 비서관 박종웅 공천은 적지 않은 충격과 함께 당 내외의 반발을 불러일으켰다. 출마지역 지역구 사람들의 집단적 반발로 선거 기간 초창기에는 지역구 조직조차 접수를 못하고 악전고투를 벌여야 할 정도였다. 대중적 지명도가 거의 없었던 박종웅은 자신이 YS와 함께 조깅하는 모습이나 청와대에서 업무보고를 하는 장면 등을 담은 홍보전단을 통해 당시 국민적 지지율이 80%를 넘던 YS와 '밀접한 관계' 임을 반복해서 강조했다. 짧은 선거운동 기간에도 불구하고 박종웅은 무난하게 14대 국회의원에 당선된다.

이 행운의 과정을 거치며 박종웅은 YS를 절대적인 존재로 마음에 아로새긴다.

"YS가 가는 길이 낭떠러지거나 누가 뭐라고 비난을 하더라도 나는 YS와 같이 갈 수밖에 없다. 그건 나에게 그런 '엄청난 인간적 배려' 를 해준 '정치적 아버지' 에 대한 당연한 의리이기 때문이다."

평소 YS에 대한 박종웅의 행동을 보면 그냥 해보는 소리는 아닌 것 같다. 그러나 박종웅의 이런 인식은 다분히 탄력적이다. YS와 정치적 갈등을 겪고 있는 이회창 총재에게 박종웅이 '배은망덕하다'는 비난까지 퍼붓자 한 기자가 그에게 묻는다.

"이 총재가 공천을 해줘 당선했는데 이 총재를 향한 질타가 너무 심한 거 아닌가."

그의 대답은 간결하고 명쾌하다.

"금배지는 총재가 던져주는 게 아니다. 총재는 당선 가능성이 높은 사람부터 공천을 해줘야 하고 그런 점에서 엄밀히 지역주민이 뽑아준 것이지 당에서 뽑아준 것은 아니라고 본다."

93년 당시 민자당 총재이던 YS가 자신을 공천해준 것은 '엄청난 인간적 배려'고, 지난해 이회창 총재가 자신을 공천해준 것은 지역주민의 힘이라는 게 박종웅의 생각인 모양이다.

그의 정치적 위상이 예전과 다르니 그럴 수도 있기는 하겠다. 끼니도 해결하지 못하고 있을 때 쌀 한 말을 준 사람에 대한 고마움과 먹고살 만한 시절에 쌀 한 말을 준 사람에 대한 고마움은 양적으로는 같아도 질적으로는 전혀 다르게 느껴질 수 있으니까 말이다.

박종웅이 견지하고 있는 정치적 성향에 대한 호불호(好不好)는 내 관심 밖이지만, 그의 '심리적 각인(刻印)' 과정은 흥미롭게 느껴진다. 알에서 깨어난 새끼오리는 자기가 맨 먼저 마주한 대상을 머리와 가슴에 또렷하게 기억하게 되는데 이러한 행위가 바로 '각인(imprinting)'이다. 콘라드 로렌츠라는 학자는 실험을 통해 각인의 과정을 설명한다.

새끼오리가 알에서 깨어나는 순간 어미오리가 아닌 닭을 보여주었더니 새끼오리는 어미오리가 옆에 있어도 맨 처음 본 닭을 계속 좇아다녔다. 심지어는 알에서 갓 나온 새끼오리에게 '진공청소기'를 제일 먼저 보여주었더니 그 오리는 죽을 때까지 진공청소기에 대해 강한 애착을 보였다고 한다.

처음 본 것에 대한 강력한 집착은 왜 생기는 것일까. 알에서 갓 태어난 상태란 그 생명체의 일생 중 가장 무기력한 순간이다. 무기력할 때 눈앞에 나타난 대상은 그것이 무엇이든 무조건 절대적 의존의 대상이 된다. 집착의 발원지는 눈앞의 대상이 아닌 생명체의 '무기력함 그 자체' 인 것이다. 정도의 차이는 있지만 이러한 '각인' 에 따른 집착은 인간관계에서도 그대로 적용된다. YS는 박종웅의 정치적 '각인' 대상으로 보인다.

YS 신전의 신탁(神託) 사제

물론 YS의 정치 이력을 돌이켜볼 때 YS는 많은 사람들에게 '각인' 의 대상이 되었을 개연성이 높다. 비단 박종웅만 YS를 그렇게 인식하고 있는 것은 아니라는 말이다. 그럼에도 박종웅은 자기 살길을 위해서 도회지로 떠난 형들과는 달리 시골에 있는 노부모를 극진히 모시는 효성 지극한 막내아들처럼 YS에 대한 끝없는 의리를 강조한다.

"79년에 상도동 막내로 정치에 입문한 후에 YS 밑에서 정치를 배웠고 두 번이나 국회의원을 했다. 그런 내가 어려운 처지에 놓인 그분을 외면하고 마음이 편할 수 있나. 비판받지 않고 마음이 불편한 것보다는 비난받더라도 마음이 편한 게 낫다고 생각했다. 의리라기보다는 내 마음이 편한 길을 택한 셈이다."

떠난 형제들에 대한 심리적 우월감과 분노의 감정도 튀어나온다.

"김 전대통령을 모신 사람이 많고 혜택받은 사람도 많은데 왜 끝까지 남아 모시느냐고 묻는데 남아 있는 사람한테 묻지 말고 떠난 사람한테 물어보라고 하고 싶다. 몸을 사리면서 이제는 '내가 언제 민주계였냐' 는 듯 행동하는 인사들을 접할 때면 유감을 넘어 분노까지 느낀다."

그가 유난히 '소신' 을 강조하는 정치인이 된 심리적 근간이기도 하다. 그는 사람이 살아가면서 소신을 갖고 살아나간다는 것이 무엇보다 중요한 일이라고 말한다.

"YS 때문에 욕을 먹는다고 해도 절대 기죽지 않는다. 정치인이 여론에 끌려가다보면 아무 일도 못한다. 옳다 싶으면 소신을 갖고 밀어붙여야 한다. 내가 YS를 모시는 건 너무나 당연한 일이다. 주춤거리거나 망설이지 않는다."

YS의 육성이라고 해도 전혀 이상하지 않을 만큼 YS와 닮은꼴이다. 불퇴전의 용기가 따로 없는 '돈키호테형 소신' 이라 할 만하다. 그의 믿음에는 추호의 망설임도, 나약함도 엿보이지 않는다. 씩씩해서 좋기는 하지만 문제는 지나친 자기 확신은 '맹목성' 을 동반하기 쉽다는 것이다. 맹점(blind point)이 생겨서 상식적인 균형감각이 파괴되기 쉽다는 말이다. 이런 식이다. 김대중 대통령에게는 지금까지 자신 있게 내놓을 만한 개혁조치가 거의 없단다. 박종웅의 해석에 따르면 YS가 대부분의 개혁조치를 다 해버려서 김 대통령은 더 할 것이 없기 때문이란다. 현정권이 내세울 만한 개혁조치가 없다는 데는 동의하겠지만 박종웅식의 해석에는 어안이 벙벙해진다.

YS에 대한 박종웅의 믿음은 거의 신앙의 수준이다. 고려대 앞 용변해결 문제나 독재자 발언, '김정일 회장 김대중 전무' 등의 발언은 문제가 생길 소지가 있어 자신이 '예의 없이' YS에게 브레이크를 걸었단다. 물론 YS는 박종웅의 충언을 전혀 개의치 않고 '내질러' 버렸다. 그러자 박종웅은 YS의 깊은 뜻(?)을 헤아려 사람들에게 전파하기 시작한다.

"YS 대통령은 그냥 막 나오는 게 아니라 여러 가지 생각을 하시고 하는 얘기예요. 대통령이 그렇게 말씀하실 때는 그냥 질러버리는 말씀이 아니라니까. 나름대로 다 계산이 있어서 하시는 기라."

그럼에도 불구하고(?) YS의 발언을 문제 삼는 속좁은 사람들에겐 자상한 보충설명도 마다하지 않는다.

"YS의 발언이 극단적이라고 보이는 건 사람들 머리에 쏙 들어가도록 하는 YS 특유의 어법 때문이다. 그분 특유의 정치감각이고 대중의 정서를 짚어내는 언어감각이다."

아무리 박종웅이 "YS의 거친 표현을 대언론용으로 순화시켜 전달하는 데 탁월한 솜씨를 보인다"고는 하지만 머리가 많이 복잡하겠다. "상도동 대변인이 당 대변인보다 3배는 힘든 자리인 것 같다"는 그의 푸념이 절로 실감난다.

지난해 총선을 앞두고 민국당이 출범하자 부산 출신 의원들은 좌불안석으로 박종웅의 움직임에 촉각을 곤두세웠다. 그가 바로 YS의 바로미터이기 때문이다. 그의 탈당 여부에 관해 많은 사람이 질문을 했지만, 자기 배우자를 고르는 일에 '나 몰라라' 뒷짐을 진 채 오로지 부모님 의사에 따르겠다는 사람처럼 그는 모든 것을 YS의 처분에 맡겨버린다.

"YS가 침묵하기 때문에 나도 침묵할 수밖에 없다. 아직도 YS의 지침을 기다리고 있다. 나는 각하가 민국당에 가라면 갈 것이고 그냥 한나라당에 남으라면 남을 것이다. 그러나 각하가 입장 표명을 할지 안 할지, 한다면 어느 시기에 어떤 방법으로 할지는 전혀 모르겠다."

단두대에 목을 내밀고 칼날만 바라보는 꼴이다. YS와의 관계에서 박종웅은 늘 이런 식이다.

국회의원의 의미, 그것이 알고 싶다

99년 7월 신문의 한 귀퉁이에 YS의 비서관 한 사람이 사표를 제출했다는 기사가 실렸다. 지난 12년 동안 다른 비서들에 비해 YS의 덕을 가장 적게 봤으면서도 끝까지 YS 곁을 떠나지 않고자 했던 사람이라는 평가를 받는 상도동맨이었는데, 그의 사퇴 이유는 YS의 정치재개에 대해 '뜻' 을 달리했기 때문이란다. 정치적 오해가 없기를 바란다면서 기자들에게 그 사실을 발표한 '상도동 대변인' 박종웅으로서는 상상도 못할 일일 것이다.

박종웅에게 던지는 인터뷰 질문 중엔 언제까지 YS맨으로 남을 것인가 하는 질문이 가장 많다고 하는데, 그의 대답은 한결같다.

"YS가 원할 때까지, '이만 하산하거라' 하고 말씀하실 때까지 할 것이다."

이 부분이 박종웅의 소신과 대중의 인식이 첨예하게 충돌하는 지점이다. 박종웅은 YS의 비서 출신인 '단순한 사람' 이 아니라 '세비(歲費)를 받는' 3선의 국회의원이다. 세비란 국가기관이 1년간 쓰는 비용을 뜻하는 개념이다. 그러니까 박종웅은 그 자체로 국민을 대표하는 독립된 헌법기관이라는 말이다. 국회의원을 예우하는 데 소요되는 간접비를 제외하고도 국회의원 1명이 연간 소요하는 국민의 혈세는 직접비만 2억2천만 원 정도란다. 의원의 세비와 의원을 보좌하는 5명의 보좌관에 대한 인건비만 그렇다. 이런 '독립된 헌법기관' 이 YS라는 개인의 '비서' 역할에 더 충실한 듯한 느낌이 든다면 세금을 낸 사람의 입장에서는 누구든 분통과 짜증이 생기지 않을 도리가 없다.

사람들의 요구는 간단하다. 박종웅 자신의 소신을 충분히 존중할 테니까 국회의원은 그만두고 YS의 대변인 노릇만 하라는 것이다. 전직 대통령에 대한 예우에 의거하여 YS 곁에서 YS를 보좌하는 일만으로 나랏돈을 받는 사람들이 몇 명씩이나 있는데, 왜 박종웅이 국회의원 자격으로 '비서질' 을 하느냐는 것이다.

한나라당 동료의원들도 3선 의원이 여의도에 근거지를 두고 전직 대통령에게 정치권 안팎의 동향을 보고하고, YS의 정치권 및 국민에 대한 의견을 직간접적으로 전달하는 '상도동 대변인' 역을 수행하는 것은 잘못된 것이라고 목소리를 높인다. 전직 대통령이 현역 의원을 대변인으로 둔 전례가 어디에도 없는 만큼 박종웅이 그런 역할을 해서는 안 된다는 것이다. 이러한 비판에 대해 박종웅은 나름의 논리를 내세워 자신의 입장을 해명한다.

첫째는 자신이 YS의 대변인 역할을 하면서 한 번도 의정활동을 소홀히 한 적이 없다는 것이다.

"사람들은 내가 매일 상도동에 출근하는 줄 아는데 그렇지 않다. 어떤 때는 전화 한 통화로 끝날 때도 많다. YS도 내가 바쁘다는 걸 감안해 웬만하면 전화로 해결한다. 7시 아침식사로 끝나는 때가 많다. 급한 일이 있어도 10분, 20분이면 끝난다. 한 주일에 골프 한 번 치는 시간보다 적다."

정치인으로서는 드물게 골프를 치지 않는 것도 다 이유가 있었던 모양이다. 그러나 YS를 수행하는 일과 국정이 겹치면 어떻게 하겠느냐는 질문에 그는 아무렇지 않게 두 가지 일이 동시에 일어나면 YS 일을 먼저 할 것이라고 말한다.

둘째는 자신이 YS를 돕는 것은 인간적인 의리뿐만 아니고 정치적인 소신과 대의에 따른 일이라는 것이다. 자신은 국회의원인 동시에 정치인인데, 야당이 허약해서 여당을 제대로 견제하지 못하는 걸 YS가 대신하고 있기 때문에 그걸 돕는 일이 정치인으로서 무척 중요한 일이라는 논리다. 어느 네티즌이 자신에게 보낸 격려처럼 '아무 표시도 나지 않는 보조의 자리에서 자신의 신념대로 행동하는 것' 이야말로 정치인이 가져야 할 도리라는 것이다.

YS 옆에서 두 손을 공손하게 모은 채 YS를 수행하는 박종웅을 보고 있노라면 70년대 어느 재벌기업 회장의 운전기사 생각이 난다. 오랫동안 회장님을 충실하게 보좌한 공으로 그 운전기사에게 중역의 직책을 주었단다. 당시 그 재벌사의 중역들에게는 운전기사가 딸린 자동차가 지급되었다니 당연히 뒷얘기가 궁금해진다. 확인할 수는 없는 일이지만 회장님 전속 운전기사는 자신의 운전기사가 운전하는 자동차를 타고 회장님 집까지 출근한 후 그때부터 회장님 차를 운전했단다.

전설 속의 주인공이 되어버린 그 운전기사를 희화화(戱畵化)하려는 의도는 조금도 없다. 단지 YS와 박종웅의 관계가 새삼스럽게 연상되어서 해보는 얘기다. 아무리 박종웅이 강변해도 YS라는 전직 대통령의 대변인 역할을 하기엔 국회의원이라는 자리가 던져주는 의미가 너무 크고 무겁다. 혹시 박종웅은 자신의 비서들이 YS의 비서 노릇을 하고 있는 그들의 보스를 바라보면서 어떤 느낌을 가졌을지 생각해본 적이 있는가.

삼키기 전에 씹어야 소신

YS에 대한 정치적 소신을 지키기 위해서 박종웅이 감수해야 하는 불이익이나 고통은 이만저만이 아니다. 3선의 중진의원이지만 한나라당의 당직과 국회직 인사에서 철저히 소외당하고 있다. 일종의 '왕따'다. 상임위 인선에서도 1순위로 지망했던 통일외교통상위원회 배치에 물을 먹고 2순위인 문화관광위도 간신히 확보할 정도로 설움을 톡톡히 당했다.

그러나 그는 이회창 총재가 YS를 예우하지 않으면 한나라당과 타협할 생각이 추호도 없으며, 당직이나 국회직 같은 조그만 것에 연연하지 않으면서 큰 정치를 지향하겠다고 말한다.

짜증과 분노가 섞인 여론의 집중포화를 맞으면서 YS를 변호하는 일도 온전히 그의 몫이다. 그의 말처럼 혼자서 수비도 하고 공격도 하느라 힘들기는 하지만 그 일을 그만두고 싶다는 생각을 한 적은 한 번도 없단다. 안팎의 박해(?)를 받을수록 그의 소신은 점점 군건해진다. 이런 경우를 한번 생각해보자. 그야말로 순애보적인 사랑을 하는 두 남녀가 있다. 불행하게도 현실적인 이유를 내세우는 주위 사람들의 격렬한 반대에 부딪치지만 그럴수록 그들의 사랑은 더 진실되고 견고해진다. 그러나 사람들의 반대가 많다고 해서 그 사랑이 반드시 진실하고 아름다운 것은 아닐 터. 혹시 박종웅은 이 '역의 논리' 를 진리처럼 착각하고 있는 것은 아닌지 모르겠다. 개인적 차원에서 해결해야 할 의리를 사회적 차원의 소신으로 해결하려다보니 무리가 생기는 것은 아닐까.

이빨이 없는 아기는 음식물을 주면 그대로 삼킨다. 그러나 이가 있는 어른은 음식물이 입으로 들어오면 잘게 씹어서 삼킨다. 정신적으로 성숙한 사람은 타인의 생각이나 견해를 그대로 삼키는 사람이 아니라 잘게 씹어 자신의 것으로 소화시키는 사람이다. 씹지도 않고 그대로 삼키다보면 언젠가는 반드시 복통이 생긴다. 미성숙한 아기처럼 씹지도 않고 꿀꺽 삼키는 행위까지를 '정치적 소신' 이라고 우기는 건 정말 곤란하다. 철저한 YS의 신봉자 박종웅의 말을 들어보자.

"제가 정치권에 20년 이상 있으면서 정치인뿐만 아니라 석학이라든가 논객이라든가 많은 분들을 만나고 제 나름대로 그분들을 관찰해왔지만 YS를 능가하는 사람이 없습니다. 정치력에서도 제가 볼 때는 좀 알려진 정치인들하고 차원 자체가 다릅니다. 그런데 잘한 부분이 잘못한 부분보다 많은데도 그분이 일방적으로 매도를 당하기 때문에 그 잘못된 것을 바로잡으려고 제가 욕을 먹으면서도 책임과 의무를 다하고 있는 것입니다."

자신이 존경하는 인물의 인품이나 가치관을 흠모하여 그와 동화하려는 개인적 희망은 존중받아야 마땅하다. 그러나 나와 남의 경계도 없는 사람이 돈키호테식으로 자기 확신을 남에게 밀어붙이는 일을 지켜보는 건 피곤하기 짝이 없는 일이다.

박종웅은 사람들의 비난이 쏟아질 때면 '만약의 경우 YS를 모시고 이렇게 가다가 잘못되면' 자신도 정치판을 떠날 것이라고 말하곤 한다. 아름답고 비장한 얘기다. 그러나 박종웅이 이런 군신지의(君臣之義)나 '정치적 소신'을 강조하는 일보다 더 먼저 할 일은 '나와 내가 아닌 것을 구별하는 능력'을 키우는 일이 아닐까 싶다. 자기 처자식은 끼니를 굶고 있는데 세계 경제질서를 걱정하는 사람을 볼 때처럼 딱한 마음이 들어서 하는 소리다.

부끄러움의 이력서

이번에는 시사평론가 유시민을 보자.

유시민은 부끄러움이 많은 사람, 양심의 수줍음이 많은 사람이다. 어느 정도 자의식이 형성된 스무 살 이후에 자신을 지탱한 삶의 에너지는 슬픔과 노여움, 그리고 부끄러움이라고 고백한다. 슬픔과 노여움이 힘이 될 수 있는 것은 사람이 부끄러움을 아는 존재이기 때문이란다.

대학 신입생 시절, 그는 구로공단 봉제공장의 열여섯 꽃 같은 처녀가 매주 60시간 이상을 일해서 버는 한 달치 월급이 대학촌의 하숙비보다 적다는 사실을 알게 되었는데, 그 뒤로는 밥을 남긴다든가, 예쁜 여학생과 고고미팅을 한다든가, 첫 시간 강의에 지각을 하게 되면 문득 문득 나쁜 짓을 하다가 들킨 아이처럼 얼굴이 화끈거리는 일이 잦아졌다고 말한다.

나이가 먹을수록 슬픔과 노여움이 줄어드는 대신에 부끄러움은 자꾸만 커지는데, 그것은 아마도 자신이 세상에서 느끼는 슬픔과 노여움을 제대로 터뜨리지 않아서 그럴 것이라는 게 유시민 자신의 진단이다.

유시민에게는 80년대 학생운동권의 핵심인물, 운동권, 좌파, 진보주의자, 자유주의자, 아웃사이더란 꼬리표가 따라 다닌다. 요즘 유시민은 MBC 〈100분 토론〉의 진행자로 많은 사람들에게 알려져 있다. 그 전에는 매주 한두 편 이상의 글을 어느 매체엔가 기고할 만큼 인기 있는 시사칼럼 필자였지

유시민

포승줄에 묶여서도 당당하게 웃을 수 있는 남자.
몸이야 묶을 수 있지만 수많은 회의(懷疑)로 단련된 그의 소신까지야 어찌 묶을 수 있으랴.
"한 점의 오류도 없거나 한 톨의 진실도 담지 않은 사상은 없다. 사상의 자유가 필요한 건 바로 그 때문이다."
이러한 그의 소신이야말로 그를 보다 당당하고 여유롭게 만드는 터밭이다.

만 지난해 7월 〈100분 토론〉의 진행을 맡고 나서는 일간지 등에 칼럼 쓰는 일을 중단한다. 이해가 상충되는 예민한 사안들을 다루게 되는 토론프로그램의 진행자로서 개인적인 입장을 미리 밝히면 공정성에 문제가 있을지도 모른다는 우려에서다. 그럼에도 자기 견해를 숨기고 기계적 중립을 지키는 토론 사회자에 익숙한 사람들에게, 토론자들간의 견해차가 분명하게 드러나도록 '방화범' 역할을 하는 그의 진행방식은 자주 구설수에 오른다.

수도권을 중심으로 많은 사람들의 폭넓은 신뢰를 받으면서 이 프로그램을 진행하고 있지만 그의 '경력' 등을 들어 진행이 편파적이라는 주장도 심심찮게 제기된다. 유시민 자신도 자신의 외모나 사투리가 비디오용이 아니라는 단점 이외에 자신의 '진보적 성향' 에 대한 패널들의 선입견을 문제로 꼽는다. 도대체 유시민이 어떤 '경력' 을 가진 '진보적 성향' 의 사람이기에 그러는 것일까.

유시민은 1959년생이다. 대학에 들어간 이후에는 주로 수도권에서 살았지만, 경북 경주에서 태어나 대구에서 자란 '토종 TK' 다. 78년 서울대 사회계열에 입학했는데, 80년 '서울의 봄' 당시 총학생회 대의원회 의장으로 서울역 시위를 주도해 그 해 5월 17일 계엄포고령 및 집시법위반 혐의로 구속·제적된 뒤 3개월 만에 풀려나 같은 해 9월 군에 강제 징집됐다.

83년 5월 제대, 같은 해 말 운동권 학생들에 대한 정부의 복교조치에도 불구하고 "교수, 기자, 근로자들은 복직이 안 되는데 학생들만 복학할 수 없다" 며 재야활동에 주력했다. 84년 9월 대학자율화 바람을 타고 총학생회가 부활하자 경제학과 3학년으로 복학한 유시민은 복학생협의회 회장으로 활동한다. 그러나 복학한 지 불과 보름 만에 서울대에 들어온 외부인들을 '프락치' 로 알고 집단 구타한, 이른바 '서울대 학원 프락치' 사건에 연루돼 구속되면서 두번째로 제적됐다.

그의 표현에 따르면 '폭력 과격학생' 의 대명사가 되어 깡패두목 같은 모습으로 포승줄에 묶여 구속되는 모습이 연일 텔레비전 뉴스를 장식하는 바람에 첫번째 유명세를 타게 되었다. 그는 1심에서 징역 1년 6월을 선고받았는데, 이때 옥중에서 작성한 「항소이유서」는 서슬 퍼런 기개와 논리 정연한 문장, 진솔한 내용으로 유시민이란 이름을 하나의 전설로 만든다. 수많은 히트곡에도 불구하고 어쩔 수 없이 〈돌아와요 부산항〉이란 노래와 짝지워지는 가수 조용필처럼, 지금도 일부 사람들은 유시민 하면 그의 「항소이유서」를 떠올린다.

85년 10월 만기 출소한 유시민은 민청련 등 재야단체에서 활동하다가 88년 여름 재복학하여 약 2년 정도를 당시 평민당 이해찬 의원의 보좌관으로 5공 청문회 광주특위 등에서 활약했다. 그리고 우여곡절 끝에 입학 13년만인 지난 91년에야 대학졸업장을 받았다. 자식을 감옥에 보내고도 울지 않다 제적통지서를 받고서는 사흘 밤낮을 울었다는 어머니가 가장 기뻐했다는 졸업식이었다.

계약직 공무원으로 7개월 정도 한국학술진흥재단이란 정부산하단체의 기획실장으로 근무하던 유시민은 '젊은 시절엔 용기 하나만으로도 사회에 봉사할 수 있으나 역사발전에 의미 있게 참여하기 위해서는 좀더 정확하고 깊이 있는 지식이 필요하다는 사실을 뼈저리게 깨닫고' 독일유학을 떠난다. 독일 마인츠의 요하네스구텐베르크대학에서 경제학 석사, 박사과정을 공부하다가 'IMF 귀국 유학생'이 된 98년 이후에는 시사평론가라는 타이틀과 자유기고가라는 직업만으로 살아가고 있다.

말할 수 있는, 정말 말해야 하는 사람

확실히 평범하다고 할 수는 없는 이력이지만 공정성 시비에 휘말릴 만한 '경력' 이나 '성향' 을 가졌다고 말할 수는 없다. 아니 오히려 그 반대라고 말해야 옳다. 아마 유시민은 우리 사회에서 떳떳하게 대(對)사회적 발언을 할 수 있는 '완벽하고 행복한' 자격요건을 갖춘 몇 안 되는 지식인 중 한 명일 것이다.

어떤 경우엔 메시지보다 그 내용을 말하는 사람이 누구인가가 더 중요할 때도 있는데 유시민이 바로 그런 메신저다. 좀 고리타분한 시각으로 덧붙여보자면 그의 집안내력조차가 그렇다. 중견작가인 그의 누나 유시춘은 동생이 구속되자 민주화실천가족운동협의회(민가협)를 결성해 구속학생 석방을 외쳤고, 동생 유시주는 서울노동운동연합(서노련) 사건에 연루돼 보안사에 끌려가기도 했다. '완벽하고 행복한' 자격요건을 갖춘 지식인이라는 표현이 나만의 괜한 호들갑은 아니지 싶다.

존경받는 독립투사의 친일파 비판은 그 자체만으로 일정한 무게를 가지며, 치열한 왕위계승 쟁탈전에서 적자(嫡子)는 존재 그 자체만으로 정통성을 확보할 수 있다. 마치 그와 같다.

유시민의 민주화투쟁 경력이나 진보적 성향은 여타 지식인의 메시지를 압도한다. 그건 '너 감옥 갔다와봤어?' 로 대변되는 운동권의 배타적 냉소주의나, 자기만 옳다는 식의 독선주의와는 완전히 다르다. 물론 유시민이 우리 나라 민주화투쟁을 상징하는 유일한 존재라는 뜻은 결코 아니다. 유시민보다 더한 고초를 겪었고 심지어 목숨을 잃거나 아직도 병고에 시달리고 있는 민주투사가 수없이 많긴 하지만, 유시민은 그 누구 못지않게 강력한 메신저가 될 수 있는 충분한 자격을 갖춘 사람이라는 말이다.

그럼에도 그의 민주화투쟁 경력이 특정한 이유로 왜곡되어 일종의 정치적 성향으로 간주되는 경우가 있다는 데 문제의 심각성이 있다. 절대로 그래서는 안 된다. 그건 유시민 개인에게만 국한되는 문제가 아니라 사회정의나 상식의 개념을 왜곡시키는 일과 같은 것이기 때문이다. 그는 지난 20여 년의 세월 동안 '불의를 보고 지나치지 말라' '이웃의 아픔을 나의 아픔처럼 생각하라' '거짓말하지 말라' 고 가르쳐주신 초등학교 선생님들의 가르침을 불변의 진리로 생각하며 그 가르침대로 살아오려고 애쓴 사람이다.

실상 민주화투쟁이란 명백한 거짓과 부당한 압박에 저항하는 당당한 소신이며, 진보적 운동이란 이웃에 대한 연민에 다름 아니다. 그것은 인간이라면 누구나 지향해야 할 가치이며, 목숨을 걸고 지켜야 할 소신이다. 대부분의 사람들은 그 소중한 가치와 소신을 마음속으로만 되뇌었지만 유시민은 그걸 실천했다.

유시민의 글과 말은 날카롭고 적확하며 상식적이라는 평가를 받는다. 유시민이 단순히 '신뢰할 만한' 메신저 수준에 그치지 않는 건 그런 타당성과 논리성을 갖추고 있기 때문이다.

「항소이유서」라는 뜻하지 않은 데뷔작품(?)으로 저작활동을 시작한 유시민은 이후 20여 권의 저서를 발간했는데, 아직도 많은 젊은이들이 그의 사상과 가치가 추구하는 독특한 시대정신을 추종하고 있다.

『거꾸로 읽는 세계사』란 책은 88년 출간 후 수십만 권이 팔렸는데 지금도 대학생과 청소년들 사이에 인기를 누리면서 꾸준히 팔리는 사회과학도서 중의 하나다. 87년 6월 그에 대한 수배령이 내려진 가운데 '도바리' 신세가 되어 집필한 책인데 무식해서 용감하게 쓴 책이라는 게 그의 고백이지만, YMCA는 여러 차례에 걸쳐 이 책을 청소년추천도서로 선정했고, 서울대생들은 비문학 분야에서 가장 좋아하는 저술가의 한 명으로 그를 꼽기도 했다.

자유주의 메신저의 상징, '지식소매상'

그는 잠시 동안의 국회의원 보좌관과 계약직 공무원 생활을 제외하고는 책을 읽고 글을 쓰는 프리랜서로 살아가고 있다. 이 직업 아닌 직업이 자신의 몸에 가장 잘 맞는 옷처럼 편안하다고 말한다. 유시민은 프리랜서로 먹고살기 위해서 치열하게 원고 쓸 곳을 찾아다니며 자신의 글이 시장에서 좋은 평가를 받아 많이 팔리도록 하려고 자신의 재능과 능력을 최대한 다 발휘한다고 말한다. 우리처럼 '명함과 직책' 을 중시하는 사회에서 프리랜서로 산다는 게 말처럼 쉬운 일은 아닐 것이다. 프리랜서의 비애는 먹고살기가 힘들다는 데 그치지 않는단다. 어떤 정치결사나 기업에도 속하지 않기 때문에 어떤 면에선 자유롭지만, 반대로 어쩔 수 없이 해야만 하는 '자기 검열' 때문에 가장 큰 슬픔을 느끼게 된다고 유시민은 자신의 속마음을 토로한다.

그는 자신의 직업을 '지식소매상' 이라는 새로운 개념으로 규정한다. 지식소매상이란 유통업의 일종인데 누군가가 창조한 새로운 지식과 정보를 널리 퍼뜨려 많은 사람들이 활용할 수 있도록 하는 것으로 지식을 대중화하는 직업이란다. 그는 『창작과 비평』을 통해서 정식으로 데뷔한 소설가이기도 하지만 그가 쓰는 대부분의 글들은 '지식소매상' 이라는 그의 직업개념에 충실한 내용들을 담고 있다. 지금은 토론진행이라는 영역에서 '말' 을 통해 그 역할을 대신하고 있을 뿐이다.

89년에도 텔레비전을 통해 좀 색다른 방법으로 지식소매상 노릇을 한 적이 있다. 처음이자 마지막으로 텔레비전 드라마 극본을 쓴 것이다. MBC 베스트셀러극장을 통해서 방영된 〈신용비어천가〉라는 제목의 이 작품은 5공화국 초 전두환 정권의 정당성 홍보에 앞장선 어용언론의 행태를 통렬하게 풍자한 것이었는데, 군과 정보기관이 제작 통제에 나서는 등 우여곡절을 겪었다. 결국 그 일이 빌미가 되어 베스트셀러극장은 3개월 뒤 막을 내리고 말았다.

한동안 유시민이 관련된 일의 결과는 늘 그런 식(?)이었다. 그의 표현에 따르면, 대학에 들어간 78년 이후 십 년이 넘는 세월 동안 그는 언제나 '발본

색원' 의 대상이었기 때문이다. 그의 유일한 죄는 늘 권력자들이 좋아하지 않는, 그들과는 '다른 생각' 을 가졌을 뿐만 아니라 그것을 표현하려고까지 했다는 데 있었다.

그는 '발본색원주의자' 를 혐오한다. '일사불란주의' 나 '국론통일주의' 에도 결단코 반대한다. 그렇게 해서 망하지 않은 나라가 없다는 것이다. 그런 이유로 그는 사상과 견해의 다양성을 존중하는 자유주의자를 자처한다. 한때는 자신이 진보적이라고 믿었는데 지나고보니 진보적이기보다는 자유주의적 성향이 훨씬 강한 사람이라고 스스로를 평가한다. 자유주의에도 문제가 많다고 생각하지만 그래도 공산주의나 사회주의, 환경주의, 여성주의 등 다른 어떤 '주의' 보다 자유주의가 자신의 취향이나 세계관과 잘 들어맞는다고 말한다.

자유주의에 대한 그의 신념은 확고하다. 자유만 가지고 모든 것을 할 수 있는 것은 아니지만, 자유 없이는 아무 것도 할 수 없다는 것이다. 다양성을 용납하지 않고 차이를 인정하지 않으려는 사고방식과 문화, 법률, 제도가 우리 국민의 정신적 개안과 사회의 발전을 가로막는다는 게 그의 일관된 주장이다.

'나의 자유는 언제나 나의 정치적 반대자의 자유' 라는 경구 속에 그가 주장하는 자유주의의 핵심이 담겨져 있다. 제대로 된 자유주의자는 자신의 사상 그 자체보다도 그 사상을 표현할 수 있는 자유를 더 소중히 여긴다고 그는 말한다. 자신은 보수적인 사상을 가진 사람을 좋아하지 않지만 그가 그 사상 때문에 탄압을 받는다면 그와 연대해 싸울 각오가 되어 있단다.

서울대 출신이면서 서울대 패권주의와 학벌주의의 폐해에 목소리를 높이며, '토종 TK' 라는 유리한 지위(?)를 이용해 영남지역의 'TK 정서' 가 일종의 집단적인 정신질환의 수준이라고 질타한다. 그런가 하면 우리 사회의 '지나친 여성화' 라는 어거지 논리로 여성들의 활발한 사회진출을 훼방놓는 마초들에게 우리 사회의 '지나친 남성화'를 경계하는 풍자의 메시지를 던져 그들의 말문을 닫아버린다. '안티미스코리아 페스티벌' 같은 페미니즘 행사의 단골 축하메신저 중 한 사람이 유시민인 것도 바로 그런 이유다.

새로운 사상 치고 불온하지 않았던 것은 없다

유시민은 다른 사람의 사상을 검열해 딱지를 붙이는 행위를 극도로 증오하는데, 그는 그것을 '하느님 놀이'라고 부른다. 유시민에 의하면 우리 나라 대공수사관들은 죄 없는 사람을 잡아다가 머릿속을 들여다보는 듯 거드름을 피운단다. 자신들이 마치 전지전능한 하느님이나 되는 것처럼, '이 놈들 모조리 세뇌가 되어 가지고 말야' 하며 거만을 떤다는 것이다. 그게 바로 유시민이 말하는 '하느님 놀이'다.

유시민은 수도 없이 '하느님 놀이'의 대상이 되었던 사람이다. 유시민처럼 자신의 정체성에 대한 고민이 치열하며 남다르게 자의식이 민감한 사람은 그 심적 고통이 더 심했을 것이다. 그래서 그는 크고 작은 일에서 의식의 자아분열 현상을 경험한다.

지난 80년대 초 그가 보안사 서빙고분실에 끌려갔을 때의 일이다. 그의 표현을 그대로 인용해보자.

"내가 받은 첫 질문은 '너 마르크스-레닌주의자 맞지?' 였다. 일단 이런 올가미를 쓰면 대책은 두 가지밖에 없다. '그래 맞다, 어쩔래?' 하든가, 아니면 내가 마르크스-레닌주의를 얼마나 싫어하는지를 구구절절 설명해야 한다. 그런데 그런 해명을 하다보면 스스로 마르크스-레닌주의자가 아니라고 생각하면서도 기분이 그야말로 참담하기 짝이 없다. 이렇게 살아야 하나, 인생이 구차해지는 것이다."

그는 신체검사를 받자마자 40시간 만에 변칙입대를 당했는데 그때 입영전야에 낯선 고장의 이발소에서 머리를 깎이면서도 비슷한 생각이 들었다고 고백한다. 살아 있다는 것이 더 이상 축복이 아니오, 치욕임을 깨달았다는 것이다.

입대 후에도 그는 늘 감시의 대상이 돼서 중동부 전선의 최전방 말단 소총 중대의 소총수를 제외한 일체의 보직으로부터 차단당한 채 영하 20도를 오르내리는 혹한기에 밤마다 10시간이 넘게 철책근무를 섰다. 고참에게 얼차려를 받다가 상처가 난 손은 동상이 걸렸고, 발에는 무좀, 그리고 온 몸에는 옴이 잔뜩 올라 있었다고 한다.

특변자(특수학적 변동자)라는 이름으로 군대에 있던 32개월 동안 그가 겪은 물리적 고통과 심적 괴로움을 미루어 짐작할 만하다. 그 안에서 그는 강제적으로 극단적 반공주의와 유신찬양 세뇌교육을 받았다. 전두환 정권을 거꾸러뜨릴 수만 있다면 악마하고라도 손잡을 수 있다고 생각했다는 말이 과장이 아니지 싶다. 그런 연장선상에서 '내 적의 적은 동지' 라는 일견 그럴 듯한 감정적 논리에 기울어 소위 김정일의 '주체사상' 에 호감을 보낼 수도 있었으련만, 유시민은 '주체사상' 이라는 것이 너무나 지당한 말씀인데다 비판할 여지가 별로 없는 그런 '공자님 말씀' 같아서 흥미를 잃었다고 말한다. 유시민은 인간의 주체적 사고능력을 굳게 믿는 사람이다. 그런 이유로 세뇌란 말을 믿지도 않거니와 그 단어 자체를 끔찍하게 싫어한다.

그는 무엇이든 맹목적으로 신봉하고 주장하지 않는다. 일종의 '햄릿형' 소신이라고 할까. 인간이 하는 일 가운데 절대적으로 옳거나 틀린 것은 없다는 게 그의 생각이다.

"한 점의 오류도 없는 사상이나 단 한 톨의 진실도 담지 않은 사상은 없다. 사상의 자유가 필요한 건 바로 그 때문이다. 새로운 사상 치고 처음에 '불온' 하지 않았던 것은 없다. 세상을 보는 눈 가운데 어느 것이 옳은지는 상이

한 여러 사상 사이의 대립과 경쟁을 거쳐야 알 수 있다. 어떤 사상이 잘못된 것인지 아닌지를 선험적으로 판단할 수 있는 사람은 아무도 없다."

민주주의를 신봉하는 시민으로서 할 수 있는 가장 가치 있는 행동은, 자기가 반대하는 사상과 견해를 가진 이가 그것을 표현했다는 이유로 박해를 받을 때 거기에 대항해서 함께 투쟁하는 것인데, 그것은 용감하고 의미 있는 행동일 뿐만 아니라, 사회적 인간으로서 할 수 있는 가장 아름다운 행동이라는 게 유시민의 신념이다.

같은 맥락에서 유시민은 '남' 보다 앞서 독재와 싸우고 그 '비용' 을 혼자서 감당한 사람들에게 그 비용을 '사후정산' 해줄 필요가 있다고 주장한다. 그것은 단지 감정적 차원에서 뿐만이 아니라 경제정의 실현이라는 측면에서도 그렇다는 것이다. '남' 들은 가만히 있는데도 '나' 는 싸워야 한다는 '미련한 선택' 을 한 '비합리적 인간' 들의 피눈물에 대해서 보상을 해줘야 한다는 것이다. 그래야 우리 사회가 또다시 파시즘의 덫에 걸릴 경우 옛날보다는 더 많은 사람들이 처자식의 앞날을 걱정하지 않고 기꺼이 민주주의를 수호하는 투쟁에 나선다는 것이다.

어떤 '주의자' 든 제대로 된 '주의자' 라면 그 주의를 실현하기 위해서 노력해야 한다는 생각은 그래서 나온다. 그러니까 그의 '소신' 이나 '주의' 는 단순히 햄릿처럼 사색하고 회의하며 우유부단한 것이 아니라 강력한 실천력을 동반한다. 그렇게 본다면 유시민의 신념을 '햄릿' 형 소신이라고 표현한 필자의 표현은 반은 맞고 반은 틀린 셈이다.

잠수함 속의 참새

유시민은 지식인을 '공부하는 프로페셔널' 이라고 정의한다. 공부를 하면서 사회현실에 봉사하고 그러면서 대가를 얻는 사람이어야 한다는 말이다. 그는 글을 발표할 때마다 사람들이 자신의 '능력 부족'이 아니라 '불성실'을 탓할까 봐 밤잠을 설친다고 말한다. 한때는 구닥다리 운동가라는 말을 듣기 싫어 주체사상을 공부하기 위해 북한 선전책자가 떨어져 있을 만한 지역을 환경미화원 아저씨들보다 먼저 수색하기도 했단다.

유시민은 그렇게 진지하고 치열한 사람이다. 대학 2학년 때 첫 전공과목이었던 '경제학 원론'에서 F학점을 받았지만, 감옥에서 경제학을 나름의 방법으로 다시 공부해 『부자의 경제학 빈민의 경제학』이라는 경제사상서를 저술해 스테디셀러로 만든다. 경제학을 수치와 이론만으로 설명하지 않고 당시 사람들의 삶과 사회의 여러 문제를 결부시켜서 쉽게 풀어 쓴 책이다. 『거꾸로 읽는 세계사』에서도 그랬지만 유시민만큼 주체적이고 독창적인 사고능력이 확실한 사람도 흔치는 않을 것이다. 이 시대가 주목하고 격려해야 할 귀하고 소중한 '지식소매상'이다.

자유주의에 대한 그의 생각도 들어보자.

"나는 한번 하기로 마음먹으면 진지하고 성실하게 제대로 하는 인간이다. 나는 '무늬만 자유주의자'가 아니고 자유주의 신념을 지키는 '진짜 자유주의자'가 되겠다. 처음 해보는 것이니까 결과가 어떨지는 아직 모른다. 일단 한번 해보고 마음에 들면 죽을 때까지 '자유주의자'로 남을 것이다."

아마도 유시민은 그럴 수 있을 것이다. 아웃사이더로 밀려나지 않고서도 인간의 사상과 자유에 고삐를 채우고 있는 지배적인 사상과 이데올로기를 효과적으로 공격하는 지식인이 될 수 있을 것이다. 선내의 공기 부족을 제일 먼저 감지하는 잠수함 속의 참새처럼 이 시대의 부끄러움을 제일 먼저 느끼는 '진짜 자유주의자'로 남을 수 있을 것이다.

그는 자신이 아직도 제도권으로 완전히 들어와 있지 않다고 생각한다. '내가 딛고 있는 발 밑이 출렁이면 언제든지 새롭게 땅을 다지기 위해 떠날 것' 이라고 말한다. 아무리 안락한 환경이 보장된다고 해도 자신의 생각과 주장을 배척한다면 언제든지 떠날 각오로 살아간다는 것이다. 아마 유시민은 진짜로 그럴 것이다.

이제 한 잡지에 연재하던 칼럼을 끝내며 그가 썼던 글의 일부를 인용하면서 이 글을 마무리하자.

"세상은 완전히 희거나 검은 사람만 사는 곳이 아니며 타고난 악당과 성인군자가 싸우는 무대도 아닙니다. 세상은 불완전한 인식 능력을 지닌 불완전한 인간들이 고뇌와 번민 속에서 서로 다투면서, 그리고 저마다 실수와 잘못을 저지르고 그것을 바로잡아가면서 살아가는 곳이라고 저는 믿습니다. 저는 언제나 '올바른 생각' 이 아니라 '나의 생각' 을 말씀드리려고 했습니다."

그게 바로 유시민의 '햄릿' 형 소신일지도 모른다. 개인적으로 나는 유시민이 말하는 '나의 생각' 에 기꺼이 동참할 마음이 충만하다. 대부분의 경우 유시민의 '나의 생각' 은 '올바른 생각' 일 가능성이 높은 쪽이라고 믿고 있기 때문이다.

소신의 경계선

사람이 믿음을 가지고 사는 건 자기방어 본능의 한 형태일 수도 있다. 만일 믿을 수가 없다면 있을 수 있는 모든 경우의 수에 대비하고, 모든 일에 대해서 늘 각성 상태로 살아야 하므로 정신적 에너지 소모가 상상을 초월할 것이기 때문이다.

예를 들어 남들이 신호등을 지킬 것이라는 믿음이 없으면 거리의 모든 자동차에 대해서 신경을 곤두세워야 한다. 이런 상태에서 운전을 한다면 1시간만 해도 녹초가 될 것이다. 이런 때는 약간 불안한 구석이 있더라도 믿음을 가지는 것 외에는 다른 도리가 없다.

우리의 '소신' 이란 것도 어떤 면에서는 이런 심리적 메커니즘에 의한 '자기중심적 사고' 의 한 형태일지 모른다. 그러니까 자기의 '믿는 바' 가 유일무이의 절대적 진리라고 주장하는 건 나만이 '천상천하 유아독존' 이라고 목에 핏대를 세우는 일과 다를 바가 없다. 이 세상에 소중하지 않은 생각과 중요하지 않은 사람이 어디에 있겠는가. 회색론이 능사라는 게 아니라, 나만 옳고 나만 중요한 게 아니라는 말이다. 그럼에도 그런 우격다짐을 계속하는 사람들이 그치지 않는 모양인지 드골은 일찍이 다음과 같은 잠언을 남겼다.

"스스로를 없어서는 안 될 인물로 여기지 말라. 전세계 묘지에는 없어서는 안 될 사람들로 가득 차 있다."

김윤환 vs 김윤식

변화를 '좇는' 빈배, 변화를 '품는' 거목

우리는 지금 변화의 시대에 살고 있다.

아니 좀더 정확히 말해서, 변하지 않으면 살아남을 수 없는 시대에 살고 있다.

지난 3년간 우리 나라 30대 재벌 중 14개의 재벌이 망하거나 오너가 바뀌었다는 사실을

굳이 언급하지 않아도 이미 대부분의 사람들은 변화의 절박함을 피부로 느끼고 있다.

하지만 그 절박함 때문인지는 몰라도 이런 한가한(?) 질문을 던져보는 사람은 별로 없는 듯하다.

"'변화'가 가능하려면 반드시 '변하지 않는 부분'이 있어야 하는 것 아닌가?"

(김윤환 vs 김윤식)

변화를 '좇는' 빈배, 변화를 '품는' 거목

살아남으려면 변해야 한다?

김윤환 민국당 대표최고위원은 1932년생, 김윤식 서울대 국문학과 교수는 1936년생으로 두 사람 모두 60대 중반을 넘긴 나이다. 지금도 각자의 영역에서 젊은 사람 못지않게 왕성히 활동하지만, 노(老)정객이나 노(老)학자라는 말이 전혀 어색하지 않은 이 시대의 원로들이다.

김윤환 대표는 여러 이질적인 정권에서 요직을 두루 거친 '양지의 정치인' 이고, 김윤식 교수는 소설가의 꿈을 접고 문학평론가가 되어 평생을 '읽고 쓰는' 일에만 전념해온 전형적인 학자다.

하는 일이 달라서도 그렇겠지만 두 사람이 살아가는 모습이나 스타일은 전혀 다르다. 나는 가끔 정신과 의사의 입장에서 두 원로의 성향을 유추해 보며 두 사람 모두 자신의 성향에 맞는 직업을 잘 선택했구나 하는 생각을 할 때가 있다.

좀 실없는 짓이긴 하지만 이렇게 한번 생각해보자. 김윤환 대표가 평생 학자로서의 길을 걸었고 김윤식 교수가 정치를 직업으로 삼았다면 어떠했을까. 정치인 김윤식과 노학자 김윤환. 실없는 웃음을 터뜨리는 사람이 많을 것이다. 역사에서 '만일' 이라는 가정법을 사용할 때 생기는 허망함과 우리에게 익숙한 이미지를 떨쳐버려야 하는 혼란스러움에 대부분의 원인이 있겠으나, 나는 그 어색함의 이유가 그들이 갖고 있는 개인적 성향에서 비롯된 것이라는 생각을 지울 수가 없다.

물론 두 분의 원로가 정치인 김윤식과 학자 김윤환으로 진로를 변경했어도 그 세계에서 나름의 독특한 영역을 구축할 수 있는 성향을 동시에 갖고 있는 사람이라는 주장도 있을 수 있다. 맞는 말이다. 사람의 성향이나 적성이란 다분히 다면적인 부분이 있기 때문이다. 문제는 메이저가 무엇인가 하는 것이다.

실제로 김윤식이 1962년 『현대문학』에 「조연현론」을 발표, 문단에 등단해 평론뿐 아니라 시와 소설을 함께 쓰고 있을 바로 그때, 김윤환은 시인 허만하 와 『시와 비평』이라는 시(詩)전문 계간지를 발행하고 있었다. 심심풀이가 아니라 문단에 정식으로 데뷔한 시인으로서였다. 시인 조병화는 당시 신문 월평에서 김윤환의 시를 가리켜 "낭만풍의 지적인 시"라고 평했다. 그러나 김윤환은 시인이 되지 않고 정치인이 되었으며 김윤식은 소설가가 되지 않고 평론을 하는 학자의 길을 걸었다. 만일 그들이 자신의 길을 걷지 않았다면 현재 정치계와 학계에서 정치인 김윤환과 대학자 김윤식이 얻고 있는 명성, 존경심, 업적 등은 존재하지 않았을지도 모른다.

김윤환이 명분을 중시하는 스타일리스트라면 김윤식은 인간의 내면에 천착하는 애널리스트다. 김윤환은 그의 시 「광장에서」처럼 넓게 열린 공간에서 많은 사람들과 수없이 많은 악수를 나누는 반면, 김윤식은 등단소감에 쓴 대로 "노예선의 벤허처럼" 자신만의 공간에서 눈에 불을 켜며 산다.

김윤식의 산문집 제목 『농경사회의 상상력과 유랑민의 상상력』처럼, 두 사람이 결정적으로 다른 부분은 김윤환이 '유목민 스타일' 이라면 김윤식은 '농경민 스타일' 이라는 것이다. 다시 말해 김윤환이 '변화와 적응의 달인' 이라면 김윤식은 전형적인 '딸깍발이 선비' 다. 이 대목이 '변해야 살아남는다' 고 숨가쁘게 외치는 이 시대에 내가 하필이면 두 원로에 주목하는 결정적인 이유다.

'자기 변혁' 의 안쪽

잘 알려진 것처럼 김윤환은 제3공화국의 유정회 국회의원을 시작으로 5공과 6공 그리고 문민정부의 핵심 요직을 두루 거쳐 현재 민국당 대표로 있는 정치인이다. 물리적 시간으로만 따져도 20년이 넘는 세월이었고 그와 영욕을 함께한 최고통치권자들만 해도 4명이나 된다. 박정희 전대통령은 그의 정계입문을 도운 사람이었고 전두환, 노태우 전대통령은 그의 친구들이었으며, YS는 킹메이커 김윤환의 도움으로 대통령이 되었다. 정치부 기자들에 따르면 김대중 대통령과도 관계가 나쁘지는 않은 모양이다. 변화에 적응하는 특별한 비결이 있지 않고서는 쉽게 납득할 수 없는 놀라운 행적이다.

반면에 김윤식은 1959년 서울대 사대 국문과를 졸업한 이후 1년 정도 도쿄대에서 수학한 기간을 제외하면 현재까지 서울대 한 곳에서, 평생 써본 감투라곤 순번제로 맡는 국문과 학과장이 유일할 정도로 30년 가까이 문학비평의 외길을 걷고 있다.

대학자로서 김윤식이 가지고 있는 위대성을 잠시 접어놓고 생각해본다면 40대 이상의 남자들은 대부분 김윤식과 비슷한 삶을 추구했거나 그렇게 살아온 사람들이 아닐까 하는 생각이 든다.

많은 남자들은 변화가 대세인 시대의 흐름에 떠밀려서 지금까지의 자기를 부정할수록 좋다는 변화에 대한 강박관념을 갖기에 이르렀다. 변하지 못하는 것은 무능에 다름 아니라는 극단적인 표현까지 등장한다. 세계 100대 기업 중 한 세기 이상 수성(守成)에 성공한 기업은 17개에 불과한데, 그 생존과 쇠퇴를 가른 조건은 '자기 변혁' 이라고 한다. 우리 나라에서도 지난 3년간 30대 재벌 중 대우를 포함한 14개 재벌이 망하거나 오너가 바뀌었는데 이 또한 적절하게 변화에 적응하지 못한 결과란다. 이런 사실이 수많은 직장인들을 압박한다.

한 중앙일간지는 올 한 해의 슬로건을 '변해야 한다' 로 정했다고 한다. 원래는 '나부터 변하자' 는 표어였는데 일방적인 변화만을 강요받아온 일반 시민에게 또다시 변하라는 주문은 짜증만 나게 할 뿐 호소력이 없다는 외부 전문가 그룹의 자문을 수용한 결과란다. 어찌나 '변화' 에 대한 사회적 다그침이 많았던지 그 언론사의 독선적이지 않고 세심한 심정적 배려가 고맙게 느껴지기까지 한다.

사회의 한쪽에서는 분사(分社)를 비롯한 슬림화가 우리가 살 수 있는 유일한 길이라고 주장하는 반면, 다른 쪽에서는 기업합병의 시너지효과를 주장하며 예전에는 상상조차 할 수 없었던 거대 공룡기업으로의 변화가 한창이다. 단어의 뜻만 놓고 본다면 말 그대로 '모순' 이 따로 없다. '변화' 라는 화두에도 이러한 양면성은 그대로 존재한다.

변해야 할 이유가 있다면 당연히 그래야 하겠고 또 그렇게 할 수도 있을 것이다. 그러나 '변해야만 살아남을 수 있다' 는 식의 맹목적인 주문은 인간적이지도 않고 너무 극단적이다.

김윤식은 외견상으론 답답할 정도로 변화가 없는 삶을 사는 사람처럼 보이지만 글쓰기나 비평작업의 접근방법에서는 놀랄 만큼 다양한 변화를 추구한다. '자기 변혁'의 궁극적 지향점도 결국 인간답게 살기 위한 목적이 아니겠는가. 단순히 '변화'나 '변혁'이란 현상적인 개념에 발목이 잡혀 수단이 목적을 갉아먹게 해서는 안 된다.

그런 점에서 김윤환과 김윤식은 소위 '변화의 시대'에 살고 있는 우리들에게 시사하는 바가 많은 인물들이다. 그들을 통해서 삶에서의 '변화'라는 것이 가지는 의미를 찬찬히 음미해보자.

먼저 김윤환에 대해서 살펴보자.

선비탈의 마력

김윤환의 좌우명은 '중용상덕(中庸常德)'이라고 한다. 김윤환의 정치철학과 그가 추구하는 삶의 스타일이 그대로 담겨 있는 듯한 좌우명이다. 그는 정치도 시를 닮아야 한다고 말하는 사람인데, 그를 잘 아는 사람들의 표현을 빌리면 지난 20년간 무위(無爲)와 낙관(樂觀)으로 한국 정치무대의 한쪽을 차지해온 인물이 김윤환이란다. 그는 자신이 실무형도 보좌형도 아니며 늘 중용을 걷는 사람이라고 말한다.

182㎝의 훤칠한 키에 잘생긴 얼굴, 격식을 따지지 않는 행동거지, '선비탈'이라고 표현되는 특유의 미소에서 비롯하는 친화력은 마력이라고까지 불린다. 거리낌없이 사람들을 대하고, 상대를 압도하기보다는 감싸안으며 이해시키는 게 그의 최고 무기다.

그의 인간적 매력이나 독특한 스타일은 그대로 정치인 김윤환의 탄탄한 정치적 자산으로 이어진다. 김윤환은 이 막강한 무기를 바탕으로 도저히 하나로 엮일 수 없는 인물들을 하나로 만들어내고, 한 목소리가 되도록 하는 아교와 디딤돌의 역할을 한단다. '타협과 조정의 명수'라는 별명이 괜한 소

김윤환

'선비탈' 이라 불리는 그의 미소는 그 자체로 하나의 마력이다.
그 앞에선, 도저히 엮일 수 없을 것 같은 인물들도 하나가 되며, 도저히 틈을 주지 않을 것 같은
숨가쁜 변화도 멈춰 서 손을 내민다. 그리고 거기엔 늘 여백이 있다.
그러나 그 여백이 '여유의 여백' 이 아니라 '무엇이든 주워담는 여백' 이지 않기를.

리가 아닌 모양이다.

대통령제 아래에서 대권도전의 깃발을 든 적이 없는 그의 주위에 사람이 몰리는 데 대해 그를 따르는 한 의원은 "허주(虛舟)는 합리성과 상식을 바탕으로 정치를 물 흐르듯 한다"며 "그를 따라가서 최소한 손해보지는 않는다는 확신이 있기 때문에 주변에 사람들이 몰려드는 것 같다"고 평가한다.

40대 후반의 나이에 정계에 입문해 20년이 넘는 세월 동안 언제나 권력의 핵심부에서 '킹메이커' 라는 소리를 들을 만큼 나름의 확고한 입지를 구축한 게 단지 '노련한 처세술' 만으로 가능했을까. 그렇지는 않을 것이다. 소위 '정치공학' 이라고 불리는 그의 독특한 '정치적 능력' 이 단단히 한몫을 했으리라는 게 내 생각이다.

그러나 불행하게도 우리 사회에서 '정치적 능력' 이 뛰어나다는 말은 대부분 부정적 이미지를 연상시킨다. 적어도 일반인의 시각으로는 그렇다. 정치를 직업으로 삼고 있는 정치인에게 그런 수식어가 붙어도 결과는 마찬가지다. 자산증식에 놀랄 만큼 뛰어난 실적을 보이는 자산관리 전문가에게 다 좋은데 지나치게 이재에 밝다고 손사래를 치는 식이다.

우리 나라 사람들이 정치에 대해 가지고 있는 지나친 '관심' 과 지나친 '혐오' 는 모순의 극단이라 할 만하다. 그 점에 관해서는 굳이 정치평론가의 전문적인 식견을 빌릴 필요도 없다. 지극히 평범하고 상식적인 사실이기 때문이다. 우리 나라 정치는 일종의 블랙홀이다. 그 안에만 들어가면 고매한 인품도, 전문가적인 안목도, 사회적 명성도 모두 컴컴한 구멍 속으로 빨려 들어가버리고 입 뭇매에 시달리는 정치인의 모습만 남는다. 아마 김수환 추기경이나 법정 스님이 정치를 해도 그 불가사의한 블랙홀의 흡인력에서 자유로울 수 없을지 모른다. 견뎌낼 장사가 없다는 말이다.

우리 나라 정치의 구조적 결함이 그 첫번째 원인이겠지만, 정치를 바라보는 일반 국민의 모순된 감정이나 인식 때문에 그렇게 되어버리는 측면도 분명히 있을 것이다. 김윤환은 그런 딜레마를 극명하게 보여주는 인물처럼 보인다. 정치평론을 업으로 하지 않는 정신과 의사가 정치의 속성에 대해 주제넘게 언급을 한 건 바로 그런 이유 때문이다.

일면식의 힘

지난해 초 나는 한 잡지에서 중앙일간지의 30대 정치부 기자가 했다는 말을 인상 깊게 읽었다. 정치인 김윤환에 대한 인간적인 느낌을 말한 것인데 내용은 이렇다.

"솔직히 정치판에서 없어져야 할 구악 1호가 허주라고 생각했었다. 도대체 몇 년째 정치판에 머물고 있고, 그것도 권력의 핵심만 찾아다니지 않았느냐. 킹메이커랍시고 이 땅에 금권정치의 폐해를 가져온 대표적인 인물이 아니냐는 생각이었다."

정치인 김윤환에 대한 일반인의 시각도 이와 크게 다르지는 않을 것이다. 드라마틱한 반전을 동반한 그 기자의 말은 계속 이어진다.

"그런데 허주를 몇 번 만나보고 나서는 그의 팬이 되어버렸다. 밖에서 알던 것과는 너무나 큰 차이가 있었고 그나마 정치의 멋을 즐길 줄 아는 사람이란 것을 깨달았다."

그에 대해 별반 좋지 않은 선입관을 가지고 있던 사람까지도 몇 번 만나고 나면 은근한 팬으로 만들어버리는 게 김윤환의 장기라던데, 그 말이 틀리지 않은 모양이다. 날카로운 시각과 풍부한 정보 그리고 훈련된 균형감각을 가지고 있는 사람들이 기자들일 텐데 그들의 고백이 이러하다면 다른 사람은 더 말해 무엇하랴. 김윤환의 무엇이 이렇게 사람의 마음을 움직이게 하는 것일까.

이 기회에 개인적인 생각을 좀 토로해야겠다. 김윤환을 보는 시각과 관련된 내용일 수도 있으므로 너그러운 양해를 바란다. 오래전부터 내 관심을 끄는 문화계 인사가 한 명 있어서 그에 대한 글을 써보고 싶은데 아직 그러질 못하고 있다. 이유는 단순하다. 우연히 그 사람을 만나 한두 시간 가량 이야기를 나눌 기회가 있었기 때문이다.

그 이후 그에 대한 글을 쓰려고 하면 그의 얼굴이나 말하던 모습이 떠오른다. 긍정적 내용은 어쩐지 낯이 뜨거워서, 부정적 내용은 또 마음에 걸려 쓰지를 못하는 것이다. 이 책에 등장하는 인물들과 나는 일면식조차 없다. 일정한 거리를 두고 철저하게 자료에 의존하는 인물평전인 셈인데 장점 못지않게 한계 또한 명백하게 두드러지는 작업방법이다.

예를 들어 김윤환에 대한 인물평전을 쓰기 위해 수많은 자료를 섭렵한 후 그에 대해 대단히 부정적인 인식을 갖게 되었는데, 보강취재를 위해 그를 직접 만나보니 자료와 달리 그 기자처럼 인간적 매력에 깊이 끌려 전혀 다른 평가를 내리게 될 수도 있다. 그렇다면 김윤환에 대한 정확한 인식의 실체는 과연 어떤 것일까? 양자가 균형 있게 조화될 수 있다면 최선이겠지만 그건 결코 쉬운 일이 아니다. 소위 '인간적' 이란 끈끈한 실체감이나 유대감은 너무 쉽게 '있는 그대로' 의 실체적 진실을 압도해버리는 경향이 있기 때문이다.

이런 경우 나는 동일한 사안이나 인물에 대해 서로 다른 관점에서 접근한 자료들을 동시에 그리고 많이 정독하는 것으로 나름대로의 한계를 극복하려고 노력한다. 김윤환에 대해서는 그런 노력이 더 많이 필요했다. 일단 그에 관련된 자료의 양이 만만치 않았다.

지난 10년간의 중앙일간지 기사자료를 검색할 수 있는 사이트에 '김윤환' 이란 검색어를 입력하면 상상할 수 없을 만큼 많은 수의 자료가 떠오른다. 양적인 측면에서만 보면 정치 경력이 훨씬 더 오래된 3김씨보다도 많은 분량이다. 신문사 편집국장 출신이라 기자들 사이에서 더 호의적으로, 더 자주 거론될 수도 있었겠지만 우리 나라 정치인 중 언론계 출신이 어디 김윤환 혼자뿐인가. 그건 그만큼 김윤환이 정치사의 주요 고비마다에서 빠지지 않고 일정한 정치적 역할과 영향력을 유지해왔다는 한 반증일 수도 있다.

"어떻든 정치적(?)으로 필요한 사람이 오래간다"

김윤환은 9대 국회의원 선거 때 고향인 경북 선산에서 무소속으로 출마했다가 낙선한 경험을 시작으로 정계에 입문한다. 시작은 순탄치가 않았던 셈이다. 그러나 다음 선거를 위해 지역구를 갈고 닦던 그에게 고향 선배인 박정희 전대통령이 유정회 국회의원 자리를 배려한 이후 그의 정치인생은 늘 순풍에 돛단 격이었다. 아마도 지난해의 공천 탈락과 국회의원 낙선 충격이 그의 정치역정에서 가장 큰 시련이나 좌절이 아니었을까. 그만큼 그의 정치이력은 화려하다.

23년간 5선의 국회의원 경력에 정무장관 3회, 원내총무 2회, 집권당 사무총장 2회, 집권당 대표위원을 2번 지낸 후 지금 현재는 비록 미니정당이지만 민국당 대표로 재임 중이다.

내가 아는 분의 친척 한 사람은 20대에 국회의원 선거에 출마한 것을 시작으로 50년 가까운 세월 동안 일종의 '정치적 백수'로 지내고 있다. 가산탕진으로 인한 가족들의 경제적 고통과 사람들의 비아냥거림도 아랑곳하지 않고 일흔을 바라보는 나이에도 정치참여에 대한 미련을 버리지 않고 있다. 그런 사람의 입장에서 보면 김윤환의 정치이력은 부러움 그 자체일 테고, 직업 정치인의 입장에서 보아도 절로 시샘이 날 만한 경력일 것이다.

지난번 공천 탈락 파동 이후 민국당을 창당하면서 그리고 3당 연합에 따른 당내 후유증으로 대표 사퇴와 정계 은퇴 등의 얘기가 나오자 김윤환은 강력하게 반발한다.

"아니 내가 무대에서 내려가야 한다는 생각을 왜 합니까? 내가 뭐를 했다꼬. 내가 권력을 잡기 위해서 정치를 한 것도 아니고 정권 창출에 기여한 것뿐입니다. 아직도 3김씨가 정치를 하고 있는데 내가 어떻게 정치를 오래 한 사람입니까? 내가 그래도 정치적 역할을 좀 해서 그런지, 내가 정치 오래 했다고 생각하는 사람들이 있는 것 같아요. 길어봐야 22년인데. 내가 정치를 통해 개인적인 축재(蓄財)를 했습니까? 투기를 했습니까?"

또한 '양지만을 좇아다니는 정치인' 이라거나 '기회주의자' 라고 비난하는 것에 대해서도 자신은 유신헌법을 만들지도 않았고 쿠데타를 하지도 않았으며 이 당 저 당을 옮겨 다닌 적도 없다고 항변한다. 정치를 오래한 것이 흠이 될 수도 있지만 자신은 이것을 큰 장점으로 본다고 말한다. 그가 이회창 총재를 질타하면서 했다는 "사람은 자기가 보고 싶은 것만 보는 수가 있다" 라는 말의 의미를 가만히 따져보게 하는 대목이다.

내가 보기에 그의 정치경력 중 가장 특이하다고 생각되는 것은 정무장관을 3회나 지냈다는 것이다. 정무장관이란 최고통치권자의 절대적 신임을 바탕으로 여야의 정치적 가교 역할을 하는 자리인데, 김윤환은 그런 직책을 전두환 정권, 노태우 정권, 김영삼 정권에서 각각 한 번씩 역임한 것이다. 그는 세번째의 정무장관을 맡으면서 "어떻든 정치적으로 필요한 사람이 오래 간다는 사실을 알아야 한다" 는 유명한 경구(警句)를 남겼다.

그래서인지 그는 우리 정치사에서 가장 '타협과 절충' 에 능한 정치인이란 평가를 받는다. '변신의 천재' 라거나 '물렁뼈' '권력의 중간상인' '소신 없이 양지만을 좇는 킹메이커' '구시대 정치인의 전형' 이란 비난도 있지만 그의 정치 스타일은 여야를 가리지 않고 일정하게 평가를 받는다고 한다.

김대중 대통령은 야당 총재 시절 "허주 같은 사람이 여당에 있기에 대화가 통한다"고 했으며, 김근태 최고위원도 사석에서 "암울했던 시기에 여권 내부에 김 선배(허주) 같은 분이 있었기 때문에 그래도 정치가 조금씩이나마 발전할 수 있었던 같다"고 말할 정도다.

그는 특유의 '굴신성(屈身性)'을 무기로 정치사의 주요 고비마다 자신의 욕망을 최대한 누르며 '대세를 좇아(그 자신은 "대세를 만들어 간다"고 표현한단다)' 정치적 영향력을 유지해왔다. 줏대도 없이 '되는 쪽'을 따라가서 킹메이커를 자처하며 손을 들어준 후 정권을 넘어선 부귀영화를 누린다는 비판에 그는 단호하게 고개를 가로젓는다.

자신은 되는 쪽을 뒤따라간 것이 아니라 92년 김영삼 후보 때나 이회창 후보 때나 모두 다수파의 반대 속에 '되어야 하는 사람'을 어렵게 만들어 낸 것이라고 말한다. 당시의 정치적 상황을 고려하면 그의 말이 전혀 터무니없는 건 아니다. 흔히 대세몰이로 표현되는 정치 세력간 제휴에 김윤환만큼 능란한 정치인이 또 어디 있겠는가. 이 부분에 '절충과 타협의 명수' '변화와 적응의 달인'이라는 김윤환의 비밀의 열쇠가 담겨져 있다.

결코 '가득' 채우지 않는다

허주(虛舟), 빈 배라는 아호가 함축하듯 그의 정치 스타일에는 여백이 있다는 것이 정치권의 일반적인 평가다. 그는 누구나 부담 없이 탈 수 있도록 늘 배를 비워놓는다. 자타가 공인하는 킹메이커이지만 정권이 창출된 후에도 그는 경쟁자들의 표적이 되는 법이 없다. "무늬만 실세"라는 말을 들을 정도로 나서질 않기 때문이다. 그렇지만 사람들 눈에 잘 뜨이질 않아서 그렇지 권력 핵심으로서 누릴 수 있는 파워 행사에는 에누리가 없었다.

지난 95년 신한국당 대표로 그가 임명되자 여권의 핵심 브레인이었던 당시 이영희 여의도연구소 소장은 "5 · 6공을 주도했던 인물이 당을 이끌 수는 없는 일" 이라는 발언으로 파장을 일으켰다. 당 차원에서 이영희 소장에게 경고 처분을 내리자 김윤환은 특유의 부드러운 표정으로 한마디한다.

"그런 언행을 하면 내가 대표 자리에 어떻게 있겠나. 경고만 가지고 되겠느냐."

결국 이영희는 여의도연구소 소장직에서 해임된다. 지난 96년 15대 공천과 관련된 발언도 김윤환이 잠재적 실세임을 잘 보여준다.

"솔직히 공천을 전원 내 의사대로 한 것은 아니다. 그러나 내 의도에 어긋나는 공천은 없다."

그러나 그는 무리하게 배를 가득 채우는 어리석은 짓은 절대로 하지 않는 사람이다. 92년 당시 민주계의 맏형이었던 최형우 의원은 한 모임에서 김윤환의 도움에 눈물을 흘리면서 "허주 선생" 이라고 불렀다고 한다. 그만큼 김영삼 대통령 만들기에 일등공신이라 할 만한 사람이 김윤환이었다. 하지만 문민정부가 들어선 이후 그의 정치적 위상은 조금 심하게 말하면 '찬밥' 신세였다. 그는 "과거 기득권 세력으로서 역사의 검증을 받는 기간이 필요하다" 며 스스로 몸을 낮췄다. 특정한 자리보다도 총재가 하는 일에 서로 의논할 수 있는 기회가 더 있었으면 좋겠다는 아쉬움 정도만 표현했다. 그러니 적이 있을 수 없다.

최인호의 『상도』라는 소설에 보면 계영배(戒盈盃)라는 신비의 술잔이 나온다. 말 그대로 꽉 채우는 걸 경계하는 술잔이다. 술잔의 7부까지만 술을 부으면 계속 술이 남아 있지만 술잔 가득 채우면 빈 잔이 되어버리는 신기(神器)다.

김윤환은 '계영배의 철학' 이 몸에 배인 사람인 듯하다. 자신의 빈 배에 7부 이상 가득 채우는 법이 거의 없다. 가득 채우려는 건 황금알을 낳는 거위의 배를 가르는 일과 같다는 것을 잘 알고 있는 것 같다. 이 원칙이 김윤환을 변화와 적응의 달인으로 만들어준 심리적 근간이 된다. 정치기술이라는 측면에서 살펴봐도 거의 예술의 경지다. 정치란 '상대가 있는 게임' '가능성의 예술' 이라는 그의 정치철학도 그와 무관하지 않다.

"우리가 남이가"

그는 정치가 제도적으로 이루어져야 한다고 확신한단다. 그 동안 여권 핵심에 있을 때 그걸 위해 나름대로 기여했다는 자부심도 가지고 있다고 말한다. 그가 주장하는 정치적 화두는 두 가지인데, '동서화합' 과 '제도적 민주정치의 실현' 이 바로 그것이다. 다 좋은 말이다.

그런데 그가 부르짖는 '동서화합' 이라는 대목이 유난히 마음에 걸린다. 이제는 거의 전설처럼 되어버린 김윤환의 "우리가 남이가" 라는 선동적 발언이 떠오르기 때문이다. 일부 정치학자들은 그의 정치술의 요체를 '지역주의 패권론' 이라고 평가한다. 실제로 선거 때마다 지역주의 망령이 등장하곤 하는데 그 중심에는 어김없이 김윤환이 있었다는 것이다.

과거 국민회의측은 그를 가리켜 "킹메이커로 위장한 희대의 지역감정 메이커" 라면서 격렬하게 비난했고, 자민련은 "92년 대선 당시 '우리가 남이가' 로 김영삼 후보에게 TK 몰표를 주더니 이번엔 이회창 후보에게 붙어 PK에 '우리가 남이가' 를 선동하고 있다" 며 맹렬하게 규탄했다. 그런 그가 지난 97년 대선 정국을 앞두고 뜻밖에도 '영남 후보 배제론' 의 운을 띄운다.

"61년부터 97년까지 무려 36년간 영남에만 정권이 돌아갔는데 또다시 TK에 정권이 돌아가 41년을 집권하게 된다면 국민들이 어떻게 생각하겠는가. 정치인의 한 사람으로 고민하지 않을 수 없다."

그가 이러한 주장을 제기한 것은 '나는 직접 나서지 않지만 누구도 나를 무시하면 후보가 될 수 없다' 는 메시지를 던진 것이라는 게 당시 언론의 분석이다.

"그는 말은 잘하지 못하고 어눌한데 그것을 역으로 잘 활용해요. 특히 지역감정을 조장하는 발언은 허주가 단골이죠."

한 정치부 기자의 진단이다. 김윤환은 대선 등 정치일정의 주요 고비마다 정국 방향을 돌리는 발언으로 언론의 주목을 받았는데, 그 발언의 대부분은 지역주의에 근거한 것들이라는 것이다. 이와 관련해 지난 97년 말 한 시사주간지는 다음과 같은 요지의 분석을 한다.

'TK 배제론' 은 자신의 위상을 강화할 시점이 되면 언제든지 'TK 주도론' 내지 'TK 주체론' 으로 모양새를 바꾼다. 대선후보 경선 정국에서는 'TK 배제론' 으로 유력 주자 편을 들고, 총선 정국에서는 'TK 주도론' 으로 자신의 위상 강화를 꾀하며, 대선 정국이 되면 '영남 대동론' 을 외치는 게 김윤환이라는 정치인의 본래 모습이라는 것이다.

그런 지역감정의 족쇄는 지난번 4 · 13총선에서 김윤환에게 부메랑이 되어 돌아왔다. 한나라당 공천을 받지 못하고 민국당으로 출마한 김윤환은 자신이 그토록 소중하고 자랑스럽게 얘기하던 자신의 지역구에서 낙선을 한 것이다. 그의 말을 들어보자.

"솔직히 말하지요. 내가 한나라당 공천을 못 받는다고 누가 생각이나 했겠습니까? 그래서 내 선거구민들은 선거 막판까지 '김윤환이는 한나라당 아니가? 그런데 왜 1번이 아니고 4번 찍으라카노?' 라고 했다는 것 아닙니까? 이런데 선거가 되겠습니까? 한나라당 공천에서 탈락한 민국당 후보들이 한나라당 후보로 나왔더라면 전부 당선되었을 겁니다. 나도 한나라당 후보로 나왔더라면, 장담하건대 전국 최고 득표율도 했을 겁니다."

이게 그가 주장하는 동서화합의 정치고 제도적 민주정치의 실현인가.

사라져가는 여백

지난해 김윤환은 2 · 18공천 파동을 겪으면서 정치 입문 이후 최대의 시련기를 맞이했다. 아직도 이회창 총재 얘기만 나오면 그답지 않게 몸을 부르르 떤다고 한다.

"어떻게 지가 나에게 그럴 수 있나. 대권 후보 만들어주고 총재 만들어 준 게 누구냐. 이 허주가 도와주지 않았으면 어떻게 자기가 지금까지 올 수 있었겠나. 그런데 나를 팽(烹)시킨단 말이야?"

그는 이제까지 정치를, 권력을 잡기 위해서라기보다는 권좌를 만드는 정치, 다시 말하면 정치를 있게 하는 사람도 필요하다는 생각에서 정치를 해왔다고 말한 정치인이다. 그런데 공천 탈락의 충격이 얼마나 컸는지 그러한 '권력관' 에 회의가 오는 모양이다. 역시 권력은 자신이 가져야지, 남에게 권력을 만들어주는 건 아무 것도 아니라는 걸 깨달았다는 것이다. 요즘 우리 나라에서 가장 잘 나가는 뮤직비디오 감독은 그의 작품 철학을 묻는 인터뷰어에게 "뮤직비디오는 기본적으로 가수의 것이다"라는 대답을 했다. 그 말은 자신의 작업에 대한 회의론이라기보다 감독으로서 자신의 영역을 확실하게 알고 있다는 우회적인 표현이 아닐까 싶다.

김윤환은 지금 한 정당의 실질적인 오너의 입장에서 국회의원 2석의 민국당 몸값을 올리기 위해 이리저리 부지런히 움직이고 있다. 민국당 소속 의원 중 한 명은 이미 입각을 했고 김윤환은 3당 연합의 당당한 일원으로 언론에 모습을 드러내고 있다. 그의 정치자금과 관련된 재판에서도 현직 정당 대표라는 이유로 정상을 참작해줄 정도로 그 위상이 대단하다.

지난 11월 한 잡지와 가진 인터뷰에서 그는 정치권과 언론계 일각의 '김윤환의 시대는 끝났다' 는 시각을 완강하게 부인한 적이 있는데 그게 괜한 허풍은 아니었던 모양이다. 김윤환은 자신이 가지고 있는 정치적 능력을 유감없이 드러내 보일 수 있는 호기가 왔다고 판단하는 듯하다. 오랜 세월을 대기업의 전문경영인으로 탁월한 경영 능력을 보이다가 처음으로 자기 사업을 시작하는 사람처럼 강한 의욕을 보이고 있다.

사람 특히 정치인을 평가하는 것은 그가 어떤 위치에 있었느냐 하는 것보다는 어떤 구실을 했었느냐 하는 것을 기준으로 해야 한다는 그의 말이 옳다면, 김윤환은 지금 그의 주장을 스스로 증명할 수 있는 가장 좋은 시점에 서 있는지도 모른다.

하지만 90년 말 원내총무 시절 예산안 날치기 처리를 진두지휘하는 등 민주주의 원리에 명백히 어긋나는 행동도 때로는 조직의 논리라는 이름 아래 적극 담당하기도 했던 사람이 김윤환이라는 게 한 언론의 평가다. 확고한 원칙에 근거했다기보다는 그때그때 무난하고 평균적인 것을 추구하고 따르는 경향이 있다는 것이다. 정치기술이라는 미명하에 누가 봐도 명백한 민주주의 원칙마저 훼손하는 건 정치인의 도리가 아닐 것이다. 그렇다고 정교한 협상 능력을 수반하는 정치적 기술 자체까지를 부정하여 정치적 테크니션에 대해 턱없는 냉소나 혐오의 눈길을 보내는 것에도 나는 반대한다. 순결한 마음만 있다고 모든 일이 해결되는 것은 아니지 않은가. 정치적 테크니션으로서 김윤환이라는 정치인이 가질 수 있는 존재가치까지를 모두 부정하지는 말자는 얘기다.

그러나 나는 개인적으로 '권력은 뭐니뭐니해도 자신이 가져야 한다' 는 허주의 최근 결론에 대해서 불길한 느낌을 갖는다. 권력의 속성이란 게 본래 그렇다 하더라도 그 동안 허주가 견지해오던 변화와 적응의 절묘한 선에 어울리지 않는 발언이라는 느낌 때문이다. 그의 정치적 성향에 동조하는 입장은 아니지만 계영배에 7부를 넘어 술을 꽉 채우려는 불가능한 시도에 도전하는 사람들의 비장한 대열에 끼어든 것 같아 안타깝다. 과욕을 부리면 그는 더 이상 빈 배가 아니다. 그는 지금까지 견지해왔던 자신의 '정치공학' 을 갑자기 부정하는 듯하다.

변화와 적응의 달인 허주. 요즘 그에게선 가끔씩 더 이상 빈 곳이 느껴지지 않을 만큼 결연한 의지와 전투적 태도가 감지된다. 김윤환 특유의 유연함이 복원될 수 없을 만큼 절박한 상황이 된 것일까. 정치의 내적 메커니즘이라는 게 꼭 국가와 민족 같은 거창한 구호를 앞세워야만 되는 것은 아닐 것이다. 그 안에 사람 사는 여러 모습이 그대로 투영되어 있어서 그 자체로도 드라마틱한 게임이 될 수 있다는 사실을 보여주는 정치인이 한 명쯤 있는 것도 좋을 텐데, 아쉽다.

날마다 읽고 썼다

이번에는 김윤식에 대해서 살펴보자.

김윤식의 이력은 너무나 간단하다. 현재의 직업과 직함이 그 이력의 전부인 사람이기 때문이다. 문학평론가이면서 서울대 인문대 국문학과 교수(최근 정년 퇴임했지만).

특별히 문학에 관심이 많지 않은 사람이라면 그의 이름을 처음 들어본 사람이 있을지도 모른다. 그가 하는 연구작업이나 개인적 성향이 대중적이지 않아서 더더욱 그렇다. 구수한 입담으로 대중매체를 이용해 문학을 알기 쉽게 설명해주는 스타일도 아니며, 그의 연구라는 게 당장 우리의 실생활에 유용하게 쓰이는 분야도 아니니 그럴 수밖에 없다.

그러나 김윤식은 '인간문화재급 학자' 인 동시에 작가 이문구의 표현처럼 '아파트 관리사무소의 열쇠처럼 사람들이 앓고 있는 모든 문제에 답을 줄 수 있는 것처럼 보이는' 사람이다. 한마디로 이 사회에 흔치 않은 '어른' 인 사람이다.

그의 개인적 삶은 성실하고 치열하다. 하루에 적어도 10시간 이상 공부하고, 1년에 평균 3.7권씩 책을 내며, 30여 년 동안 1백권이 넘는 책을 쓴 학자다. 지난해 8월 그의 1백권째 저서를 낸 문학사상사에 의하면 "한국문학 100여 년 역사에 초유의 기록"이란다. 2000년 8월 현재 김윤식의 이름으로 출간된 책을 살펴보면 정확히 순수저술 1백1권, 편저 24권, 번역 5종, 감수 7종 등이다.

지난 99년 서울대학교에서 1895년부터 1994년까지의 한국문학 관련자료 12만 항목을 데이터베이스로 구축했는데, 평론 부문은 김윤식이 3백32편으로 가장 왕성한 필력을 과시한 것으로 나타났으며, 평론집 출간도 63권으로 으뜸이었다.

역설적이게도 그 양이 너무 많아 독자들이 그의 업적을 이해하기 힘들다는 지적이 있어 그의 제자들은 96년 『김윤식 선집』을 출간했다. 이때 그가 했다는 말이 재미있다. 평생 남의 힘을 빌려 책을 내기는 처음이라며 쑥스러워했다는 것이다.

근현대문학 연구의 본격적 데뷔작이면서 동시에 그의 박사학위 논문이기도 한 『한국 근대 문예비평사 연구(1972)』는 30여 년이 지난 지금까지도 학계와 문학계에서 나침반 역할을 하는 명저로 꼽힌다. 복사기도 없던 60년대 말 대학노트와 카드에 일일이 자료를 베껴가면서 완성했다는 이 책에 쏟은 연구열은 고단하고도 선구적인 것이었다. 이 책 하나만으로도 '비평가 김윤식'의 이름값을 할 수 있을 정도라는데 김윤식은 데뷔곡이 곧 유일한 히트곡이 되고 마는 '반짝 가수'가 아니라 아직까지도 왕성한 생산력으로 히트곡(?)을 쏟아내고 있다.

시인 고은은 그의 시 「만인보」에서 김윤식을 이렇게 노래한다.

"저 교양학부가/ 태릉에 있던 시절이래/ 그곳 전임이래/ 날이면 날마다 읽고 썼다/ 밤마다 읽고 썼다/ 혼자서 영화보러 가는 일 말고는/ 읽었다/ 썼다/ 온통 그의 의식 속에는 박물관 지하실 명제들이 줄 서 있다"

그의 작업은 크게 두 줄기다. 전공인 한국 근현대 문예비평사 연구와 소설 현장비평이다. 그의 책을 김윤식 자신은 크게 세 가지로 분류한다. 비평사 연구 같은 학술적인 것, 창작품에 대한 현장비평 즉 평론, 그리고 학술·예술·문학 방면의 기행 등이다. 김윤식은 넓고 깊고 고르다. 근현대 문학을 전공하는 문학도들은 한숨까지 내쉬며 이런 우스갯소리들을 한단다. "김윤식 교수는 좋겠어. 당신이 쓴 책을 안 사도 되고 안 읽어도 되니까 말이야."

근현대 문학을 논하려면 그를 피해갈 방법이 없는데, 안 건드린 주제도 없고, 다룬 주제마다 자료의 넓이와 해석의 깊이, 높이가 너무나 엄청나기 때문이다. 나는 개인적으로 그 심정을 어느 정도 이해할 수 있을 것 같다. 어떻게 이해할 수 있는가.

유쾌한 존경심(?)

이 대목에서 김윤식에 관련된 글을 쓰게 된 사람의 입장에서 부끄럽고 솔직한 고백 두 가지를 해야겠다. 나는 김윤식에 관련된 자료들을 섭렵하면서 얼핏 국보급 투수라고까지 불리던 전성기 시절의 선동렬 투수를 떠올렸다. 당시 그와 한 팀이었던 동료 타자가 한 말이 생각나서였다. 자신이 선동렬과 한 팀이어서 그의 공을 맞상대할 필요가 없기 때문에 너무나 다행스럽다는 것이다. 그 자신도 걸출한 타자라고 평가받고 있었지만 당시 선동렬의 구위가 너무나 위력적이어서 그런 생각이 들었다는 고백이다.

나도 김윤식과 관련된 자료를 보면서 국문학을 전공하지 않은 게 얼마나 다행스러웠는지 모른다. 그를 극복하기 위해서 치러야 할 시간적 노력과 학문적 고단함을 끔찍할 정도로 실감했기 때문이다.

두번째 고백은 나의 첫번째 고백과 맞닿아 있다. 특정 인물의 평전을 쓸 때 적어도 그가 쓴 책이나 논문, 관련자료 등은 다 섭렵해야 한다는 게 내 나름의 원칙이다. 지금까지는 그런대로 소박하게나마 그 원칙에 충실한 편이었는데, 이번에는 부끄럽게도 그러지를 못했다. 그의 저작물을 다 구할 수도 없었거니와 소양 부족으로 그의 글을 100% 이해하지도 못했고, 더구나 죄송스럽게도 그의 글쓰기 스타일이 내 개인적 취향과 많이 다르기 때문이기도 했다.

그의 글은 지나칠 정도로 단문(短文)이며 '일' '것' 따위의 명사형으로 끝나는 경우가 많고, 또 결정적인 것은 산문집에서조차 '자기를 드러내는' 글쓰기를 극도로 절제하는 스타일이라서 그의 내면세계에 흥미가 있는 나 같은 사람은 만만치 않은 인내가 필요했다.

그럼에도 불구하고 그의 글을 읽는 시간 내내 나는 즐겁고 또 든든한 느낌이 들었다. 김윤식 같은 노학자에겐 좀 죄송스런 비유지만 이런 얘기다.

공부에 한이 맺힌 일자무식의 부모가 있다. 아들이 대학생이 되었다. 가끔 아들의 책상에서 내용을 알 수는 없지만 묵직한 책들이 펼쳐져 있는 걸 보게 되는 경우가 있는데 그는 그것만으로도 가슴이 벅차 오르고, 사는 보람 같은 걸 느끼게 된다. 그런 심정이었다면 무례한 비유가 어느 정도 양해가 될까. 그에 대한 유쾌한 존경심(?) 정도로 이해하면 별 무리가 없을 듯싶다.

그러나 아무리 마음이 그래도 이런 허술한 '김윤식 평전'이 그에 대한 결례라는 생각을 지울 수가 없다. 우리 나라 평전문학의 '태두'이자 최고봉이라고 일컬어지는 사람이 바로 김윤식이기 때문이다. 그의 평전문학은 독특한 것으로 정평이 나 있다. 발바닥으로 글쓰는 사람이란 말을 들을 만큼 실증적 접근을 중시하는데, 그는 한 작가의 연구를 위해 족보에서 학적부, 성적표까지 확인한다.

'발바닥 쓰기'

그는 염상섭, 채만식, 김동인 등 근현대 소설가에 대한 평전을 많이 썼는데 그 백미는 아무래도 전 3부작으로 구성된 『이광수와 그의 시대』라는 이광수 평전일 것이다.

그가 춘원에 관한 글을 쓰고자 마음먹은 것은 69년부터 1년간 하버드 장학금으로 도쿄대에 유학하면서부터다. 근대문학을 이룩한 문인들의 대부분이 도쿄 유학생 출신이라는 데 착안하여 그들의 '현해탄 콤플렉스'를 캐보기 위해서 떠난 유학길이었다. 이때의 구상을 시작으로 10여 년간의 자료조사와 기초연구를 마친 후 80년 10월부터 두 달간 오로지 춘원에 관한 미발굴 자료를 수집하기 위해 다시 일본으로 건너간다. 와세다대 서고에서 하루 종일 자료를 조사 · 발굴하고 점검하는 과정에서 그는 세검정을 무대로 쓰여진 춘원의 소설 한 편을 발견한다.

귀국 후 그는 춘원 소설의 무대가 되었던 세검정을 세밀히 답사하기 시작한다. 그때부터의 세검정 승가사와 문수봉 산행이 지금까지 일요일마다 이어지고 있단다. 그는 이 평전의 입체적 연구를 위해 『춘원연구』를 쓴 바 있는 김동인을 동시에 연구하기도 한다. 이광수 평전을 쓸 당시 김윤식은 하루에 20매씩 원고를 썼는데 하루 70장을 써도 사흘을 앓았고, 하루 3장밖에 쓰지 못하면 춘원이 살던 세검정을 다녀온 후 또 사흘을 앓았다고 한다. "이광수와 관련된 일이라면 누구에게라도 무릎꿇고 배울 마음가짐이 되어 있다"고 말할 정도였으니 그의 집념을 미루어 짐작할 수 있다.

김윤식은 그렇게 또박또박 정자체(正字體)인 사람이다. 『이광수와 그의 시대』는 86년에야 3부작이 완간된다. 한 평론가는 그 책을 이렇게 평가한다.

"우리는 한 사람을 온전히 이해하기 위해서는 그가 살았던 시대와 장소에 대한 대단히 구체적이며 감각적인 이해와 공감이 필요하다는 사실을 절실하게 깨닫게 된다. 이른바 '발바닥 쓰기' 로 일컬어지는 철저한 실증적 태도와 치밀하기 이를 데 없는 심리학적 연구의 행복한 만남이 바로 김윤식 평전문학의 핵심이라고 할 수 있을 것이다."

『이광수와 그의 시대』는 춘원을 연구하는 사람들에게는 일종의 바이블이라고 한다. 김윤식은 그 많은 저작물들을 이런 식으로 집필한다. "넓고 깊고 고르다" 는 평가는 그래서 나온다. 이런 식의 접근방법은 '작가' 라는 직업에 대한 김윤식의 깊은 애정과 독특한 태도에서 비롯된다. 김윤식은 어렸을 때 원래 작가가 되려는 꿈을 가지고 있었다. 서울대 국문과를 선택한 것도 작가가 되려면 국문과에 가야 되는 줄 알고 그랬단다.

"그러나 대학은 학문, 과학하는 곳이었다. 잘못 온 거다. 작가가 된다는 생각을 때려치우고 연구의 길로 나섰다. 창작은 못하고 중간적인 비평을 하게 됐고, 창작에 가까이 다가가는 마음으로 많은 기행문을 썼다. 나름대로 유려한 문장을 실컷 쓰고자 했다."

마산에서 작가의 꿈을 안고 서울로 올라왔던 한 순박한 청년의 천진한 고백이다. 그는 작가란 미련한 인간과 전지전능한 신 사이에서 오락가락 하는 존재라고 규정한다.

"작가들이 어떤 작품을 쓸 때는 어떤 의도가 있는데 신기한 것은 완성된 작품은 작가가 처음 의도한 그런 것이 아니라는 점입니다. 작가도 모르는 것이 들어가 있는 것입니다. 작가는 보통 사람들이지만 그들의 작품은 보통이 아닌 것입니다. 가치가 있고 나아가 인류의 유산이 됩니다. 작품 속에 내가 필요로 하는 의미가 있기 때문에 작가는 내 스승인 것입니다."

인간이 인간다운 위엄과 기품을 지키며 살 수 있도록 하는 게 문학인데 작가란 그러한 문학을 창조하는 사람들이니 존중받아야 마땅하다는 것이다. 그의 독특한 '작가관' 은 김윤식 특유의 '감싸안기 비평론' 으로 이어진다. 그는 비평을 "남을 칭찬하기 위한 교묘한 술책"이라고 정의하며, 비평가란 작가에게 부채를 진 사람이라고 말하는 비평가다. 비평은 인생의 스승인 작가를 극진히 보살피는 제자의 수발과 다름없다는 것이다.

김윤식 비평의 출발은 그의 성향 그대로 정열적이고도 성실한 작품 읽기에 있다. 작품을 정밀하게 읽지 않고서는 말할 수 없다는 것이 그의 비평관이다. 그는 어떤 작품을 평하려면 적어도 3번은 읽는다. 초벌 읽고, 다시 깊이 읽은 뒤 평을 쓸 때 또 읽는다.

그는 우리 나라에서 소설을 가장 많이 읽는 사람으로 통하는데, 요즘도 16개 문예 계간지와 2개 문예 월간지에 수록된 작품들을 단 한 편도 빼놓지 않고 읽고 있다. 문예지에 수록된 작품들을 통해 신인이 탄생하고 작가의 작품세계가 여러 모습으로 변해가는 것을 보는 것이 너무나 즐겁다고 한다. 물론 읽은 결과는 꾸준히 월평 형식으로 발표한다. 김윤식 같은 대가가 아직도 월평 나부랭이나 쓰고 있느냐고 비아냥거리는 사람도 있지만 그는 조금도 개의치 않는다.

"나는 월평이 진짜라고 생각한다. 소설가들이 아무리 열심히 쓰더라도 누군가 읽어야 한다. 읽고 그 표시를 해서 그들을 칭찬하고 고무하고, 작품에 책임질 수 있도록 해야 한다."

한국소설의 뒤켠에서 태산 같은 버팀목이 되어주는 이런 거인이 존재하고 있다는 사실을 되새겨보면서 소설을 읽다보면 소설 읽기의 또다른 재미가 있을 것이다.

늘 그곳에 물결치며 흐르다

김윤식은 시냇물처럼 빠르지 않고 천천히 흘러가는 강물 같은 사람이다. 그는 평론가로서, 죽은 작품이 아니고 살아 있는 작품을 읽는 데 주력한다. 동시대에 그와 함께 살아 숨쉬는 사람들의 작품을 읽고 평가하는 것이다. 그래서 그는 천천히 끊임없이 흐른다. 얼핏 변함이 없는 것처럼 보이지만 그의 내면에서 끝없는 변화의 물결이 출렁인다.

10년 이상 살고 있는 그의 집은 한강이 바로 내려다보이는 강변 아파트다. 그는 유유히 흐르는 강물이 한눈에 들어오는 서재에서 하루의 대부분을 보낸다고 한다. 강의를 위해 일주일에 두 차례 학교에 가는 것 외에는 새벽 3시 반부터 밤 10시까지 거의 모든 시간을 이 곳에서 독서와 집필에 몰두하고 있다.

그 많은 학문적 업적과 강단생활에도 불구하고 '김윤식 사단' 이란 건 존재하지 않는다. 그는 어느 에꼴(ecole)에도 끼지 않고 오직 단독자로서만 활동하는 특이한 사람인데 무슨 소신 때문이 아니라 자기 일만 아는, 자기 일에만 몰두하는 '고약한 유형' 이기 때문이라고 자신을 진단한다. 그는 밤낮 '곰처럼 헤매고, 강아지모양 보채고, 사자모양 낮잠을 자면서' 글쓰기 방식의 규칙을 찾아내기 위해서 하루하루 평생을 건 싸움을 하고 있다.

"나는 명민하지도 천재를 타고나지도 않았다. 남들이 한 시간 일할 때 나는 두세 시간 씨름했다. 나는 발바닥으로 살았다."

지난 회갑 때 그가 한 말인데 그의 성실성은 거의 초인적이다. "자료더

김윤식

그는 마치 강물처럼 흐른다. 날마다 읽고 쓰는, 얼핏 변함없는 삶인 듯 보여도,
내면에선 아주 미약한 물결조차 제 출렁임을 잃는 법이 없고, 변화의 흐름 위로 노를 저어가진 않지만,
스스로 조금씩 흘러, 바지런 떨던 변화의 헐떡임이 오히려 낯을 붉힌다.
그는 마치 흘러도 흐르지 않는 강물이다.

미 속의 삶이 진실이고 일상생활이 환각으로 보이는 세월" "작품 속의 삶이 진짜이고, 일상적 삶이 가짜로 보이는 참담한 질병"을 앓고 있다고까지 고백한다.

"나같이 사는 게 뭐 그렇게 바람직한 게 아니에요. 사람이 살다보면 사람 사귀는 데도 힘을 들이고, 공부에도 힘을 들이고 해야 하는데 외곬으로 살았으니까. 내 보기엔 사람이 일생 동안 한 열 권 정도 책을 쓰고 열 명 정도의 사람에게 투자하면 좋은 거 같아. 다시 살라면 나는 이렇게 살지 않을 겁니다."

그러나 말은 그렇게 하면서도 한 가지 일에 몰두하는 사람에 대한 그의 애정이나 관심은 초지일관이다. 그는 자신의 일요산행 동료인 한 지인(知人)에 대해 이렇게 평가한다.

"그는 사무실만 아는 사람이다. 일만 아는 사람이다. 그것만이 소중하고 나머지는 아무래도 상관없다. 그것만, 한 가지만 일관하는 일이 모든 일에 일관하는 것이다. 달인인 까닭이다. 전문가이기 때문이다."

그렇게 말하고 있는 김윤식 자신이 어떤 사람인지는 잠깐 잊고 있는 모양이다. 그에게는 아주 단순한 삶의 원칙이 있다. 누구나 자기가 아는 아주 좁고 사소한 범위에서 출발하고 또 끝내기가 그것이란다. 자신은 다만 자신이 공부한 범위에서 자신이 말할 수 있는 것만을 말한다는 것이다.

그는 지나칠 만큼 겸손하고 과묵한 사람이다. 자신의 업적에 만족하여 안주하는 법이 없다. 지금도 그는 문학에 대한 자신의 열정이 식어간다는 느낌이 들면 지체없이 앙드레 지드의 『지상의 양식』을 꺼낸다고 한다. 군복입고 대학을 다니던 궁핍한 시절에 그의 '젊음의 순수욕망'에 불을 댕긴 책이기 때문이다. 그래서 그 책을 읽고 나면 다시 20대의 문학청년이자 신입생의 자리로 돌아간다는 것이다. 이 사람의 나이가 지금 60대 중반이라는 게 믿어지는가.

지난해 10월 이명원이라는 젊은 학인(學人)은 자신의 석사과정 논문에서 김윤식에 대한 표절 의혹을 제기한다. 김윤식의 『한국 근대소설사 연구』가 일본 비평가 가라타니 고진의 『일본 근대문학의 기원』이라는 저서의 압도적인 영향력 아래 쓰여진 것이라고 주장한 것이다. 그에 대해 김윤식은 즉각 자신의 실수를 인정하는 입장을 밝힌다.

"지적한 대로 가라타니 글 가운데 일부가 옮겨졌다. 이는 내 실수다. 이명원이 나를 비판한 것을 높이 평가한다. 앞 세대에 대한 비판을 통해 학문적 발전이 가능하다고 생각한다."

이명원이 자신의 논문을 책으로 묶어 발표하는 과정에서 김윤식의 제자이기도 한 이명원의 스승이 "어떻게 자식이 아버지를 죽이려 드느냐"며 이명원을 제도적으로 매장시키겠다고 협박했다는 사실과 너무나 대조적인 태도다.

선생님, 성불하십시오

김윤식은 '고도의 정보입력장치' 라고 불리는 한편으로 나나 무스꾸리의 음악을 좋아하고 영화감상과 여행하기를 즐기며 그림에 대한 안목이 남다르다고 평가받기도 한다. 개인적으로 내가 알고 있는 잡지사의 한 기자는 김윤식 교수의 강의를 들으며 학창시절을 보낸 사람인데, 언젠가 사석에서 내게 김윤식의 사생활에 대해서 얘기를 한 적이 있다. 김윤식은 사람들이 생각하는 것처럼 꽁생원 같은 학자가 아니라 낭만적이고 로맨스가 많은 사람이라는 것이다. 그 말을 기억하고 있다가 눈에 불을 켜고 그 기자의 말을 증명할 만한 자료들을 찾아내려고 애를 써봤지만 '자기를 드러내는 글' 을 극도로 절제하는 김윤식의 글쓰기 스타일과 나의 역량 부족으로 결국 실패하고 말았다. 그래서 내게 김윤식은 성실하고 치열하며 진지한 대학자로서의 인식이 더 강렬하다.

이런 식이다. 지난 85년 김윤식은 평일 오후 2시 30분에 〈람보2〉를 보았다. 그런데 극장 안이 대학생들로 가득했단다. 대학생들은 낮에 공부를 해야 하는 게 아닐까 하는 '이상하고 어지럽기 짝이 없는 생각에' 머리가 어지러웠다고 말하는 사람이 김윤식이다.

그의 말처럼 "어느 공동체나 어느 분야에서도 그러하겠지만 어떤 특정인의 이름만 나오면 그 분야가 바짝 긴장하게 되는 그런 이름이 있는 법"이다. 바로 김윤식 자신이 그런 사람이다. 그런데 나는 이 글에서 거인 김윤식의 행적을 좇기에 급급했던 느낌이다. 그의 인간적 면모를 입체적으로 보여줄 수 있었으면 좋았을 텐데 하는 아쉬움이 남는다는 말이다.

부록 같은 느낌으로 언뜻 내 기억 속에 떠오르는 인간 김윤식의 가장 흐트러진 모습을 하나만 얘기하자. 그가 상록수의 고장 당진을 답사 여행할 때의 일이다. 작가 김주영, 시인 이근배 등과 일행이 되어 서울로 돌아오다가 삽교천 방죽에서 잠시 쉬게 되었는데 이때의 일을 그의 표현 그대로 들어보자.

"하늘은 이미 흐려 비가 뿌렸고, 하늘과 바다의 구별이 사라졌던 시점. 우리는 버스에서 내리자마자 오줌(?)을 누었는데(다르게 표현할 말이 없지 않은가) 아무도 우리를 구경하는 자 없었다."

노학자의 너무도 귀여운(다르게 표현할 말이 없지 않은가) 표현과 행동이 아닌가.

숨가쁠 정도로 빠르게 변화하는 시대에 태산같이 버티고 서서 중심을 잡아주는 김윤식 같은 거인이 동시대에 있다는 건 얼마나 다행스러운 일인지 모른다. 그는 자신이 한국문학이나 문학사를 위해서 소설을 읽는 게 아니라고 말한다.

"모든 작가들은 내 스승입니다. 작가가 잘나서가 아니고 작가가 작품을 쓸 때는 항상 자신의 의도를 초월하기 때문입니다. 역사에 묻혀 있는 작품이나 현재 창작돼 나오는 무수한 작품들에서 좋은 작품을 보면 신바람이 나요. 그리고 그것을 알리기 위한 견딜 수 없는 용솟음이 나를 글쓰기로 내몹니다. 훌륭한 작품을 다시 창작자의 마음으로 돌아가 내밀하게 읽어내는 것이 제 몫 아니겠습니까? 나는 그렇게 생산된 텍스트들을 보면서 세상과 인간을 배웁니다."

이 대목에 이르니 저절로 예전 어느 소설에서 읽은 한 장면이 생각난다. 스님이 된 아들을 만났다가 헤어지는 속가(俗家)의 어머니가 있다. 다시 바랑을 메고 깨달음의 험한 길을 떠나는 아들의 등뒤에서 어머니는 합장을 하며 '스님, 성불(成佛)하세요' 하고 기원한다. 종교적 색채를 걷어내고 생각해본다면 '완전한 하나의 우주가 되라' 는 간절한 소망일 터이다. 이제 '묵언정진' 의 자세로 삶을 살아가는 김윤식에 대한 글을 마무리하면서, 대가에 어울리지 않는 미진한 김윤식 평전에 대한 아쉬움을 경건하게 옷깃을 여민 나의 기원으로 갈음하련다.

"선생님, 성불하십시오."

'미쳤다' 고 말할 수 있는 내면

히브리 사람들 사이에서 전해오는 이야기 한 토막. 한 나라에서 추수를 했는데 왠지 모르게 그 곡식을 먹기만 하면 사람들이 미쳐버린다. 임금이 만조백관을 모아서 대책을 의논했다.

"올 농사가 무슨 탈이 났는지 모르겠지만 곡식을 먹는 자마다 미쳐가니 이 일을 어찌할꼬? 그렇다고 해서 달리 먹을 것도 없으니 이 난감한 일을 어찌하면 좋겠는가?"

오랜 의논 끝에 그들이 내린 현명한(?) 결정은 이렇다. 곡식을 먹으면 미치고 먹지 않으면 죽는다. 그렇다면 죽는 것보다는 미쳐서라도 사는 게 낫다. 그러니 모든 백성으로 하여금 곡식을 먹고 미친 상태로나마 살아남게 하자. 그 대신 한 대신을 뽑아 "우리는 지금 미쳐 있는 상태다" 하고 끊임없이 백성들에게 일러주는 책임을 맡기자. 우리 모두가 지금 미쳐 있는 상태라는 걸 스스로 알고 있으면 언젠가 다시 제정신으로 돌아올 날이 있지 않겠는가. 그래서 한 대신은 계속해서 "우리는 지금 미쳐 있다" 고 말하고 다녔다.

변하지 않으면 살 수 없는 세상이라고 한다. 그러나 자칫 그것 때문에 삶의 목적이 훼손되고 왜곡될 위험은 없는 것인가. '변화에의 적응' 은 절대 진리인가. 도도한 변화의 물결 속에 몸을 맡기기는 하되 적어도 '미쳤다' 라고 외칠 수 있는 자기 내면의 한 부분은 정상적으로 작동하도록 남겨놓아야 하는 게 아닐까 싶다.

봉두완 vs 이외수

화려한 재능의 눈물,
치열한 재능의 선혈

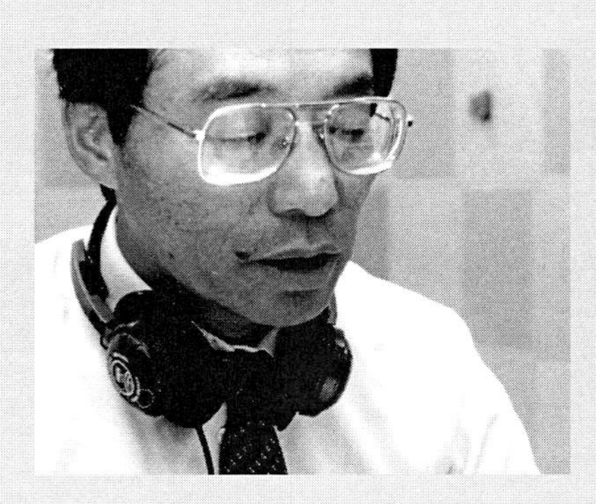

영화 〈아마데우스〉가 오래도록 기억에 남는 건
모차르트의 재능보다 그를 바라보는 살리에르의 시선 때문일 것이다.
선천적으로 타고난 재능에 대한 부러움의 시선은 대다수 보통 사람들의 시선과 일치한다.
하지만 의외로 이런 질문이 던져지는 경우는 거의 없는 것 같다. "도대체 무엇에 쓰는 재능인고?"
정의가 뿌리째 흔들려도 그저 눈물 한 방울 찔끔 찍어내고 마는 '타고난 재능'과
타인과 공감하기 위해 피를 쏟아가며 '노력하는 재능'. 당신의 부러움은 진정 어느 쪽인가?

(봉두완 vs 이외수)

화려한 재능의 눈물, 치열한 재능의 선혈

'어디 이런 사람 없나요?'

봉두완 교수는 다재다능한 사람이다. 그는 신문기자, 방송진행자, 국회의원, 대학교수 등 각각의 전문성을 갖춘 직업을 두루 섭렵한 흔치 않은 사람이다.

지난 93년 이래로 봉두완의 공식적인 직함은 광운대학교 인문사회과학대 신문방송학과 정교수다. '돈 안 되는 일' 을 하기 위해서 맡고 있는 감투는 더 많다. 그는 현재 성(聖)나자로 마을(나환자촌)돕기회 회장, 남북한장애인돕기 운동본부 고문, 천주교 서울대교구 한민족복음화추진회회장, 적십자 봉사회 중앙협의회 회장, 대한적십자사 부총재를 맡고 있다. 그러나 많은 사람들이 봉두완이란 인물에 주목하고, 박수를 보내거나 신경을 곤두세우는 건 교수라는 그의 공식적 직함이나 존경을 받아 마땅한 봉사활동 경력 때문이 아닐 것이다.

봉두완은 우리에게 영향력 있는 언론인 혹은 탁월하고 독특한 진행 능력이 돋보이는 방송인으로 인식되어 있다. 언론계에 입문한 이래 국회의원으로 활동한 8년의 시간을 제외하면 언론인 · 방송인으로서의 경력은 30여 년에 이른다. 정치적으로는 약간의 부침이 있었지만 방송인으로서의 봉두완은 늘 정상의 자리에 있었다. 우리 나라 최초의 앵커맨이라는 자부심을 가지고 살아간다는 그의 나이가 벌써 66세임에도 그는 아직도 정상급의 방송인이다.

미국의 전설적인 앵커맨 월터 크롱카이트조차 65세에 은퇴를 했다는데 '봉카이트' 라는 애칭으로도 불리는 봉두완의 방송진행 능력은 아직도 절정의 감각을 유지하고 있다. 친구 중에 99%는 현직에서 은퇴한 상태라는 그의 말을 염두에 둔 채 봉두완의 방송진행 경력을 살펴보면 그의 '빛나는 재능' 에 대한 실체는 더 명확해진다. 봉두완은 공중파 3사의 라디오 시사프로그램을 모두 진행한 특별한 기록을 가지고 있다.

"어디 이런 사람 없나요? 말 잘하고, 호감 주는 목소리에 딱딱하고 어려운 이야기를 쉽게 풀어낼 만한 사람, 편파적이라는 이야기 듣지 않도록 시각은 균형 잡혀 있어야 하고, 사회 정치 경제 문화 환경 등 모든 분야에 상당한 지식과 일가견을 갖고 있는, 그러면서도 카리스마가 있고 대중적인 지명도가 있는 그런 사람 혹시 어디 없나요?"

이 황당하고 불가능할 것 같은 구인광고의 카피는 라디오 시사프로그램 제작진들이 진행자를 물색할 때 늘 따져보는 조건이란다. 그렇다면 공중파 3사 시사프로그램 제작진의 끊임없는 구애를 받고 있는 봉두완은 이런 불가능한 조건을 거의 완벽하게 갖춘 사람이라는 의미가 아닌가. 대단하다. 시사평론가나 방송인으로서 봉두완의 재능이나 상품가치가 얼마나 대단한가를 잘 보여주는 대목이다. 약간 더듬는 듯한 어투와 주저하는 듯한 눌변, 실수를 겁내지 않는 배짱과 용기, 청취자의 입장에서 전체 맥락을 짚어주는 통찰력 등이 봉두완의 매력포인트라는 게 방송 관계자들의 공통된 평가다.

70년 TBC 라디오 〈뉴스전망대〉에서 꽃피우기 시작한 봉두완의 탁월한 재능과 매력은 여전히 유효하다. 엄밀하게 말하면 여전한 정도가 아니다. 이제 그의 풍자나 질타는 그의 재능에 날개를 달아주는 봉두완의 사회적 중량감이나 만만치 않은 인맥관계와 맞물려 그 파괴력이나 영향력에 있어서 가히 메가톤급이다. 봉두완의 놀라운 재능에 대한 부러움이나 감탄의 심정이 절로 생긴다.

그런데 이 대목쯤에서 하필 봉두완이라는 인물을 새삼스럽게 거론하는 이유에 대한 궁금증이 생길 수도 있겠다.

대단히 변덕스럽고 방탕하며 무책임하기까지 한데 얼굴은 원빈인 남자가 있다. 플레이보이 기질에 질려버린 여자는 그 사내와 결별하고 싶어하지만 그때마다 흔들리는 자신을 발견하곤 한다. 성격이나 기질이라고 하는 무형의 요소보다는 대리석을 깎아놓은 듯한 그의 준수한 얼굴이 먼저 그녀의 마음을 사로잡기 때문이다. 때로 인간의 재능이란 '원빈의 얼굴' 처럼 한 사람을 제대로 인식하는 데 걸림돌이 되기도 한다.

봉두완은 이러한 인식의 걸림돌이 다른 사람에 비해 더 강력하게 작동하는 인물이란 게 내 개인적 생각이다. 특히나 봉두완은 그의 빛나는 재능과 존경스러울 만큼 이타적인 개인적 삶이 어우러져 더더욱 그의 실체에 대한 정확한 인식을 어렵게 한다.

"현장에서는 열혈청년처럼 펄펄 뛰면서도 또 한편에선 음지에 숨어 아무도 모르게 이웃을 돕고 있고, 또 자신에게는 누구보다 엄격한 수도승 같으니 볼 때마다 신기하다."

봉두완에 대해서 이런 극진한 칭찬을 해준 사람이 누구인가. 바로 김수환 추기경이다. 김수환 추기경은 내가 개인적으로 그 누구보다도 마음속 깊이 존경하는 분이다. 추기경님처럼 인격적으로 훌륭한 성직자가 그렇게 칭찬을 하는 인물인데 나 같은 사람이 '인간 봉두완'에 대해서 왈가왈부한다는 것이 올바른 일일까. 봉두완에 대한 글을 쓰는 내내 그런 의문과 내적 갈등으로 많은 시간을 고민해야 했다.

이 글에서 봉두완을 바라보는 내 시각은 전혀 시사적이지 않다. 시사적이지 않다는 말은 그에 대한 뉴스적 호기심에서 비롯한 글이 아니라는 뜻이다. 실제로 현재 봉두완은 스캔들에 연루되어 구설수에 올라 있지도 않고, 방송에서의 엄청난 말실수로 편향적 진행 시비에 휘말려 있지도 않으며, 늦은 나이(?)에 정치 재개를 시사하는 주목받을 만한 언행을 한 적도 없다. 나는 이 글에서 봉두완이란 인물을 시사적이지 않은 관점에서 찬찬히 다시 살펴보려고 한다. 살다보면 예전에 보았던 헝클어진 사진더미가 마음에 걸려, '느닷없이' 책상서랍을 뒤엎어놓고 정리를 시작하는 때가 있지 않은가. 바로 그런 것이다.

나의 재능은 굶주림과 불면에 강한 것뿐

소설가 이외수는 자신이 문학에 별로 소질이 없는 사람이라고 말한다. 세상으로부터 인정받은 사람의 자신감에서 비롯되는 의례적인 겸양은 아닌 것 같다.

"나는 딱 중간 정도의 인물이지요. 다만 남들보다 뛰어난 점이 있다면 굶주림과 불면에 강한 것입니다. 그래서 시간 활용에는 남들보다 강한 장점을 가지고 있습니다."

그가 한 잡지와 인터뷰할 때 한 말이다. 80년 발간된 창작집 『겨울나기』의 작가후기에서도 이외수는 그런 마음의 일단을 토로한다.

"제 소설에 속지 마십시오. 저는 실패의 천재, 사랑도 실패하고 자살도 실패하고 소설도 실패만 합니다."

소질 없는 사람이 소질 있는 사람처럼 보이게 쓰려면 어쩔 수 없이 몇 배나 많은 시간을 고통으로 뒤척일 수밖에 없다는 게 그의 주장이다. 남들은 자기를 보고 '타고난 인물' 이라는 평가를 하기도 하는데, 사실은 그렇게 되려고 노력할 뿐이라는 것이다.

좀 의외라는 생각이 들면서 한 가지 의문이 생길 수도 있다. 이외수 같은 사람이 재능이 없어서 죽도록 노력한 것일 뿐이라면 과연 아무나 노력한다고 다 이외수처럼 될 수 있는 것일까. '이외수 당신이 재능 없다고 그렇게 죽는소리를 하면 우리처럼 평범한 사람은 도대체 뭐란 말이요?' 하는 가벼운 반발심이 고개를 쳐들지도 모른다. 그건 마치 백억대 재산을 가진 부자가 '나는 저 사람에 비하면 소박한 서민 축에 속할 뿐' 이라며 천억대 재산가를 부러워할 때, 그것을 보고 있는 집 한 칸 없는 진짜 서민의 허탈한 심정과 비슷한 것이다.

실제로 이외수의 경우 다작을 하는 건 아니지만 그의 소설은 항상 40~50만 부가 고정적으로 팔린다. 더구나 출간한 지 20년이 넘는 첫 장편소설 『꿈꾸는 식물』에서부터 근작에 이르기까지 그의 전 소설은 '죽지 않고' 계속 팔리는 스테디셀러다. 간간이 선보이는 그의 독특한 산문집도 15쇄 정도는 기본으로 찍어낸다. 출판에 있어선 일종의 흥행 보증수표가 바로 이외수다. 이른바 '이외수 매니아' 란 독자군이 형성되어 있어서 그렇다는 것이다. 순수문학을 하는 작가의 작품이 매번 판매 면에 있어서 이 정도의 폭발력을 가질 수 있다는 건 거의 '사건' 에 가까운 일이다. 아마 우리 나라의 모든 작가를 통틀어 2~3명 정도만 이런 희귀한 경우에 속할 것이다.

문학활동 초창기인 80년, 어느 문학평론가는 이외수를 일러 '만들어진 작가' 가 아니라 '태어난 작가' 라고 평가했다. 타고난 듯한 상상력과 아름다운 언어의 연금술을 터득하고 있는, 한마디로 천부적인 재능을 타고난 작가라는 것이다. 그의 독특한 감성과 재능에 대한 찬사는 이루 헤아릴 수 없을 정도다.

그럼에도 이외수는 자신의 재능 없음을 한탄하면서, 선혈(鮮血)로 쓰여진다는 말을 들을 만큼 처절한 노력으로 자신을 '타고난 작가'의 반열로 밀어 올린다. 이 대목에 이르면 인간의 재능이란 게 도대체 무엇일까 하는 의문이 생겨난다. 살리에르와 대조되는 모차르트 같은 유형의 음악가, 영감이 떠올랐을 때 단 한 번의 붓질로 그림을 완성하는 화가, 들이킨 숨을 내쉴 때쯤 회심의 마침표를 찍을 수 있는 소설가. 어떤 이는 이런 사람만이 재능 있는 예술가라고 말한다. 그러나 또 어떤 이는 뛰어난 재능이란 사실은 타고나는 것이 아니라 각고의 노력을 통해서 얻어진 하나의 결과물일 뿐이라고 말한다. 결국 이 문제는 인간의 지능을 비롯한 여러 능력이 선천적인 것인가 아니면 후천적 환경과 학습에 의한 것인가 하는 '오래된 문제'에 귀착된다.

과연 동시대에서 가장 뛰어난 재능을 가진 작가 중의 한 사람이라는 대중의 평가와 재능 있는 작가가 되기 위해서 끊임없이 노력할 뿐이라는 이외수 본인의 말 중 어느 것이 진실일까. '과연 나는 재능이 있는가 없는가' 하는 의문으로 인해 생겨나는 부러움과 절망과 교만의 마음, 그 감정에 일희일비하면서 살아갈 수밖에 없는 우리에게 이외수는 또다른 호기심을 불러일으키는 인물이다.

안녕하십니까, 봉두완입니다

다시 봉두완으로 돌아가자.

봉두완이 진행하는 방송프로그램은 청취율이나 스폰서 숫자에서 타의 추종을 불허한다고 한다. 제조회사보다 상표가 더 강력한 파괴력을 가지고 있는 상품처럼 그것이 어느 방송국의 프로그램인가 하는 것은 두번째 문제다. 봉두완이 그 프로그램의 진행자라는 사실이 중요한 것이다. 한 방송국 간부는 한 달 넘게 매일 새벽마다 그의 집을 방문해서 공을 들인 연후에야 봉두완을 프로그램 진행자로 영입하기도 했다. 방송에서 봉두완이란 브랜드파워는 그렇게 막강하다. 나이에 관계없이 봉두완에게 애정을 보내는 청취자의 성원이 열광적이기 때문이다.

초등학교에 다니는 딸을 두고 있다는 한 직장여성은 봉두완에게 감탄하며 감사의 글을 보낸다.

"선생님의 목소리를 들으면 가슴에 담겨 있는 묵은 찌꺼기가 내려가는 것 같아 항상 기분이 좋아요. 제가 궁금하고 물어보고 싶은 말들을 모두 하시고 때로는 질책과 칭찬을 하시는 선생님, 정말 존경합니다. 연세가 있으신데 그렇게 왕성한 활동을 하시고 남을 위해 봉사도 하시고 젊은 저희들이 많이 배우려 합니다."

한 중년여성도 그에 대한 애정을 남김없이 드러낸다.

"우리 봉 선생님, 정말로 우리 사회에 필요한 분이십니다. 항상 힘있는 음성이 우리에게 힘을 줍니다. 우리 중년여성들이 너무 좋아해요. 힘 더 내시고 늙지 마세요."

고등학생 팬도 있다.

"고2 소녀인데 학교에 갈 때 아버지 차에서 매일 듣다가 아저씨를 굉장히 존경하게 되었어요. 다른 라디오프로그램에선 아저씨 프로그램처럼 강렬한 카리스마가 느껴지질 않아요."

이쯤 되면 젊은 오빠가 따로 없다. 그러나 진짜로 흥미로운 건 30대의 한 남자가 보낸 편지다.

"국민을 대변해서 그렇게 바른 소리만 하다가 어떻게 되는 것은 아닌지 모르니까 조심하시구요. 하지만 걱정은 마십시오. 선생님의 뒤에는 시청자라는 든든한 빽이 있잖아요. 세상에 두려울 것이 뭐 있겠습니까."

흥미롭다고 표현하는 건 봉두완의 방송에 대한 시청자의 반응은 늘 이러한 심리를 바탕으로 하기 때문이다. 말하는 사람보다 오히려 그 방송을 듣고 있는 사람이 더 조마조마한 느낌이 들어서 그에게 힘을 보태주고 싶은 생각이 들게 하는 사람, 그게 바로 봉두완이다. 80년에 그가 쓴 『뉴스전망대』라는 책을 보면 봉두완을 걱정하는 시청자들의 격려와 성원이 얼마나 대단한지를 피부로 실감할 수 있다. 물론 봉두완 자신도 그 사실을 잘 알고 있으며 그에 대한 자부심 또한 대단하다.

20년도 훨씬 전에 그의 방송을 듣던 청취자나 2001년 현재 그의 방송을 듣는 청취자의 반응이 세월의 흐름에 관계없이 똑같다는 게 놀랍다. 그러나 지난 30년간 그가 '바른 소리' 때문에 결정적인 불이익을 당했다는 기록은 어디에도 없다. 오히려 "방송진행은 많은 사람에게 영향력을 미친다는 의미에서 대단히 멋지고 중요한 일"이라는 그의 말처럼, 그는 방송을 통해서 막강한 영향력과 명성을 얻었다.

봉두완은 59년 동화통신 정치부 기자로 언론계에 입문해 『한국일보』 주미특파원(1962~68)을 지냈다. 그 후 『중앙일보』·동양방송 논평위원(1969~80)을 역임했는데, 이 기간 동안 〈뉴스전망대〉 〈시사토론 동서남북〉 〈안녕하십니까 봉두완입니다〉 등의 방송프로그램을 통해 소위 '봉두완' 식 진행을 선보여 많은 사람의 주목을 받았다. TBC TV와 라디오의 모든 뉴스프로그램을 봉두완 혼자서 진행할 만큼 발군의 기량을 과시하던 시기였다. 서민의 대변자, 박력 있는 진행, 발군의 카리스마 등 30여 년간 이어져온 방송인 봉두완의 트레이드마크가 형성된 시기이기도 하다.

그러나 주목할 만한 방송인으로서의 활동은 오히려 그 이후부터다. 봉두완은 방송 중단 8년 6개월 만인 89년에 주부대상 프로그램인 MBC 라디오

〈여성시대〉의 진행을 시작으로 〈MBC 전국패트롤 봉두완입니다〉를 거쳐 KBS 1라디오 〈안녕하십니까 봉두완입니다〉를 진행한다. 특히 〈안녕하십니까 봉두완입니다〉는 98년 5월까지 3년 7개월간 방송되었는데 그는 이 프로그램을 통해서 예전의 명성을 완전히 회복하며 또다른 전성기를 맞이한다. 봉두완의 폭넓은 사회활동 때문에 그의 프로그램에는 유달리 파워엘리트들이 많이 출연하여 화제성 발언을 쏟아놓았다.

덕분에 95년, 96년 연속으로 〈안녕하십니까 봉두완입니다〉는 여론주도 계층이 가장 선호하는 동시에 가장 영향력 있는 프로그램으로 선정되었으며, 97년에는 대한민국에서 가장 영향력 있는 언론인 10걸에 선정되는 개인적 영광을 차지하기도 했다. 그러다가 SBS 라디오로 자리를 옮겨 〈봉두완의 SBS전망대〉라는 시사프로그램을 진행하면서는 더 목소리를 높여 이 시대 기득권층을 향해서 2년여 동안 쉴새없이 직격탄을 퍼부었다.

실어증과 눈물 한 방울

봉두완은 현재의 대한민국 사회, 특히나 정치권에 대해서 듣는 사람이 민망할 만큼 강도 높은 비판을 서슴지 않는다. 위에서부터 아래까지 어느 하나 썩지 않은 곳이 없다며 참으로 토악질이 날 지경이라고까지 말한다. 권력의 핵심을 좇으며 아직도 건재한 해바라기 정치인들은 낙향해서 글이나 읽으며 남은 평생 참회록이라도 쓰며 여생을 보내는 편이 더 나을 것이라고 질타한다. 하청업체에 근무하다가 원청업체의 구매과로 직장을 옮긴 사람은 그 속사정을 잘 안다는 이유로, 하청업체가 제시하는 견적서 등을 더 까다롭게 따지면서 표독을 떠는 경우가 있다던데 그 말이 과히 틀리지는 않는 모양이다.

잘 알려져 있다시피 봉두완은 5공 출범과 함께 정치에 입문한 사람이다. 이제는 지겹게 들릴 수도 있는 5공의 정통성 시비나 원죄의식을 말하자는 게 아니다. 만일 제5공화국이 '새시대 새정치'를 표방하고 나서지 않았더라면 정치를 하지 않았을 것이라는 게 그의 고백이고 보면 원죄의식 운운할 것도 없다. 그는 81년 1월 15일 '역사적인' 민정당 창당대회의 사회를 맡았는데 "해방 후 이 땅에 생겼다가 물거품처럼 사라져버린 4백여 개의 정당들을 생각하면서 민주정의당의 창당이념만은 영원히 후손들에게 물려줘야겠다는 사명감을 뼈저리게 느꼈다"고 고백한다.

지금도 그의 이력 어디에나 자랑스럽게 명기되어 있는 건 11대 국회의원 선거 결과다. 81년 11대 국회의원 선거에서 마포·용산에 출마한 봉두완은 16여 만 표를 얻었는데, 그의 표현대로라면 건국 이후 여당 후보로는 처음 보는 전국 최다득표를 기록했다. 당시 봉두완은 유세장에서 자신 같은 사람이 정치권 밖에서 마이크를 잡고 비판의 소리를 외쳐 대기에는 안팎의 사정이 너무 급박하다고 절규했다. 당시 유권자들은 민정당이 어떤 정당인지조차 모를 때였다. 단지 10년 가까운 세월 동안 방송을 통해서 독특하고 탁월한 솜씨로 서민의 대변자를 자임하던 봉두완은 너무나 익숙한 인물이었다.

결국 봉두완은 MBC 앵커맨 출신 하순봉 의원과 함께 앵커 및 아나운서들의 정계 진출 원조라는 새로운 기록을 추가하면서 11대 국회의원에 당선되어 서민의 대변자에서 민정당 초대 대변인으로 변신한다. 그는 국회의원은 자유직업 중에 최고로 우대받는 유일한 직업이라는 말을 한 적이 있는데 그의 말처럼 11대와 12대 국회에서 봉두완은 최고로 우대받으며 국회 외무위원장을 역임했다.

그러나 봉두완은 13대 국회의원 후보 공천에서 제외되는 불운을 겪는다. 6·29선언 직후 군 출신 인사들을 일선에서 물러나게 해야 한다는 건의를 노태우 대표에게 했는데 그때 앙심을 품은 군부 세력들이 복수극을 펼쳤다는 것이다. 공천에서 제외된다는 사실을 알았을 때 그는 충격과 배신감으로 치를 떨었다고 한다. 배신감과 무력감으로 3개월간 팔다리가 마비되는 고통과 실어증(失語症)의 증상을 겪었다니 마음의 상처가 얼마나 심했는가는 짐작할 만하다. 그러나 우리가 익히 알고 있는, 지나치리만큼 낙관적이고 유머러스한 봉두완의 이미지만으로는 잘 상상이 안 가는 대목이다.

그는 12대 국회의원 유세 때도 마음의 상처를 입었다고 말한다. 자신의 사무실에 돌과 화염병을 던지고 명동성당에서 나오는 자신을 향해 돌과 계란, 모래를 던지는 젊은이들을 보면서 큰 충격을 받았다는 것이다. 자신을 부여안고 왜 여당 국회의원이 되어서 젊은이들을 실망시키느냐는 한 젊은이의 울부짖음에 선거 때 빌려쓰던 여관방으로 달려가 문을 잠그고 혼자 울었단다. 그의 말을 직접 들어보자.

"내가 왜 군인들을 따라 다니다가 이런 수모를 겪을까. 국회의원 하는 일이 그렇게 나쁜 일일까. 내가 죄인인가? 내가 돌팔매를 맞을 정도로 무엇을 잘못했단 말인가. 그러나 아무리 생각해도 내 자신의 정치적 과오 때문은 아니라는 생각이 들었다."

이게 과연 듣는 사람의 마음을 꿰뚫고 있는 것 같다는 봉두완의 멘트인가. 방송인 봉두완이 보여주는 날카로운 풍자의 칼날과 알미울 만큼 정확한 현실인식은 정치인 봉두완에게 적용되는 순간 흔적도 없이 사라져버리는 모양이다. 더 실망스러운 건 노태우 대표에 대한 인간적 배신감과 공천 제외라는 개인적 절망이 겹치면 팔다리가 마비되고 실어증이 걸릴 만큼 충격을 받지만, 자신이 진리요 정의라고 믿었던 가치관이 흔들릴 때는 그저 눈물 한 방울 찍어내는 것으로 갈등이 수습된다는 점이다.

어떠한 직책이나 어떠한 대가의 약속도 없이 무조건 신군부의 창당작업에 동참할 만큼 그들이 제시한 '새시대 새정치' 의 이념에 전폭적으로 동의했다면 그 가치관이 뿌리째 흔들릴 때 그런 식의 반응을 보여서는 안 되지

봉두완

'안녕하십니까, 봉두완입니다'. 무려 30여 년 동안 들어온 귀에 익은 인사말이다.
시대를 뛰어넘는 그의 탁월한 방송진행 능력 덕분에 가능한 일이었다.
하지만 이런 의문이 가시지 않는다. 시대를 뛰어넘는 그의 '안녕'이란 무엇인가?
그가 우리 시대를 위해 남긴 것은 무엇인가? 그의 탁월한 재능은 도대체 무엇에 쓰이기 위해 부여된 것인가?

않겠는가. 자신의 이해관계에는 눈에 불을 켜면서도 '대의(大義)' 를 추구하는 일에는 나 몰라라 하는 정치인을 질타하는 게 봉두완의 전매특허 아니던가. 그는 98년 2월 한 신문의 칼럼에서도 이런 아름다운 정신을 또 한번 역설한다. "정치인들이 앞장서 스스로 뼈를 깎는 개혁으로 다시 태어나지 않는 한 그리고 그 알량한 기득권을 포기하지 않는 한 우리 조국의 앞날은 암울할 뿐" 이라고.

무엇에 쓰기 위해 준비했던 사람인고?

공천 탈락 1년쯤 후 봉두완은 MBC 라디오 〈여성시대〉에서의 워밍업을 거쳐 본격 시사프로그램 〈MBC 전국패트롤 봉두완입니다〉를 진행한다. 정치에 대한 한을 잠시 접은 채 특유의 대중적 감각을 바탕으로 '말도 못하게 친했던' 노태우 정권에 대해서 독설을 퍼붓는다. 특히 수서 사건과 관련해 강도 높은 비판을 가하자 '국회의원에 출마하려고 인기작전 펴는 것 아니냐' 는 수군거림도 있었지만, 그는 조금도 굴하지 않고 청와대 개입설까지 시사했다. 많은 사람들은 이제 그가 다시 예전의 럭비공 같던 방송인 봉두완으로 돌아오는 모양이라고 믿었다. 그러나 바로 그 해 연말 봉두완은 정치 재개 의사를 밝힌다.

"정치에 대한 노스탤지어에 무척이나 시달렸던 3년 6개월이었습니다. 치미는 분노를 달래는 한편 정치에 대한 샘솟는 관심을 누르느라 무척 애를 썼지요."

다음해 국민당 소속으로 용산지역에서 14대 국회의원 선거에 출마한 봉두완은 서정화, 한영애에 이어 3위로 낙선의 고배를 마신다. 당시의 민자당이나 국민당이 모두 다 신생 정당이었고 출마 직전까지 방송활동을 했던 상황까지 똑같았음에도 81년 16여 만 표를 얻었던 자신의 지역구에서 10여 년이 지난 92년 겨우 3만2천 표를 득표하는 데 그친 것이다.

그 후 봉두완은 국민당 정주영 대통령 후보의 홍보위원장으로 그의 이미지전략을 진두지휘하면서, 2만 명 규모의 '사랑과실천봉사회' 조직을 통해 천주교신자를 중심으로 교구별 득표전을 활발하게 전개했다. 그렇지만 정주영 후보도 봉두완처럼 3위로 낙선을 하고 말았다.

94년 10월 KBS 1라디오 〈안녕하십니까 봉두완입니다〉를 통해 다시 방송에 복귀한 봉두완은 방송인으로서 제2의 전성기를 맞았지만 심심찮게 공정성 시비에 휘말렸다. 97년 6월 국민회의 정동영 대변인은 이 프로그램의 공정성에 강한 의문을 표시했다. 봉두완이 고정출연자인 연합통신 김 모 논설위원에게 다음 대통령은 누가 될 것 같으냐고 질문했는데 김 위원은 '이씨' 성을 가진 사람이 될 것이라고 대답했다는 것이다. 또 봉두완은 대선 전에 노골적인 이회창 후보 편들기 발언으로 세 차례나 선거방송특별위원회의 주의를 받았다. 당시 국민회의와 자민련의 후보단일화를 '두 김씨의 야합'이라고 공박했고, '그냥 두 분이 해자시라 이거예요'라는 표현까지 썼다. 또 3김 정치를 밀실에서의 야합이라고 맹비난한 이회창 한나라당 후보의 연설 내용만 소개해 편파 시비를 불러일으켰고, 방송기자클럽 주최 '이회창 대통령 후보 토론회' 사회자로 선정되어 이회창 후보와의 긴밀한 유대관계를 과시하기도 했다.

그러나 대통령 선거가 끝난 후에는 양상이 좀 달라진다. 김대중 대통령 당선자의 '국민과의 대화' 사회자로 선정되어 그의 유연한 방송진행 능력을 유감없이 보여주더니 신문칼럼을 통해서는 김대중 찬가를 부른다.

"자유당 말기부터 정치부 기자생활을 했지만, 김대중 대통령 당선자만큼 IMF 같은 위기의 극복을 위해 하느님이 도구로 쓰기 위해 준비했던 사람도 없구나 하는 것을 절감하고 있다."

98년 2월 한나라당 맹형규 대변인은 봉두완의 편파적 진행을 문제 삼아 KBS 사장에게 진행자 교체를 요구한다. '이 말을 하면 한나라당에서 전화가 온다' 거나 '한나라당인지 두나라당인지 모르겠다, 한나라당에 실망했다' 는 등의 멘트를 통해서 의도적으로 한나라당의 이미지를 실추시키는 편파적 방송을 했다는 것이다. 맹 대변인은 또 봉두완이 공정성이 생명인 언론을 이용해 해바라기성 행태를 드러내고 있다고 격렬하게 비난했다. 그러자 그는 한 잡지와의 인터뷰를 통해 즉각적인 반박에 나선다. 한나라당의 항의 방법이 인간적이지 못하다는 것이다.

"70년대에도 방송 내용에 대해 불만이 있으면 정부든 정당이든 내게 조용히 항의했지, 한나라당처럼 공식성명까지 내가면서 떠들썩하게 구는 일은 없었다. 이한동 대표가 경복고교 동창이고 맹형규 대변인도 고교 후배인데 얼마든지 자연스럽게 대화 방식을 통해서 항의 의사를 전달할 수 있지 않느냐, 나야말로 한나라당에 대해 인간적인 배신감을 느낀다."

물론 이런 사적 영역에서의 불만 외에 방송의 공정성이라는 공적 영역에서의 훈계도 잊지 않는다.

"누가 누구의 편을 든다고 호통치고, 자기의 입맛에 맞지 않는다고 방송 그만하라 말라고 한다면 그건 한참 잘못된 일이다. 국민을 무시하는 행위며 언론을 탄압하는 일이다. 우리 사회를 고스톱 판의 룰로 심판하지 말라."

인기 앵커맨 출신 맹형규 대변인과 펼친 방송의 공정성에 대한 설전은, 92년 대선 때 봉두완의 모습을 떠올리게 한다. 92년 국민당은 대선을 앞두고 심해지고 있는 방송의 불공정 보도와 편향적 진행에 대응하기 위해 '편파방송 특별대책위원회' 라는 기구를 조직했는데, 당시 국민당 홍보위원장이었던 봉두완은 이 기구의 핵심적인 특위위원으로 언론사를 상대로 공정방송을 촉구했다. 확실히 세상은 돌고 도는 모양이다.

한나라당의 요구에 대해 KBS 라디오측은 봉두완의 뛰어난 방송진행

실력을 감안해 구두경고하는 선에서 마무리짓기로 했다고 발표했다. 방송인으로서 봉두완의 재능이 얼마만큼의 가치가 있는지를 다시 한번 극명하게 보여주는 사건이었다.

왠지 찜찜한 천연소다수

아직도 매번 선거 때마다 출마설이 나도는 봉두완은 몇 년 전부터 정치인들과는 커피 한 잔 안 마신다는 원칙을 세워놓고 엄격하게 이 원칙을 지키면서 살고 있다. 봉두완은 자신이 정치를 중간에 그만두게 돼 말년에 원숭이처럼 웃음거리가 되지 않았다고 굳게 믿는다. 그래서 정치에 다시 손대고 싶은 생각이 별로 없단다. 그의 종교적 신념과 맞물려 봉두완은 정치를 악의 소용돌이라고 규정한다. 그럴수록 그가 정치인이나 정치권에 들이대는 잣대는 더 엄격해진다.

그는 누구보다 참회의 정신을 강조하는 사람이다. 봉두완은 '잘못을 부끄러워하라. 그러나 잘못을 뉘우치는 것은 부끄러워하지 말라' 는 루소의 말을 자주 인용한다. 거짓으로 가득 찬 사회를 정화하는 첫걸음은 참회하고 진실을 고백하는 데서 비롯된다고 믿기 때문이다. 특히나 많이 가지고 배운 사람이 그 어느 누구보다 앞장서서 참회하는 자세를 가져야 한다고 주장한다. 120% 공감한다.

그러나 우리 나라 지도층 인사 중에서 이런 참회의 자세를 보이는 사람은 거의 없다는 게 봉두완의 생각이다. 그러니 봉두완에게 비판받고 조롱당해야 할 인물은 '고기 반 물 반' 처럼 세상에 널려 있다. 이런 인물들은 봉두완의 매서운 질타로 남들 앞에서 원숭이처럼 웃음거리가 되거나 손가락질을 받게 된다. 봉두완은 자신이 '개인의 목소리' 가 아닌 '국민의 목소리' 를 대변하기 때문에 그렇게 큰소리를 칠 수 있는 것이라고 말한다.

"사람들은 내 앞에서 사우나 도크에 앉아 있는 것처럼 땀흘리는 출연자들을 보면서 자신도 모르게 속이 시원해서 좋다고들 한다."

봉두완이 가지고 있는 참회의 사상이나 통렬한 비판의식이 잘못됐다는 말을 하자는 건 아니다. 오히려 존경받고 박수를 받아야 마땅한 일이다. 다만 그러한 참회의 정신이나 비판의 잣대를 자신에게도 적용했으면 하는 것이다. 그의 방송을 듣던 한 청취자는 봉두완에 대한 짜증스러움과 안타까움을 글로 적어 띄운다.

"봉두완의 방송을 듣다보면 정말 봉씨가 국회의원 깔 때 하는 말처럼 '청취자 노릇 못 해먹겠다' 는 생각이 든다. 사실 코미디프로라 생각하고 가끔 듣기는 하지만 정말 못 들어주겠다. 자신이 예전에 국회의원이었을 때 했던 말을 한번 생각해보라."

그러나 봉두완은 그림자 없이 맑고 투명한 자신의 개인적인 삶의 태도를 근거로 당당하게 목소리를 높인다. 청교도적인 삶을 추구하는 사람들 중에 자신에 대한 비판에 아랑곳하지 않거나 더 나아가 배타적인 태도를 보이는 이들이 있다. 자신의 올곧고 순결한 삶에 자부심을 가지고 있기 때문이다. 재임 기간 중 도덕적 대통령이라고 자부하던 YS가 독선적이라는 비판을 받았던 것은 이런 심리적 메커니즘에서 기인한 것이다.

'작은 일에 감사하는 태도, 시간을 소중히 여길 줄 아는 태도, 남을 겉모습만으로 판단하여 무시하지 않는 태도, 주어진 일에 끝까지 최선을 다하는 태도, 삶의 고난과 시련이 닥칠 때 굴하지 않고 믿음 안에서 꿋꿋이 이겨나가는 태도 그리고 자신은 괴롭더라도 많은 사람들에게 빛과 소금이 되려는 굳은 결심' . 봉두완의 자녀들이 부모님으로부터 물려받은 것 중 가장 소중한 것이라고 손꼽는 덕목들이다. 확실히 봉두완이 삶을 대하는 태도는 진지하고 교과서적이다. 감히 그에 대해서 이러쿵저러쿵한다는 자체가 민망할 만큼 도덕적이고 이타적이다.

그는 물질적으로 정신적으로 타인에게 베푸는 삶의 한 전형을 보여준다. 97년 KBS 노동조합이 공개한 봉두완의 1년간 출연료는 7천6백50만 원이었다. 그러니까 한 달에 6,7백만 원쯤을 버는 셈인데 그때부터 지금까지 그는 이 돈을 하나도 남김 없이 자신이 관여하는 봉사단체의 운영비나 은퇴한 옛 동료들의 밥값으로 사용한다고 한다. 자신은 2천 원짜리 구내식당 밥으로 아침 점심을 때우면서도 가톨릭대학 발전기금으로 5천만 원을 약정하는 사람이 봉두완이다. 그는 '돈 안 되는 일' 에 돈을 쓰기 위해 돈을 버는 사람이며, 자녀들의 결혼식에 30명의 하객만을 초청할 만큼 검소하고 소박한 정신이 몸에 밴 사람이다. 나환자나 장애인 등 사회에서 소외된 사람들에 대한 그의 관심과 애정은 유별나다. 봉두완은 아름답고 가치 있게 세월의 흐름에 몸을 맡긴다는 게 어떤 것인지를 체험적으로 보여주는 사람이다.

그런데 나는 가끔 천연소다수 같은 그의 '바른 소리' 를 들으면서, 한편으로는 가슴이 시원하고 한편으로는 개운치 않은 느낌이 들 때가 있다. 그 찜찜함은 그가 98년에 한 신문에 기고한 칼럼의 다음과 같은 구절과 맞닿아 있는지도 모른다.

"과거를 기억할 줄 모르는 사람은 과거를 되풀이하게 된다는 말이 있다. 미래를 향해 달려나가기 위해선 과거의 잘못부터 되짚어봐야 한다."

그가 입버릇처럼 주장하는 참회론의 또다른 표현이다. 이 구절을 그대로 봉두완에게 되돌려보자.

앞만 보고 달리는 건 이제 그만

봉두완은 81년과 92년, 선거 직전까지 방송진행자였던 우월한 지위를 바탕으로 정치판에 뛰어들었다. 특히나 81년 신군부 세력과의 결탁에 대해서는 처음의 순진한(?) 소신만을 강조할 뿐 그 어디에도 그가 그렇게 부르짖는 참회의 기록은 없다. 그렇다고 그가 5공의 당위성에 대해서 흔들리지 않는 소신을 가지고 있는 것 같지는 않다. 앞서 인용한 84년 때의 유세 기록을 봐도 그렇고 90년 MBC 라디오 〈여성시대〉의 진행과 관련한 인터뷰 기사를 보아도 그렇다. 그는 그 인터뷰에서 '민정당에 들어가 많은 사람들을 실망시켰던 잘못에 사과하는 뜻으로 더욱 열심히 방송하겠다' 고 다짐한다.

'심인성(心因性) 기억상실증' 이란 질환이 있다. 뇌에 아무런 이상이 없는데도 심리적인 이유로 기억이 사라지는 특이한 병이다. 이 병의 가장 특징적인 현상은 '선택적' 이라는 것이다. 다시 말해 자신이 기억하고 싶지 않은 부분만 선택적으로 사라진다는 것이다. 예를 들어 강간을 당한 여자가 강간 사실 자체를 까맣게 잊는다거나 극단적인 재난의 현장에서 살아남은 사람이 사고 자체를 기억하지 못하는 것과 같은 경우이다. 주제넘게 봉두완식으로 한번 말해보자. 우리 사회에는 이런 '선택적 사고' 를 하는 사회지도층 인사들이 너무 많다. 그래서 아직 한 번도 제대로 된 과거청산이 이루지지 않고 있는지도 모른다. 그의 목소리를 그대로 빌려서 말하는 게 더 실감이 있을 듯 싶다.

"우리 사회에는 자신이 어디서부터 어떻게 얼마나 잘못되어 있는지 깨닫지 못하고 사는 자들로 가득하다. 자신의 잘못으로 말미암아 마음에 상처를 입은 자들이 울고 있다는 사실 또한 그들에게는 관심 밖의 일이다. 많이 가지고 배운 자들이야말로 그 어느 누구보다 앞서 참회하는 자세를 가져야 한다."

언제까지 이런 말들이 자신을 제외한 다른 사람을 향한 구호로만 그쳐야 하는 것인가. '선택적 사고' 는 얼마나 사람을 혼란스럽게 하는지 모른다.

80년 11월 30일 신군부의 언론통폐합 작업으로 동양방송(TBC)이 역사속으로 사라졌다. 봉두완은 10년째 진행해온 TBC 라디오 〈뉴스전망대〉의 고별방송에서 몇 번씩이나 목이 메인다.

"여러분께서 그 동안 아껴주시던 이 〈뉴스전망대〉는 내 능력으로는 어찌할 수 없는 이유 때문에 여러분과 작별해야 될 순간에 이르렀습니다. (목이 메임) 그러나 역사는 쉬지 않고 계속 이어져갑니다. 자, 새로운 출발을 해야죠. 활기차게… (울음으로 잠시 중단) 열심히 살아갑시다……. 오늘은 1980년 11월 29일, TBC 〈뉴스전망대〉에서 바라본 오늘의 세계, 저는 더 이상 더듬지 않을 것입니다."

그로부터 일주일 후인 12월 6일자 신문에는 봉두완이 바로 그 언론통폐합을 추진한 민주정의당 마포·용산지구당 조직책에 임명되었음을 알리는 기사가 실렸다. TBC의 고별방송에서 눈물을 흘렸던 한 남자 아나운서는 바로 그 다음날 KBS통합 축하쇼에 나와 밝은 얼굴로 '새시대'를 외쳤다가 국민들의 '입 뭇매'를 맞았다. TBC 고별쇼에서 〈아직도 내 사랑〉이란 노래를 부르며 눈물을 흘렸던 여가수는 TBC를 통합한 KBS측으로부터 출연정지 통고를 받았다. 그런 일들이 다 소박하나마 역사의 기록으로 남아 있다. 그런데 90년대 후반에 들어서도 봉두완은 TBC를 회상하는 글을 통해 아직도 여전한(?) 분노의 감정을 드러낸다.

"TBC 출신들은 이스라엘 민족처럼 여기저기 흩어져 살고 있다. 도대체 뭘 하는 사람들이 무슨 생각으로 무슨 권한으로 신문방송을 통폐합한단 말인가. 역사의 흐름을 군데군데 끊어버리고 한데 어울려 살란다면 그것이 인류에 대한 죄악인 나치와 스탈린의 강제이주 정책과 뭐가 다르단 말인가."

고별방송에서 목이 메었던 TBC 논평위원 봉두완과 민정당 조직책 봉두완 그리고 영원한 방송인 봉두완은 전혀 별개의 인물인가. 혼란스러운 건 비단 나만의 과장된 감정일까.

봉두완이 특유의 박력과 명쾌한 진단으로 이 혼란의 사슬을 끊어주었으면 좋겠다. 봉두완은 '전망' 이란 말을 좋아하는 모양이다. 그가 진행한 프로그램의 이름에는 대부분 '전망대' 라는 말이 들어 있다. '전망' 이란 멀리 바라보거나 앞일을 미리 내다보는 것이다. 나는 개인적으로 방송인 봉두완의 전망 능력을 신뢰한다. 복잡한 시사문제도 그가 먹기 좋은 '전주비빔밥' 처럼 잘 버무려서 들려주면 모든 게 명확해진다. 늘 개운한 마음만으로 이 탁월한 능력을 가진 언론인의 목소리에 귀기울일 수 있기를 간절히 기원한다. '영원한 방송인 봉두완' 을 향한 한 시비꾼의 '화살기도' 다.

'얼음밥' 정신

이번에는 이외수를 살펴보자.

이외수는 망원경과 현미경을 동시에 사랑하는 사람이다. 상징적으로도 그렇고 실제로도 그렇다. 밤새 국립천문대의 천문학 박사와 별자리에 대해 토론하면서 천체망원경을 들여다보기도 하고, 또 '거액' 을 들여 일제 극현미경을 구입해 연못 침전물을 떼어내 그 속에 담겨 있는 대륙보다 넓은 세계를 살펴보기도 한다. 이러한 성향은 그의 작품에도 그대로 반영된다. 우리의 삶에 관한 근본적 물음들이 망원경적 시각이라면 소름 끼칠 만큼 치밀한 그의 묘사는 현미경을 보는 것처럼 생생하고 구체적이다.

94년 이외수는 『감성사전』이란 전혀 새로운 책을 선보였다. '감성' 이란 코드로 2백1개의 단어들을 재규정한 일종의 이외수식 사전이다. '눈물' 은 지상에서 가장 투명한 시(詩)라거나 '영혼' 은 우주 무임승차권이라는 식의 해설을 실어놓은 책인데 많은 사람들이 그의 독특한 감성에 열광했다. 그러나 이외수는 감성만으로 모든 것을 해결하려 들지 않는다.

『황금비늘』이란 그의 소설에는 조선시대 맹인들의 삶을 기술한 대목이

나온다. 이외수는 단 몇 줄의 그 문장을 쓰기 위해 17권의 『대동야승』을 독파한다. 소설의 리얼리티와 자료적 가치를 높이기 위한 노력이다. 『꿈꾸는 식물』의 배경으로 등장하는 정신과 병동의 리얼리티를 확보하기 위해서 정신과 의사를 수도 없이 만난 것은 물론이고 본인 스스로 정신병동에 입원할 생각까지 했다고 고백한다. 이외수식 감성과 리얼리티, 이 또한 상징적 의미의 망원경과 현미경이다. 감성이란 재능적인 측면이 많지만 리얼리티의 추구는 성실하고 치열한 노력과 노동을 전제로 한다. 어쩌면 이것이 그가 주장하는 '노력하는 재능'의 실체일지도 모른다.

'타고난 언어의 연금술사'란 평가는 마치 끌로 파는 것처럼 한 문장 한 문장을 새기는 그의 집념에 대한 또다른 표현이다. 한 동료 소설가는 이외수의 글에 대해 "은종이를 비비듯 신선한 음향을 뿌리는 감성의 문장"이라고 평가한다. 확실히 '문장'에 대한 이외수의 집착은 거의 광적이다. 그와 인터뷰를 했던 문학담당 기자는 소설에 대한 이외수의 집념은 남다른 데가 있는데, 자신이 보기에 그건 소설보다는 오히려 문장에 대한 집착 같다고 말한다. '은, 는, 이, 가'라는 조사(助詞) 하나의 선택에도 어찌나 공력을 들이는지, 소설 쓰기가 끝나면 조사까지 전부 외운다는 이외수의 말이 실감난다고 덧붙인다.

그렇지만 이외수는 자신에게 '언어의 마술사'라는 수식어는 어울리지 않는다고 말한다. 마술사는 속여야 하는데 자신은 속임수로 글을 쓰지 않고, 느낀 그대로 정직하게 쓰기 때문이라는 것이다. 낱말과 문장에 대한 이외수의 광적인 집착은 자신의 재능 없음에 대한 한탄으로 이어진다.

"웃기는 게, 어울리지 않는 낱말들이 한 문장 안에 함께 들어가면 글은 금방 나를 거부해버립니다. 교감과 조화가 이루어지지 않은 거지요. 이걸 달래려면 다시 며칠 밤을 뼈 깎듯 해야 하는데, 그러고 보면 나는 참 재능이 없는 소설가예요. 아마 지금까지의 작품들은 내가 워낙 떼쓰고 발악을 하니까

이외수

'그는 타고난 작가인가, 노력하는 작가인가?'
세상엔 간혹 이런 부질없는 질문들이 물어지곤 한다.
독자의 가슴속으로 파고드는 글을 쓰기 위해 한 문장 한 문장 피를 쏟아가며 나아가는 구도자에게,
한낱 '재능' 이란 단어가 도대체 무슨 소용이랴.

소설이 옆구리나마 조금 보여준 것뿐일 겁니다."

그의 독특한 '문장론' 은 역사가 길다. 25세 때 『강원일보』 신춘문예에 당선되어 문단에 데뷔한 이외수는 2년 후 소설공부를 위해 강원도 산골에 있는 객골분교의 소사 근무를 자청한다. 이곳에서 그는 무섭게 문장공부에 몰두한다.

"나는 한솥 가득 밥을 지어서 바깥에 내다놓았다. 얼음밥을 만들기 위해서였다. 더럽게 눈물겨운 겨울이었다. 얼음밥은 도저히 수저로 먹을 수가 없었다. 망치와 못으로 깨뜨린 다음 으적으적 씹어먹는 수밖에 없었다. 정신뿐만 아니라 내장까지도 투명해지는 느낌이었다."

몇 솥째의 얼음밥을 해먹은 후에 그는 '묘사적 문체' 의 핵심을 터득한다. 다른 작가들은 대부분 서술적 문체를 사용하는데 자신은 묘사적 문체를 사용한다는 게 그의 말이다. 언어를 생명체처럼 대하는 감각이 '묘사' 인데 이건 서술보다 몇 배나 어렵다고 한다. 우리에게도 익숙한 표현인 '시간을 죽인다' 는 표현도 그가 제일 처음 쓰기 시작한 묘사적 문체란다. 30여 년 동안 이외수의 문학 또는 예술활동은 이런 '얼음밥' 정신을 근간으로 한다.

재능, 육체의 증류주 한 잔

그는 인간의 의지나 정신력의 중요성을 누구보다 강조하는 사람이다. 80년대 초반 『칼』이라는 장편소설을 잡지에 연재할 때는 하루에 세 시간만 잠을 자면서 집필에 몰두했는데 어떤 때는 무박오일을 한잠도 자지 않고 원고지와 씨름을 하기도 했다. 식사도 하루에 한 끼씩만 먹었다. 배가 부르면 의식이 흐려지고 육신이 나태해지기 때문이다. 이외수가 지렁이를 자신의 사부로 여기는 것도 따지고 보면 '끊임없이 꿈틀거리는' 지렁이의 속성 때문이다. 꿈틀거릴 수 없는 자는 살아남을 수가 없고 자기의 존재를 부각시킬 수가 없다는 것이다. 땅속에 숨어 있으면서도 쉼 없이 꿈틀대며 토양을 비옥하게 만드는 지렁이처럼, 자신은 사람들의 정서를 비옥하게 만들기 위해 자신의 땅인 원고지를 끊임없이 파고든다는 것이다.

『벽오금학도』와 『황금비늘』 등 장편 2권을 쓰는 8년의 세월 동안 그는 방문을 뜯어내고 특별 주문한 교도소 철문을 달아놓고는 밖에서 걸어 잠근 후 그 안에서 글을 썼다. 일종의 '글감옥' 을 만든 것이다. 속칭 '식구통' 이라 불리는 구멍으로 밥을 받아먹고 용변도 안에서 해결했다. '기인 이외수' 의 또다른 해프닝으로 간주하는 사람들도 있긴 하지만 그런 차원의 문제는 아닌 것 같다.

이외수의 '얼음밥' 정신을 보고 있자면 예전에 군대 관련 다큐멘터리에서 본 적이 있는 유격훈련 장면이 떠오른다. 빨간 모자를 눌러 쓴 조교는 훈련생들이 기진맥진할 때까지 소위 '피티체조' 를 시킨다. 밧줄 하나 잡을 힘이 없을 때까지 피티체조를 시킨 후 유격훈련을 실시해야 정신력만으로 그 위험한 훈련을 무사히 치러낼 수 있기 때문이라는 것이다. 군 복무 경험이 없어 그런 이론이 실제로 어떤 효과를 발휘하는 건지 그건 잘 알 수 없지만, 시퍼런 칼날 같은 정신력을 유지하기 위한 이외수의 피티체조는 육체의 극한을 넘나든다. 그러니 육신이 온전할 리 없다.

현재 이외수의 모습에서 그가 학창시절에 농구, 탁구, 핸드볼 선수였다는 사실을 떠올리기는 어려울 것이다. 오랜 기간 엎드려 글을 쓴 탓에 허리가 고장났고, 너무 원고지를 가까이 대고 쓰는 버릇 때문에 왼쪽 눈의 수정체가 파괴되는 증상이 생겼으며, 과도한 음주와 불규칙한 식사 때문에 그의 위장은 하루 한 끼 약간의 죽 정도만 받아들일 수 있는 상태라고 한다. 폐결핵을 4번이나 앓은 탓에 한쪽 폐는 완전 기능 상실이며 골다공증도 심하다. 몸이 극도로 허약해져 그 좋아하던 술을 입에도 댈 수 없어 대신 차를 마신다. 사실

이외수의 음주는 그 양(量)이나 기벽(奇癖)에 있어서 일종의 전설이다.

결혼 첫해인 76년, 그는 병원에서 알코올중독 진단을 받는다. 한번 마시기 시작하면 무박삼일을 마셔야만 직성이 풀리는 주량이었고, 어느 때는 석 달 동안 하루도 거르지 않고 술을 마신 적도 있을 정도였단다. 술에 취하면 개집에서 잠을 자거나 쓰레기통 속에서 잠을 자는 습관이 생기게 되었고, 한 달 동안 마신 술병이 담벼락과 같은 높이로 마당에 쌓이던 시절이었다. 45㎏이던 몸무게는 38㎏으로 줄어들었고 급기야 자의식과 전혀 상관없이 손이 떨리는 수전증이 오기 시작했다. 가까스로 정신을 수습한 이외수는 술을 끊겠다고 결심한다.

갑자기 술을 끊으면 오히려 역효과를 초래할 우려가 있으니, 단계적으로 양을 줄이면서 끊으라는 의사의 지시가 있었지만, 그는 알코올중독의 진단이 내려진 그날부터 술을 한 방울도 입에 대지 않았다. 실제로도 그랬지만 이외수는 그 당시 자신이 가진 재산이라고는 정신력 하나밖에 없다고 굳게 믿었다. 그는 석 달 동안 술을 입에 대지 않았다. 술 생각이 치밀어 오를 때마다 콘크리트 벽에 이마를 들이받으며 수도자가 고행하는 기분으로 고통을 견뎌내었다. 결국 그는 정신력 하나만으로 알코올중독에서 벗어났다. 나는 직업상 알코올중독 환자를 간혹 접한다. 그래서 이외수처럼 술을 끊는 게 얼마나 어마어마한 고통과 의지력을 요구하는지 잘 알고 있다.

이외수는 의지나 정신력의 중요성을 역설할 뿐만 아니라 실천을 중시하는 사람이다. 그럴 경우 재능이라는 건 부차적인 문제일 수밖에 없다. 이외수는 자신이 재능이 없는 사람이라고 생각하며, 그런 재능 없음에 대한 열등감이 그나마 오늘의 이외수를 만들었다고 말한다. 새에 대한 인간의 열등의식이 비행기라는 괴물을 만든 것처럼 세상의 모든 진보란 열등의식을 그 원동력으로 삼고 있다는 것이다. 그러나 의식이 광기로 불타고 있다고 모두가 화가일 수는 없으며, 한쪽 귀를 자른다고 모두가 고흐일 수는 없다고 말한다.

전 생애를 바쳐서 열등감을 예술로 승화시킬 수 있는 의지가 있어야 한다는 것이다.

이외수 예술의 또다른 한 축인 그림에서도 이런 정신은 그대로 적용된다. 그의 그림은 소설가의 심심파적을 넘어선다. 원래 그는 화가가 꿈인 사람이었고 어릴 때부터 그림에 재능 있다는 소리도 많이 들었다. 춘천교대 시절 대학미전에도 입상한 경력이 있는 화가 지망생이었지만 '재능이 너무 부족하다' 는 생각에 '능력에 절망해서' 소설을 쓰게 되었단다. 그러나 지금 이외수는 작고한 화가들까지 포함해서 선정된 '춘천 미술인 1백 명' 에 포함될 만큼 인정받는 화가다.

94년에는 이외수 선화(仙畵) 개인전을 열었는데 신세계갤러리 개관 이후 최대의 관객이 몰렸다고 한다. 이외수는 우리 나라에서 유일하게 익필(翼筆)을 사용하는 화가인데, 익필은 부드러운 붓털 대신 장닭의 꽁지깃으로 만든 깃털붓을 말한다. 깃털은 물이나 먹이 묻지 않고 굴러떨어지기 때문에 먹물을 찍는 순간 화선지에 옮겨 단숨에 그려야 한단다. 말 그대로 일필휘지(一筆揮之)로 그림을 그려야 했을 테니 내공(內攻)의 예술혼을 중시하는 화가 이외수가 겪었을 고통이 어떠했을지는 미루어 짐작할 수 있는 일이다. 그는 이 전시회에 서른 다섯 점의 그림을 출품했는데 몇 년 동안 하루 8시간씩 붓하고 씨름하느라 어금니가 다 빠지고 원래 새까맣던 머리가 다 세버렸으며, 파지만 해도 여러 트럭이 실려 나갔단다.

성자의 등에 새겨진 채찍자국

이외수를 보고 있으면 들끓는 성욕을 끊으려고 돌로 자신의 성기를 짓이기는 수도자의 처절한 모습이 떠오르곤 한다. 이외수 매니아의 상당수가 아직은 치열한 삶의 정신이 파랗게 살아 있는 대학생들이란 건 우연의 일치가 아닐 것이다. 81년 문학평론가 이광훈은, 이외수는 언제나 대학생처럼 소설을 쓰는 것이 아닌가 하는 느낌을 갖게 된다고 적었다. 젊은 시절 그의 『겨울나기』나 『꿈꾸는 식물』을 읽으면서 마음속에 파랗게 날선 '칼' 을 품어본 경험이 있던 사람은 잘 알 것이다.

얼마 전 서울대생 1천 명을 대상으로 '좋아하는 작가' 에 관한 설문조사를 했을 때도 이외수는 당연하게 10위 안에 선정되었다. 한 20대 청년은 올해 쉰다섯 살이나(?) 된 이외수의 홈페이지를 방문해 그에 대한 존경과 애정을 표한다.

"선생님, 요새 『황금비늘』을 읽고 있어요. 어제는 선생님의 시집을 읽으면서 가슴이 묘하게 아려서… 〈가을동화〉 보고도 울지 않았는데, 눈물이 날 뻔했어요. 하나님의 말씀보다 더 강력하게 제 생활을 빨래해주시는 분, 그래서 선생님 만나게 해주신 하나님께도 오직 감사한 마음뿐입니다. 선생님의 순수함이 영원히 물들지 않기를… 새하얗기를 기도하고 또 기도하는 마음입니다."

그런 이외수를 보면서 나는 그가 가지고 있는 확실한 재능 한 가지를 발견하게 되는데, 그건 바로 '공감 능력' 이다. 그는 그의 아내가 임신만 하면 입덧을 같이하는 특이한 버릇이 있단다. 헛구역질은 물론이고 입맛이 떨어지며, 심지어는 개살구 같은 것을 한번 실컷 먹어보고 싶다는 충동 때문에 거의 환장할 지경까지 되기도 한다는 것이다. 아내가 큰애를 임신했을 때는 입덧이 유난히 심했는데 한겨울에 그의 아내가 갑자기 참외를 먹고 싶다고 말하자, 그도 견딜 수 없이 참외가 먹고 싶어서 혼난 적도 있단다.

물론 창작에 대한 이외수의 치열함은 '유사입덧' 의 특이현상을 능가한다. 그는 자신을 54세의 임신한 남자로 표현한 적이 있다. 언제 세상에 태어날지는 예측할 수 없지만, 자기 영혼의 모태 속에는 소설이라는 이름의 태아가 자라고 있다는 것이다. 컴퓨터게임에 빠진 아들과 어울리기 위해 게임도사가 된 사람이 이외수며, 그의 나이나 이미지에 걸맞지 않게 젊은 네티즌들과의 채팅에서 조금도 주눅들지 않는 수준급의 실력을 가진 사람이 또한 이외수다.

그의 공감력은 단순히 상대방의 말에 맞장구를 쳐주는 표피적인 교통(交通) 기술이 아니다. 그의 공감력의 바탕에는 누구의 가슴에도 눈높이를 맞출 줄 아는 이외수 표 '천혜의 순수'가 있기 때문이다. 그다지 정갈하지 않은 그의 외모에도 불구하고 그를 처음 본 아이들이 서슴없이 그의 품에 안긴다는 것도 그 한 증거가 될 듯싶다. 머리로 쓴 작품은 독자들의 머리를 아프게 하고 가슴으로 쓴 작품은 가슴을 아프게 하므로 자신은 늘 기력을 다해 가슴으로 작품을 쓴다는 이외수의 말도 비슷한 맥락이다.

인도의 한 성자가 다리 위에서 강물을 내려다보고 있는데 다리 아래로 배 한 척이 지나가고 있었다. 벌거벗은 노예가 땀을 뻘뻘 흘리며 노를 젓고 있는데 주인은 배가 느리다며 채찍으로 노예의 등을 후려쳤다. 그 순간 그 광경을 보고 있던 성자의 등에 채찍자국이 선명하게 드러났다. 이외수의 공감력은 마치 성자의 등에 새겨진 채찍자국 같은 것이다. '기인 이외수'의 이면에 따뜻한 가슴이 있는 '인간 이외수'가 존재할 수 있는 건 그런 이유다.

그는 아내의 생일날엔 무슨 일이 있어도 전날 밤에 자신의 손으로 미역국을 끓여서 아내의 생일상을 준비한단다. 지금도 이외수 책의 대부분을 출간하고 있는 출판사 사장과 맺은 인연은 한편의 휴먼드라마다. 자살을 생각할 만큼 극한상황에 몰린 젊은이 한 명이 이외수를 찾아와 그의 책을 출간하길 원했다. 너무나 처절한 그의 모습이 마음에 걸린 이외수는 어렵사리 산문집 한 권 분량의 원고를 넘겨준 뒤 어느 날 저녁 우연히 그 출판사를 찾았다.

"밤 12시에 가보니 전 직원이 라미네이트 코팅이 돼서 반짝반짝하는 책표지를 걸레로 하나하나 닦고 있어요. 새책을 왜 닦느냐고 물었더니 선생님이 정성을 다하라고 해서 그런다고 해요. 그 이야길 듣고 울었습니다. 이런 사람이면 내가 평생 도와주겠다고 결심했죠."

그 일화를 듣고 쓰러져가는 출판사 사장이나 편집장들이 수도 없이 그를 찾아와 한동안 '제목 바꾸기' 식의 이외수 산문집이 우후죽순처럼 쏟아져 나왔다. 하지만 이외수가 '글 장사'를 한다는 극렬한 비난에도 그는 모두 아홉 권쯤 되는 그 책들의 인세를 단 한 푼도 받지 않았다. 그의 표현대로라면 모두가 '눈물겹고 가엾은' 사람들이었을 뿐 '돈을 벌겠다는 것도 아니고 직원들 밀린 월급이라도 주겠다는 데야 어쩔 도리 없이' 제 살 자르는 심정으로 '그냥 눈 딱 감고' 원고뭉치를 건네주었다는 것이다. 그의 매니아들에게 들려주는 이외수의 육성도 그와 크게 다르지 않은 내용이다.

"동물은 먹이를 사냥하기 위해 전력질주하는 모습이 가장 아름다워 보이고 인간은 타인을 사랑하기 위해 희생하는 모습이 가장 아름다워 보이는 법이지요. 그대가 만약 동물적인 사랑에 성공하고 싶다면 먹이를 사냥하기 위해 전력질주하는 모습을 보여주시고 그대가 만약 인간적인 사랑에 성공하고 싶다면 타인을 위해 자신을 희생하는 모습을 보여주시기 바랍니다."

주여, 부디 석 장의 화투패를 쥐게 하소서

그러나 '인간 이외수'가 아닌 '작가 이외수'의 공감력은 그의 피와 혼을 요구한다. 그의 작중인물들은 피 흘리는 투사와 같다. 단지 남의 피를 요구하지 않고 자기 자신의 피로 대신할 뿐이다. 전쟁의 투사는 남의 피를 요구한다지만 구도자는 자신의 피를 요구하기 때문이란다. 그의 이런 정신은 71년도의 문단데뷔 당선소감에서도 그대로 드러난다.

"이외수, 이 망할 자식아. 세상이 썩어문드러지더라도 너만은 절대 썩지 말고 영악스럽게 글을 쓰도록. 그러나 요절하지는 말도록. 마침내 나와 나의 언어들이 아름다운 비극으로 남아서 순수, 그 누구도 잊을 수 없는 눈물이 되기를 빌며 살기를."

그는 그 약속을 쉰다섯 살이 되도록 지키고 있다. 그것은 어쩌면 젊은 이들이 이외수란 인물에게 보내는 존경심의 원천일지도 모른다. 사랑의 열병도 30개월 정도만 지나면 일상적인 감정상태로 돌아온다는 연구결과가 있다. 사랑에 빠진 사람의 뇌에서는 일종의 중독성 물질이 분비되어 극치감이나 흥분감 등을 느끼게 되는데 이 물질의 유효기간이 30개월 정도라는 것이다. 사랑 같은 달뜬 감정이 지속되면 결국 정신적 에너지가 소모되므로 인체가 스스로 자기방어 작용을 하기 때문이다. 사랑처럼 좋은 감정도 그러한데, 하물며 이외수처럼 평생 동안 서슬 퍼런 날을 벼리면서 칼 같은 작가정신을 유지하려면 심신의 상태가 어떨 것인가.

그는 장편을 쓰면서도 항상 처음부터 거듭 읽고 고치고 또 그 다음을 쓰는 방식으로 끔찍할 정도로 반복하기 때문에 작품을 끝낼 때쯤이면 조사 하나까지 깡그리 외운다. 본인 스스로도 자신에 대해서 진저리가 쳐진다고 말할 정도지만 그런 게 작가정신이라고 믿는단다. 이렇게 작업을 하면서도 이외수는 늘 자신의 재능에 절망한다.

"밤을 새워 글을 써본들 무슨 낙이 있으랴. 언제나 닿아오는 것은 절망뿐이다. 써놓고 다시 읽어보면 엿 같다는 생각만 든다. 마누라는 옆방에서 잘도 잔다. 백 매를 쓰고 천 매의 파지를 만든다. 그리고 다시 써놓은 백 매를 태워버린다. 울고 싶은 심정뿐이다. 기침을 한다. 목구멍에서 약간의 피비린내가 나고 있다. 어디까지 망가져 있는 것일까. 그러나 망가져도 좋으니 하나만 쓰게 해다오."

이 정도면 그가 강조하는 구도자(求道者)의 자세가 따로 없다. '한 소리' 를 얻기 위해 용맹 정진하는 구도자의 모습을 보며 제3자의 입장에서 재능이 있네 없네를 따지는 게 무슨 의미가 있을 것인가. 이외수를 향해서 들이대는 재능이란 잣대는 그런 것이다. 그에게 '타고난 작가' 란 칭송은 아무런 의미가 없다. '뼈를 깎는 구도자' 의 모습이 있을 뿐이기 때문이다.

끝으로 81년 『장수하늘소』의 작가후기에 쓰여진 이외수의 목소리를 들어보자.

"마지막 피 한 방울이 마를 때까지 온갖 방법으로 다 시도해보겠습니다. 지금까지는 모두 실패해버렸지만 주여 마흔여덟 장의 화투를 다 모아야만 고도리에서 스톱을 할 수 있는 것은 아닙니다. 필요한 것은 단 석 장이면 됩니다. 언제쯤 필요한 석 장이 제게 쥐어질는지 저로서는 도무지 짐작조차 할 수가 없습니다."

이 놀라운 '재능을 가진 구도자' 가, 필요한 석 장의 화투패를 쥘 때까지 오래오래 건강하기를 진심으로 바란다.

나는 열등감을 '선물'받았다

봉두완과 이외수는 우리의 삶에서 재능이란 게 어떤 의미가 있는가를, 또 재능이란 도대체 무엇인가를 상징적으로 보여주는 인물들이다. 때로 재능은 우리들의 눈을 멀게 한다. 그래서 우리 같은 범재(凡才)들은 악마에게 영혼을 팔아서라도 세상에서 제일 가는 재능을 얻고 싶어하는 무의식적 욕구를 만나게 된다.

야사 하이페츠는 20세기 최고의 바이올리니스트로 일컬어지는 사람이다. 그는 음악비평가조차 그의 숭배자나 예찬자로 바꾸어버릴 만큼 압도적 재능을 타고난 사람이었지만 그로 인해 미샤 엘만을 비롯한 다른 일류급 바이올린 주자들은 헤어나올 수 없는 열등의식에 시달려야 했다.

재능이란 동전의 양면처럼 늘 두 얼굴을 가지고 있다. 뉴욕의 신체장애자회관에 적힌 시의 한 구절은 우리에게 많은 것을 생각하게 한다.

"나는 재능을 달라고 부탁했다. 그래서 사람들의 찬사를 받을 수 있도록. 하지만 난 열등감을 선물받았다. 신의 필요성을 느끼도록."

만일 당신이 신에게 꼭 한 가지 재능을 요구할 수 있다면 그것은 무엇인가.

정형근 vs 마광수

피해의식,
'시대와의 불륜' '시대와의 불화'

왜 다들 나만 갖고 그러는 걸까? 왜 항상 나만 손해를 보게 되는 걸까?
세상이 모두 등을 돌려버린 것 같은 이런 느낌, 즉 피해의식은
그러나 반드시 외면적인 모습과 일치하지는 않는다. 때론 타인의 피해의식을
조장하는 것처럼 보이는 사람들에게서도 피해의식이 드러나는 경우가 종종 있다.
정당한 피해의식과 부당한 피해의식을 구분하자는 이야기는 아니다.
하지만 어떻든 그 '손해'의 정체가 무엇인지는 한번쯤 따져봐야 하지 않을까?

(정형근 vs 마광수)

피해의식, '시대와의 불륜' '시대와의 불화'

왜 다들 나만 갖고 그래?

세상살이는 불화(不和)의 연속이다. 주위 사람들과의 자잘한 토닥거림, 또다른 자신과의 내면적 불일치, 불합리한 제도로 인한 개인의 억울함 등 우리의 일상에서 갈등을 유발시키는 요인은 너무나 많다. 그런 갈등 요인들이 많을수록 사람들은 불화의 감정을 더 많이 느낀다. 깨어 있는 의식이나 튀는 행동, 미심쩍은 과거, 부풀려진 괴담, 스캔들, 천재성, 앞선 생각을 가지고 있는 사람들이 겪게 되는 불화의 괴로움은 범인(凡人)의 그것보다 정도가 훨씬 심각하다. 특히나 대중적 인지도가 있는 인물일 경우 그런 불화는 개인적인 수준을 넘어선다. 작가 이문열의 산문집 제목을 차용해서 말해본다면 '시대와의 불화' 쯤이 될 것이다.

반체제 지식인이나 전위적인 예술가 혹은 치열한 사회의식을 가진 시민운동가들은 모두 시대와의 불화를 겪는다. 정도의 차이가 있을 뿐 대중예술인이나 정치가도 예외는 아니다. 시대와의 불화가 심화되면 그 당사자들은 전투적이거나 냉소적이 되는 경우가 많다. 그러나 가장 심각한 건 '피해의식' 이 내면화된다는 것이다. 그들은 이 시대가 자신의 천재성이나 대의(大義) 정신을 외면하는 현실에 좌절하다가, 질책하고 억압하는 양상으로까지 번지면 분노하는 한편으로 자신도 모르게 몸과 마음이 위축된다. 자기방어 기제가 작동하기 때문이다. 바로 피해의식이다. 한때 시중에서 유행되던 '왜 나만 갖고 그래?' 의 일상적 수준을 넘어서 증세가 심각해질 경우 명백한 정신질환인 '피해망상' 으로까지 발전한다.

정형근 의원과 마광수 교수는 '시대와의 불화' 를 겪고 있는 사람들이다. 당연히 두 사람 모두 적지 않은 '피해의식' 이 내면화되어 있을 것이라는 게 내 생각이다. 이 대목에서 정형근 의원 때문에 고개를 갸웃하는 사람이 적지 않을 것이다. 정 의원이 시대와의 불화를 겪고 있다는 의견에 대해서 '어이없다' 는 식의 감정을 내비치는 사람도 있을 것이고, 재선의 국회의원인 그에게 무슨 피해의식이냐며 코웃음을 치는 사람도 있을 것이다.

그러나 사람의 심리란 객관적 현상과 반드시 일치하지는 않는다. 객관적으로 명백하게 가해자인 사람이 본인 스스로는 피해자라고 굳게 믿고 있는 경우도 있고, 피해자이면서도 턱없이 자신의 허물을 탓하는 사람도 있다. 그렇게 본다면 정형근 의원이 이 시대와 겪으면서 생겨난 '피해의식' 도 이해 못할 바는 아닐 것이다. 그러나 정형근 의원과 마광수 교수의 '피해의식' 은 양적으로나 질적으로 많은 차이가 있다.

이렇게 한번 예를 들어보자. 걸핏하면 아내를 구타하는 남자가 있다. 물론 그때마다 그에게는 나름대로의 합리적인 이유가 있다. 그러나 그의 아내는 남편이 그녀의 옷에 묻은 먼지를 털어주려고 손만 쳐들어도 소스라치게 놀란다. 남편은 혀를 끌끌 찬다. 자신의 아내가 지나친 피해의식이 있다는 것이다. 그녀의 입장에서야 억울하기 짝이 없는 말이지만 '피해의식'이 있다는 말인즉슨 옳다. 그런데 이따금 그 남자는 그의 아내가 했던 '맞을 짓'(?)을, 힘있는 다른 사람과의 관계에서 자신이 하고 있다는 사실을 자각할 때가 있다. 그럴 때 그에게는 과장된 자기방어 기제가 작동되고 그러면 어이없다는 상대방의 반응이 뒤따른다. '당신, 나한테 무슨 피해의식 있어?' 이런 경우 아내와 남편 모두 '피해의식이 있다'는 진단은 둘 다 틀리지 않다. 앞서 말한 것처럼 질적, 양적인 차이가 있을 따름이다.

정형근 의원과 마광수 교수의 정치행동과 지적 활동을 찬찬히 분석하다보면, 사람들이 피해의식을 가지게 될 때 생기는 양면성 혹은 그때의 미묘한 심리적 차이를 볼 수도 있지 않을까.

먼저 정형근 의원에 대해서 살펴보자.

최악의 서울대 총학생회장

작년 11월 한 인터넷 웹진에서 '역대 서울대 총학생회장 출신 중 최악의 인물은 누구인가'를 묻는 네티즌 선거를 실시했다. 당선자(?)는 현 한나라당 국회의원 정형근이었다.

그가 뽑힌 이유는 세 가지다. 첫째, 80년대 공안검사 시절부터 민주화 인사에 대한 고문을 주도했고, 둘째로 서울대라는 시가 2억 원짜리 브랜드를 팔면서 학력주의를 조장했으며, 마지막으로는 중요한 정치적 사안마다 신빙성 없는 폭로전을 펼치며 '식물국회'로 몰고 가기 때문이라는 것이다. 물론 이 네티즌 조사는 자칫 유명인사 중에서 워스트 드레서를 뽑는 행사처럼 선정적일 수도 있고, 특정 연령대의 시각만이 반영된 조사일 수도 있다. 그럼에도 이 조사결과를 정형근에 대한 글의 첫머리로 시작하는 것은 앞서 밝힌

세 가지 선정 이유 속에 정형근에 대한 세간의 인식과 그의 인간적 성향이 함축적으로 들어 있다는 생각 때문이다.

재선의 국회의원이 된 지금까지 끊이지 않고 제기되는 고문 전력 시비, 자타가 인정하는 지나칠 정도의 엘리트주의, 폭로 또는 공작정치의 새로운 장르를 개척한 정보맨 출신의 정치인, 그게 정치인 정형근에 대한 세간의 인식이다. 거기에 권위주의적 성격이나 놀라울 정도의 치밀함, 특이한 피해의식, 소신을 강조하면서 자존심을 중시하는 그의 스타일을 보태면, 그게 '정치인 정형근' 과 '인간 정형근' 의 대체적인 면모다.

그런데 조사결과를 보면서 정형근이 6 · 8부정선거를 규탄한 서울대 총학생회장 출신이라는 사실에 놀라움을 표하는 사람들이 의외로 많다. 지금의 정형근과는 어쩐지 잘 어울리는 이미지가 아니라서 그런 모양이다. 그러나 정형근은 검사 임용 때도 학생회장 경력 때문에 '신원특이자' 로 지목돼 애를 먹은 사람이다.

정형근은 1945년 경남 거창에서 태어나 초등학교 4학년 때 부산으로 전학을 했다. 경남고를 수석으로 졸업하고 서울대 법대에 진학한 후 법대 학생회장과 총학생회장을 하고, 사법고시에 합격한 뒤 미국 미시간대에서 석사 학위를 받고 서울대에서 법학박사 학위를 받은 수재다. 10년 동안의 검사 생활을 거쳐 안기부에서도 핵심 요직만 역임하다가 잠깐 동안의 변호사 생활을 거쳐 지금은 한나라당의 재선 국회의원이다. 이 정도의 경력이라면 엘리트주의 냄새가 나지 않는 게 오히려 이상할 정도다.

그러나 그 이면에는 4남 2녀중 장남으로, 생각나는 이사 횟수만 50회가 넘는다는 가난에 대한 처절한 기억이 있다. 어떤 때는 집을 구하지 못해 일가족이 헤어져 살던 때도 있었고 아침 점심을 샘물로 대신하면서, 수업료 1천원을 내지 못해 수업시간에 쫓겨난 적도 있었단다. 물론 대학도 고학으로 마쳤다. 그의 성장배경과 사회적 경력만 놓고 본다면 정형근은 진작에 다큐멘터리 〈성공시대〉에 등장했어야 할 인물이다. 거친 환경 속에서 고단한 삶을 살아가는 많은 청소년들에게 그의 고난과 성공은 얼마나 큰 희망을 안겨주겠는가 말이다. 그런데 2000년 현재의 젊은이들은 정형근을 역대 최악의 서울대 총학생회장으로 꼽고 있다.

'양식 있는 엘리트가 어떻게 고문을 할 수 있겠습니까?'

정형근은 자신의 부정적 이미지의 대부분이 안기부 근무 경력 때문일 거라고 짐작한다. 100% 그런 건 아니겠지만 정형근을 거론할 때마다 그 부분이 불거져 나오는 걸 보면 전혀 엉뚱한 해석은 아닌 모양이다. 검사 출신인 그는 지난 83년 안기부 법률담당관을 시작으로 대공수사국장, 기획판단국장, 수사차장보, 제1국장, 제1차장 등의 핵심 요직을 두루 거쳤다. 정형근이 검사의 신분으로 안기부에 파견된 경위도 그의 엘리트주의를 부추길 만하다.

83년 초, 안기부에서 처리한 간첩사건이 대법원에서 무죄로 판결된 일이 있었다. 노신영 당시 안기부장이 제일 유능한 검사를 뽑아오라고 지시해 안기부, 검찰, 법무부에서 각기 1등에서 10등까지 리스트를 만들었는데 그 세 군데 모두에서 1등으로 추천된 사람이 정형근이었다. 이렇게 출발부터가 화려했던 그는 엘리트주의가 뼛속 깊이 각인된 사람이다. 그가 안기부 대공수사국장으로 재직시 박노해 시인에게 했다는 말은 워낙 유명해 전설처럼 인구에 회자된다.

"너 같은 공돌이가 어떻게 서울대 출신 부하들을 거느릴 수 있느냐. 너의 시나 글들은 모두 서울대 출신들이 써준 것 아니냐."

소위 '민족해방노동당 사건'으로 연행된 심진구 씨도 비슷한 경험을 했다고 증언한다. 정형근이 마도로스 파이프 담배를 입에 문 채 다가와서는 비꼬는 말투로 물었다는 것이다.

"「선진적 노동자의 임무」, 이것 네가 썼다며? 고등학교밖에 안 나온 놈이 이걸 써? 네 뒤에 있는 놈을 대."

정형근은 안기부에 연행되어 조사를 받는 운동권 인사 중에서도 자신의 출신학교인 서울대 등 명문대 출신이어야 어느 정도 인정해주었다고 한다. 어느 여고에서 서울대와 명문대를 진학할 만한 학생들의 반은 장미, 백합 등의 이름을 붙여주고 그렇지 않은 반의 학생들은 '기타반' 또는 '들꽃반' 이라고 불렀다던가. 아마 그 학교에도 정형근처럼 엘리트주의자를 자처하는 인물들이 많았던 모양이다.

엘리트주의 신봉자 정형근은 13년간 안기부에 근무하면서 서경원 · 임수경 방북 사건, 김낙중 · 이선실 간첩 사건, 사노맹 사건 등 대형 공안 사건을 직접 수사하거나 지휘했다. 얼마나 대단한 능력을 발휘했던지 이 기간에 보국훈장 천수장, 보국훈장 국선장 등 훈장을 세 번이나 받기도 한다. 그러나 정형근이 안기부에서 활동한 '절정의 40대' 는 두고두고 그의 발목을 잡는 원죄의 기간이 되어버린다. 바로 이 시기의 활동에 대해서 끊임없는 고문 의혹 시비가 일어나고 있기 때문이다.

'고문 국회의원 정형근을 심판하는 모임' 을 비롯한 수많은 시민단체와 숱한 지식인들이 그의 고문 전력을 문제 삼았지만 정형근은 명예훼손 소송도 불사하겠다며 펄쩍 뛴다. 그래서 이 문제에 대해서는 아직도 '의혹' 이나 '시비' 라는 단어를 쓸 수밖에 없다. 바로 이게 정형근과 대한민국의 비극이다. 당시 현역 국회의원이던 서경원은 정형근에게 고문을 당해 피를 세 그릇이나 받아냈다고 증언을 하고, 고문의 현장에서 그와 몸서리쳐지는 대면을 했다는 증언자들이 무수히 많지만 정형근은 당당하게 자신의 무고함을 주장한다.

"99년 4월, 서경원 전의원의 비서관 방양균 씨는 유엔인권위원회가 열리는 제네바까지 따라와 내가 고문했다고 떠들고 다녔습니다. 내가 참다 참다 고소를 했더니, 그 뒤로는 방씨가 내 주변에 얼씬거리지도 않았습니다. 이것만 봐도 내가 고문했다고 주장하는 사람들이 얼마나 거짓말을 하고 있는지 다 알 겁니다."

현역 의원이 그 정도로 당했다면 일반 국민들은 어떻겠느냐는 서경원 전의원의 탄식에도 정형근은 특유의 엘리트의식을 내보이며 항변한다.

"서울법대와 검사 출신의 양식 있는 엘리트가 어떻게 국민의 대표기관을 때리고 피를 세 그릇이나 받아낼 수가 있습니까."

그의 억울한 사연(?)은 계속된다.

"안기부 조사실에는 비디오 카메라가 다 설치돼 있습니다. 다 찍히는데 어떻게 고문을 합니까? 내가 수사할 땐 그 많은 사건을 수사하면서도 고문 시비가 한 건도 없었습니다. 정형근 이름으로 고소당한 것 있습니까?"

슬쩍 한 발 양보하는 여유까지 보여준다.

"수사를 하다보면 손으로 푸싱을 하거나 뺨을 한 대 때리거나 한 적은 혹시 있을지 몰라도 고문을 했다면 내가 살아 있을 수 있겠습니까?"

도대체 정형근이 생각하는 고문의 수준은 어떤 것일까. 심진구 씨의 증언처럼 37일 동안 하루도 빠지지 않고 잠자는 시간 외에는 수사관들로부터 돌아가면서 계속 맞아 피오줌을 흘리고, 잘 때는 팬티가 붙어 야전침대에 누울 수조차 없을 정도가 되어야 고문이라고 할 수 있는 것인가.

한 사내가 늘 뒷짐을 지고 파이프 담배를 문 채 2~3일에 한 번씩 고문 현장에 나타났는데 그때마다 수사관들은 일동 기립하여 그의 지시에 귀기울였다고 한다. 그 사내가 "이제 불 때가 되지 않았어?"라며 고문을 '예고'하고 돌아간 다음에는 어김없이 더 강도 높은 고문이 가해졌단다. 그래서 고문 현장에서 파이프 담배의 사내를 마주쳤던 사람들은 그가 다녀가고 나면 늘 공포에 떨곤 했다는 것이다. 그런 의혹을 받고 있는 사내는 도대체 누구인가. 고문을 당했던 사람들은 육체적 고통이나 공포심 때문에 모두 심신이 정상적이지 않은 상태라서 헛것을 보았거나 다른 사람과 착각을 했던 것일까. 꼭 그렇지만은 않은 것 같다. 92년 이선실 간첩단 사건으로 구속된 적이 있던 장기표 씨는 정형근과 서울법대 동문이다. 그는 작년 1월 한 잡지를 통해 정형근에게 공개적으로 편지 한 통을 보낸다.

"잠시나마 교정에서 학창시절을 함께 보낸 적이 있는 나도 당신으로부터 어처구니없는 일을 당할 정도였으니 당신이 국가안전기획부에서 근무하는 동안 저지른 반인간적인 일은 세인의 지탄을 받기에 충분하오."

계속 되풀이되는 얘기지만 명명백백하게 밝혀야 모두가 억울하지 않다. 고문 의혹이 사실이 아니라면 정형근 자신도 얼마나 억울하겠는가. 강준만 교수의 말처럼, 모두가 억울하다니 하루 빨리 '고문조작 의혹 규명에 관한 특별법'을 만들어 모든 진상을 규명해 이 나라를 영원히 고문 없는 나라로 만들어야 옳다.

국가를 위해서 열심히 일한 죄?

이런 의혹에 시달리면서도 그의 안기부 재직 시절에 대한 자부심은 남다른 데가 있다. 그 자체가 잘못되었다는 건 절대 아니다. 그의 소신에 대해서 말하고자 함이다. 자신이 안기부 수사국을 맡으면서 영장도 없이 연행하여 5,6개월씩 무단 감금하는 등의 불법을 지양하고 형사소송법 원칙에 따라 절차를 갖추도록 했단다. 그래서 자신이 그 많은 사건을 수사하면서도 고문 시비가 한 건도 없었다는 게 반복되는 그의 주장이다. 자신은 안기부에서 부장도 하지 않았고 예산을 만지는 일도 하지 않고 오직 수사 전문가로만 일했다는 자부심이 있다고 말한다.

"오해의 소지가 있는 일도 했겠지만 나름대로 기준과 잣대를 갖고 최선을 다했다고 자부합니다. 안기부 근무시 사회가 좌파이념으로 물결칠 때였던 만큼 나라도 몸으로 막아야겠다고 생각했고, 그런 역할을 충실히 해낸 내가 자랑스럽습니다."

주로 대공수사 업무에 종사하면서 국가안보를 지키기 위해 최선을 다했는데 역설적으로 바로 그 점 때문에 부정적 오해를 많이 받고 있다고 말한다. 그러나 자신이 걸어온 길을 되돌아볼 때 적어도 자신과 가족들에게 부끄럽지 않게 살아왔기 때문에 당당할 수 있단다. 운동권은 운동권대로, 자신은 자신대로 소신을 다했을 뿐이라는 것이다. 소신파로 알려진 정형근다운 말이다. 그러나 '나름대로의 소신'은 몰가치적인 현상에도 '나름대로의' 의미를 부여하는 부작용을 낳는다. 지극히 개인적인 차원에서만 보면, 백백교 같은 사이비 종교의 교주를 위해 목숨을 바치는 광신도의 믿음이나 모진 고문에도 굴하지 않고 지조를 지키다 죽어가는 독립투사의 신념은 다르지 않다. 소신이란 '객관성'이나 '공동선(共同善)'을 담보로 할 때 그 진정한 가치가 있는 법이다.

고문 의혹에 넌더리를 내는 정형근에게는 좀 미안한 얘기지만, 나는 고문기술자로 알려진 이근안 전경감이 오랜 도피생활 끝에 자수를 해서 구속될 당시 그의 아내가 한 말이 아직도 기억에 남아 있다. 미장원을 경영하면서 생계를 유지한다는 그의 부인은 평생을 국가를 위해서 봉사한 죄밖에 없는 자신의 남편이 왜 이렇게 짐승처럼 매도되고 처벌을 받아야 하느냐며 카메라를 들이대는 기자를 향해 강한 적의를 드러냈다. 이근안에게 고문을 당해 육체와 영혼이 완전히 파괴된 피해자들의 입장에서 보면 억장이 무너질 얘기겠지만 이근안과 그의 가족들 입장에서는 충분히 그럴 수 있지 않겠는가. 국가공무원으로서 소신을 가지고 맡은 일에 최선을 다했을 뿐인데 왜들 그러느냐고 말이다. 정형근도 비슷한 말을 한 적이 있다.

"나를 인간적으로 매장시키고 죽이려 하는데 가만 앉아서 죽을 내가 아니다. 내가 죄가 있다면 국가를 위해 열심히 일한 죄밖에 없다."

유권자의 공정한 심판을 통해서 정치에 입문한 정형근의 입장을 고려해본다면 그의 답답하고 분통 터지는 심정을 이해 못할 이유가 없다. 그러기에 더더욱 정형근은 고문 의혹에 대한 세간의 인식에 대해서 개인적 차원의 짜증만 내지 말고 객관적이고 명쾌한 해명을 해야 한다. 사람들이 단순히 그가 안기부 출신이라고 의혹의 눈초리를 보내는 것은 아니지 않은가. 정보 전문가 출신이라고 정치를 못할 이유가 없다. 오히려 득이 되는 경우도 있을 수 있다.

그는 안기부 시절 익힌 탁월한 정세판단력과 정보장악력으로 해서 초선 의원 시절부터 당 지도부의 신임을 얻기도 했다. 또 그의 지적처럼 조지 부시는 CIA국장 출신이지만 미국 대통령을 지냈다. 요즘 전세계적으로 인기를 얻고 있는 블라디미르 푸틴 러시아 대통령도 마찬가지다. 처음에 푸틴이 대통령이 되었을 때 러시아 국민들은 국가안보위원회(KGB)에서 일한 그의 과거 때문에 좋지 않은 상상을 하며 의혹의 눈길을 보냈지만, 1년이 넘은 지금 푸틴의 인기는 러시아 역사상 어느 지도자보다 높으며, 지금도 계속 상한가를 치고 있다고 한다.

그러나 확고한 소신을 가진 데다 지역구에서 두 번이나 당선된 정치인 정형근에겐 아직도 음습한 공작정치의 꼬리표가 따라다닌다. 본인의 정치 행태가 그런 측면도 있지만 안기부 출신이라는, 특히나 5·6공 때 굵직한 시국 사건의 핵심에서 구설수에 올랐던 전력이 아직도 마이너스 요인으로 작용하는 것이다. 동시에 이러한 요인은 정치인 정형근에게 피해의식을 불러일으키는 원천이 되기도 한다.

폭로전문가의 폭로정치에 대한 피해의식

미래산업 정문술 전(前)사장은 수십 년간 중앙정보부에서 근무하다가 사업을 시작해 지금은 존경받는 기업인의 한 표상이 된 사람이다. 그는 사업을 시작하면서 가장 힘들었던 것으로 '전직' 에 대한 차가운 시선을 꼽았다. 중정 과장 출신이라는 사실을 밝히면 되는 일도 없었고 보이지 않는 사업상의 불이익이 따랐다는 것이다. 주홍글씨를 가슴에 달고 다녔다고까지 표현할 정도였으니 그 고충이 얼마나 대단했는지 짐작이 간다.

정보맨에서 기업가로 변신하는 것이 그 정도로 어려운 일이었으니, 대중정치인으로 변신하기 위해서 치러야 하는 마음고생은 더 말할 나위가 없을 것이다. 그런 이유를 근거로 정형근은 지금도 자신이 폭로정치의 피해자고 공작정치의 희생양이라고 누누이 주장한다.

95년 2월 당시 권노갑 의원이 안기부가 작성한 '지자제 연기' 문건을 폭로해 하루아침에 안기부 2인자 자리에서 쫓겨났다는 것이다. 'DJ 저격수' 라고까지 불리는 자신의 위치 때문에 '정의를 지키는 부산의 아들' 인 자신이 부당하게 공작정치의 희생양이 될 뿐 아니라 오히려 공작정치의 주도자로 몰린다고도 항변한다. 정치나 역사는 결국 이긴 자의 기록이라던가. 그런 측면을 감안해본다면 정형근의 말이 전혀 근거가 없지는 않을 것이다.

그러나 정형근은 국회의원에게 부여된 면책특권과 언론의 메커니즘을 적절히 활용해 폭로 효과를 극대화하는 정치행태를 보인다는 평가를 받고 있는 대표적인 정치인이다. '언론대책 문건 파동' 을 비롯해 폭로전의 앞뒤에는 언제나 정형근이 있었다. 그와 관련해 '오늘도 폭로의 외길을 걷는다' 거나 '폭로 전문가' 라는 닉네임이 심심찮게 등장한다. 물론 본인은 이런 유의 표현에 심한 불쾌감을 나타낸다. 성실하고 치열한 의정활동의 결과를 폄훼(貶毁)하는 발언이라는 것이다. 그럴 수도 있겠다. 표현을 달리 해보자.

정형근

호랑이가 고양이를 제일 싫어하는 건 너무 닮아서라던가.
정보맨이요 폭로전문가인 그가 공작정치와
폭로정치에 대해서는 과도한 피해의식을 보인다.
정녕 '국가를 위해 일한 죄' 밖에 없다면 그를 괴롭히는 피해의식의 정체는 무얼까?

정형근 의원은 정치권을 긴장시킬 만한 발언의 소재를 가장 많이 가지고 있는 국회의원 최고의 전략정보통이다. 작년 10월 '동아금고 불법대출 및 로비의혹 사건' 과 관련하여 한 신문에 실린 시사만화는 그의 명성을 유감없이 보여주고 있다. 의기양양하게 '폭로용 뻥튀기' 기계를 돌리고 있는 정형근에게 '정치권' 이란 이름의 사내가 난감한 표정으로 "꼭 이럴 때 '뻥' 해야겠어?" 라고 묻는다. 이럴 때 그가 폭로하는 내용의 실체적 진실은 두번째 문제다. '뻥' 이라도 상관없다는 말이다.

그는 상대방의 불안감이 최고조에 달했을 때 '뻥' 할 수 있는 요령을 누구보다 잘 알고 있기 때문이다. 정보를 수집하고 적절하게 가공해서 적시에 활용하는 능력 면에서 단연 그는 대한민국 최고의 전문가다. 그가 안기부의 핵심 정보를 접하는 기획판단국장과 대공수사국장을 거치고 정계 입문 후에는 '탁월한 정보력' 을 인정받아 당의 주요 전략 · 전술 수립을 총괄하는 기획위원장과 정세분석위원장을 역임한 게 우연한 일은 아닌 듯싶다. '정 의원의 폭로에는 실수가 없다' 는 이회창 총재의 믿음이 근거 없는 말이 아니라는 것이다. 게다가 그의 '정보 공개' 는 최종적으론 늘 정치권을 겨냥하기 때문에 파괴력이라는 면에서 상상을 초월한다. 이럴 때 정치권은 제비족의 폭로 위협에 전전긍긍하는 탈선 주부의 심리상태와 크게 다르지 않다. 아무리 우리 나라 정치라는 게 '그들만의 이해관계' 라고는 해도 보기에 딱하다.

그는 대중정치인으로서 정보맨 냄새가 나는 보직들을 맡으면 손해가 나는 일인 줄 잘 알고 있지만, 당과 총재가 어렵고 정부와 여당이 하는 일이 자신의 정의감과 어긋나기 때문에 어쩔 수가 없단다.

그런 이유들 때문인지 정형근은 조순 총재와 이기택 총재대행에 이어 이회창 총재로부터도 절대적인 신뢰를 받고 있다. 99년 10월 언론대책 문건 폭로 후에 열린 한나라당 의원총회에서 한 동료 의원은 "언론자유 수호를 위해 노력한 공로로 정형근에게 노벨상을 줘야 한다" 고 목소리를 높이면서 그를 노벨상 수상자로 추천하자고까지 말한다. 약간 개그성을 포함한 발언이라고 믿고 싶지만, 술좌석이 아닌 의원총회라는 공식석상에서 이런 얘기를 들을 만큼 정보맨 출신의 이점을 최대한 활용하는 사람이 정형근이다.

탁월한 정보통으로서 존재가치를 유지하기 위한 그의 보안의식이나 정보수집 노력도 예사롭지는 않다.

"정보가 있는 곳이면 어디든 달려갑니다. 밤에도 새벽에도, 산이나 들에서도 만나고 보안을 위해 몇 십 킬로미터씩 기차를 타고 가면서도 접촉을 합니다."

정형근 개인을 위한 '사설정보팀'의 존재 여부가 정치 쟁점화될 만큼 정보에 대한 그의 집착은 집요하다. 그런가 하면 정보맨 출신답게 폭로정치나 전력 시비 등의 여론에 대응하는 패턴도 지극히 전략적이다. 예를 들어보면 이렇다.

"내가 말하는 것이 무조건 허위라고 하지 말고 구체적인 예를 들어보라."

이때 누군가 그가 폭로한 정보의 허구성을 지적하면 '여러 가지 확인할 수 있는 정황과 근거가 있었다. 지금은 말할 단계가 아니다'는 식으로 대응한다. 혹은 '진행상황 봐가며 결정하겠다'거나 '괜한 정치공세다. 일일이 대응할 필요가 없다. 그 문제에 대해서는 언급하지 않겠다' 등이 그의 단골멘트다. 주변 인사들은 정형근의 이런 전략적 발언들을 철석같이 믿는 눈치다. 예전에 정형근은 이른바 진승현 게이트에 연루돼 곤욕을 겪었다. 80억 수수설에 대한 기자의 질문에 "돈을 받았는지 시인도 부인도 않겠다"는 대답을 했기 때문이다. 그의 치밀한 성격에 어울리지 않는 의외의 답변이었다. 그런데 동료 의원을 비롯한 그 주변 인사들의 반응이 더 재미있다.

"그런 모호한 답변을 했다면 이유가 있을 것이다. 여권의 공격을 유도해 자신과 관련한 엉터리 돈 수수설을 흘린 사람을 찾아 공격하려고 했을 것이다."

한마디로 '시인도 부인도 않겠다'는 답변은 정형근 특유의 성격과 전략적 마인드에서 나온 노련한 전술이라는 것이다. 꿈보다 해몽이라는 속담이 절로 떠오르는 대목이지만 그만큼 정형근에 대한 주변 사람들의 신뢰가 두텁다는 한 증거이기도 하다.

부인도 모르는 휴대폰 번호

실제로 그는 자기 관리나 보안의식이 철저한 사람이다. 그는 서너 개의 핸드폰을 사용하며 번호를 수시로 바꾼다. 휴대폰 번호는 이회창 총재는 물론이고 그의 부인조차 모른다. 기자들도 그와 통화를 하려면 보좌진에게 부탁을 하고 한참을 기다려야 한다. 아는 사람과 헤어져 택시를 타게 될 경우 미행자가 있나 없나를 확인하며, 차를 타고 집 주변에 도착하면 미심쩍은 구석이 없는지 면밀하게 살펴본 연후에야 집으로 들어간단다. 안기부 재직 시절 북한에서 자신에 대해 암살지령을 내렸다는 소문도 이런 스타일에 일조를 한다는 게 그의 주장이지만, 어쩐지 국민을 대표하는 헌법기관인 국회의원 정형근과는 어울리지 않는 행동이다. 그 자신도 공작정치의 희생양이 될지 모른다는 강도 높은 피해의식의 작동일까.

그의 행동을 보고 있자니 한 인물이 생각난다. 살인 수법이 잔인해 세간의 주목을 받았던 서진 룸살롱 습격 사건의 행동대원이었던 김동술이라는, 당시 20대 중반의 젊은이다. 그는 애인과 함께 길을 걸을 때도 늘 몸을 360도로 회전하면서 걸었다고 했다. 언제 반대편 조직으로부터 공격을 받을지 모르기 때문에 늘 유사시에 대비한다는 것이다. 모든 사람이 길을 걸으면서 김동술처럼 불의의 습격에 대비하지는 않는다. 만일 평범한 직장인이 그렇게 길을 걸어간다면 지나친 피해의식이 있다는 진단을 피하기 어렵다. 그러나 김동술은 걸핏하면 연장을 들고 반대편 조직을 습격하는 깡패였기 때문에 자신이 습격당할지도 모른다는 피해의식과 방어행동이 몸에 밸 수밖에 없었을 것이다.

그렇다면 국회의원 정형근은 무엇 때문에 그렇게 유별난 보안의식을 내면화하고 있는 것인가. 99년 말 정형근은 한 달도 안 되는 사이에 여권으로부터 3건의 고소·고발을 당했다. 언론대책 문건 폭로, 서경원 고문 의혹 사건, 김 대통령에 대한 '빨치산식 수법' 발언들 때문이었다. 부도덕한 집권여당이 독한 마음을 먹고 정형근 죽이기를 시도한다는 그의 주장이나 피해의식이 일면 이해가 되기도 하는 대목이다.

"나는 이 정권에 의해 감옥에 가는 것을 조금도 겁내거나 두려워하지 않습니다. 감옥에 간다면 훈장쯤으로 생각할 것입니다. 앞으로 이 정권이 날 어떻게 할지 손바닥 보듯 잘 알고 있습니다. 아마 여론몰이를 할 것입니다. 친여 단체를 동원해 정형근의 전력과 자신들이 조작한 비리, 비행 등을 공개하며 여론화시키고, 그 여론화에 기초해 정치적 매장을 시키려는 술책을 쓸 겁니다."

비장하기까지 한 그의 발언을 접하면서 먼저 떠오르는 건 그가 언급하고 있는 너무나 정교하고 구체적인 공작정치의 시나리오다. 어떻게 그렇게 잘 아는 것일까. 확실히 공작정치에 대한 정형근의 노하우가 특별하다는 게 뜬소문만은 아닌 모양이다. 스스로 공작의 전문가인 정형근은 모든 사안을 공작의 차원에서 해석하는 게 체질화된 모양이라는 한 언론사 논설위원의 지적이 마음에 와닿는다.

집권여당을 비호하고 싶은 마음은 손톱만큼도 없지만 공작정치라는 게 무엇인지 정말 궁금하기는 하다. 대한민국의 국회의원 정도가 되면 그 정도를 추측하는 건 상식에 속하는 일일까. 그렇다면 정형근에게 공작정치의

원흉 운운하는 평가는 거두어들여야 옳다. 애매한 사람을 피해의식에 사로잡히게 해서야 되겠는가.

그의 말에 따르자면 노태우 대통령에게 충성을 다했다는 이유로 문민정부 초기엔 정형근이 숙청대상 1호였단다. 그런데 '지방선거 연기검토 문건' 파동 때 자기 혼자서 책임지는 것을 본 김영삼 대통령이 폭로정치의 희생양이 되어 안기부를 떠난 자기에게 국회의원 공천을 주었다는 게 그의 주장이다. 전두환, 노태우, 김영삼 정권으로 이어지는 동안 약간의 위기도 있었지만 늘 승승장구했는데 지금의 정권과는 심각한 불화만을 겪고 있으니 피해의식이 커질 법도 하다. 그는, 자신이 이 정권의 공작정치에 대한 피해의식으로 최소한의 정치도의조차 없이 한건주의식 폭로를 일삼고 있다는 평가에 단호하게 그렇지 않다는 입장을 표명한다.

언론대책 문건도 정치비리와 관련된 문건이었다면 폭로하지 않았을 것이라고 말한다. 조직적인 언론탄압 문제는 시시비비를 가려 이 정권에 경종을 울려야겠다고 생각해 고민 끝에 공개했다는 것이다. 그는 또 김 대통령의 친인척과 관련된 비리 자료를 많이 가지고 있지만 그런 것을 터뜨리는 것은 바람직하지 않다고 생각해서 공개하지 않고 있다고 말한다. 정치도의를 표방하고 있지만 나를 건드리면 좋을 게 없다는 교묘한 메시지에 다름 아니다. 피해의식에 시달리는 정형근에게는 어떤 식으로든 안전판이 필요하기 때문이다.

I'm OK, You're not OK

IQ 150의 비상한 머리와 자신의 관심사에 대한 집요한 노력으로 그의 말이나 일은 늘 일정 수준의 근거를 갖고 있다. 99년 말 김 대통령에 대한 '빨치산식 수법' 발언으로 고소를 당하자 그는 책자에 나와 있는 공산당 교조(教條)를 인용하며 반박을 한다.

"여기 보면 '공산주의는 법률위반, 속임수, 사실은폐 따위를 예사로 해치우지 않으면 안 된다' 고 돼 있잖아요. 이 수법이란 말예요. 내가 말 잘못한 게 뭐 있습니까."

그는 철저한 소신에 철저한 준비를 하는 의원으로 알려져 있다. 5분간의 대정부질문을 하기 위해 수 차례의 실제 연습을 거쳐 상대당 의원들의 엄청난 야유 속에서도 굴하지 않고 할 말을 정확히 5분 안에 쏟아내는 사람이란다. 작년 6월 남북정상회담에서 '국가연합' 과 '낮은 단계의 연방제' 에 공통점이 있다는 합의가 나오자 김 대통령이 쓴 통일관련 서적을 밤새워 읽고 당 회의에 참석했던 철두철미한 사람이 정형근이다.

반면에 자신이 중요하게 생각하지 않는 일이나 가치에는 의외로 허술한 인식 수준을 보여주기도 한다. 언론대책 문건 제공자인 이도준 기자에게 왜 1천만 원을 주었는지에 대한 대답은 전혀 정형근답지 않다.

"나는 어릴 적에 대단히 가난하게 자랐습니다. 아침 점심 굶기를 예사로 했고 고3 때는 집안형편 때문에 1년을 쉬어야 했습니다. 그런 사정 때문에 나는 어려운 사람들을 보면 되도록 도우려고 합니다."

그렇다고 어려운 사람 누구에게나 그런 식으로 친절을 베푸는 것은 아니지 않겠는가. 자신이 안기부에서 물러나게 된 '지자제 연기 문건' 에 대한 해명도 마찬가지다. 자신은 '그저' 다양한 여론을 조사해보라는 지시를 내렸을 뿐이라는 것이다. "직속상관을 하늘같이 모시고 명령에 복종했다"는 자신의 표현처럼 안기부라는 조직의 생리를 누구보다도 잘 알고 있는 사람이 이렇게 한가롭게 말해도 되는 것인가. 길거리에 새끼줄이 버려져 있어 '그저' 집에 가져왔을 뿐인데 재수 없게 그 줄에 황소가 매달려 있어서 절도범이 되었다는 말인가.

안기부 시절의 정형근을 회상하는 사람들은, 그가 지나칠 정도의 권위적인 모습으로 아랫사람들에게 철저한 복종을 강요했다고 말한다.

"솔직히 약관에 조직을 관장하고 많은 부하들을 거느리다보니 은연중에 독선과 오만에 빠졌을 수도 있습니다."

정형근 스스로가 진단하는 자신의 권의주의적 패턴에 대한 진단이다. 이런 사람들은 자기보다 강력한 권위에는 복종하고 동일시하려는 의지를 가지고 있지만 밑에 사람들에게는 무척 권위적이다. 항상 적대감을 가지고 있고, 신비주의적이고 미신적인 특성을 나타낸다. 이런 성격을 가진 리더는 모든 의사결정을 거의 독단적으로 하고, 매우 지시적이고 통제적이다. 변화에 저항하고 진보적인 사람들을 싫어하며 "I' m OK, You' re not OK" 라는 삶의 방식을 가지고 있는 경우가 많다.

그러나 실제로 국회의원 정형근을 알고 있는 사람들은 전혀 다른 평가를 내린다. 그가 사람을 대하는 방식은 깐깐하다거나 음모적이지 않으며 산만하고 너스레떨며 농담을 좋아하는 동네 아저씨의 편안함이 느껴진다고 한다. 재담이 뛰어나고 사람을 편견 없이 대해 사람이 꾀게 하는 편인데, 그가 남들보다 특별한 정보 인프라를 구축할 수 있는 데는 그런 성격적 요인도 중요하게 작용한다는 평가다.

이제 약속대로

" '어제 사람을 보고 오늘 사람을 평가하지 말라' 는 말이 있습니다. 사람은 변합니다. 노력하면서 발전하고 훌륭한 가치를 위해 바뀌는 겁니다. 50이 넘어 정치권에 와서 이제 국리민복을 위해 일을 좀 해야죠."

'훌륭한 가치' 를 위해 변신을 거듭하고 있는 정형근 같은 사람에게 여론의 핍박(?)이 너무 심한 건 아닌가. 92년 대선을 앞두고 발생한 간첩 사건에서 김 대통령을 직접 조사했다는 악연 등으로 해서 이 정권이 끝날 때까지 정형근과 시대와의 불화는 계속될지도 모른다. 그렇다면 그의 피해의식도 끊임없이 계속될 것이다. 그러나 한 사람의 삶을 전략적이나 정략적 차원에서만 해석한다면 그건 인간에 대한 도리가 아니다. 99년 1월 정형근은 한 시사잡지와의 인터뷰에서 전혀 전략적(?)이지 않은 말을 한다.

"저는 기본적으로 가진 자, 힘있는 자에 대한 저항적 사고와 피가 지금도 있어요. 가난한 어린 시절을 보내면서 어려운 사람 편에 서겠다는 뜻을 품고 검사가 됐어요."

정형근의 그 말을 듣고 있으려니 이문열의 「약속」이라는 단편소설이 떠오른다. 그 소설의 줄거리를 요약하면서 정형근에 대한 글을 마무리하자. 좀 지루하더라도 그만한 가치는 있을 것이다.

머리는 좋지만 너무나 가난해서 교육조차 받지 못하고 살아가던 한 소년이 있었다. 어느 날 소년은 꿈속에서 억울한 죽음을 당한 한 노인의 영혼을 만나 특별한 약속을 한다. 노인의 부탁은 간단하다. 앞으로 소년이 힘있는 사람이 되도록 도와줄 테니 그 힘을 가지고 타살을 당했으면서도 자살로 처리된 자신의 원통함을 풀어 달라는 것이다. 가진 것이 아무 것도 없었던 소년은 목숨을 담보로 그 약속에 응한다. 그 약속을 하고 십여 년이 지난 후 소년은 우여곡절 끝에 검사가 된다. 노인과의 약속을 위해 다시 그 사건을 조사하지만 자신의 친아버지와 장인까지 그 사건에 연루된 사실을 알고는 재조사를 포기한다. 그러던 어느 날 그 검사의 꿈속에 노인이 나타난다. 이제 오늘로서 그 사건의 공소시효가 끝난다며 슬픈 얼굴로 검사를 쳐다보던 노인은 '왜 힘있는 사람을 만들어주었는데 자신의 억울함을 풀어주지 않았느냐' 고 하소연하다가 마지막으로 조용히 말한다. "이제 약속대로 가세." 다음날 그 검사는 서재에 앉아서 자는 듯이 죽어 있었다.

거칠긴 하지만 이게 「약속」이란 소설의 대략적인 줄거리다. 작가의 의도와는 상관없이 내 나름으로 그 작품에서 느껴지는 소감 하나를 덧붙여보자면, 지금 이 사회의 파워엘리트들은 일정한 의무를 담보로 절대자와의 보이지 않는 약속을 통해서 오늘에 이른 사람들인지도 모른다는 것이다. 정형근도 마찬가지다.

어려운 환경에서 비상한 머리와 끈질긴 노력으로 입지전적인 성공을 거둔 정형근은 이제 힘있는 사람이 되었다. "어려운 사람 편에 서기 위해서" 검사가 되었다는 자신과의 굳은 '약속' 이 지켜지길 바란다. 자신에 대한 세간의 의혹에 대해서 명명백백하게 밝힌 후 힘없고 어려운 사람들만을 돕는 전문적인 '인권변호사 정형근' 이 되어보는 건 어떨까. 서울대 법대 동문이기도 했던 고(故) 조영래 변호사가 그랬던 것처럼 말이다. 사실 정치야 정형근말고도 수많은 희망자들이 줄 서 있지 않은가.

야한 남자(?)

이번에는 마광수에 대해서 살펴보자.

마광수는 전혀 '야하지' 않다. 아니 섹시해 보이지 않는다. 적어도 외관상으로는 그렇다는 말이다. 오십 줄에 접어들어 듬성듬성 빠지기 시작하는 흰머리가 그렇고 175㎝의 키에 한때 47㎏까지 나갈 만큼 삐쩍 마른 몸매가 그렇다. 물론 그에 걸맞게(?) 의상도 전혀 패셔너블하지 않다. 대부분 윗단까지 채우는 티셔츠에 투박한 질감의 양복이 그의 대체적인 차림새다. 자신처럼 마른 사람에게 어울린다는 끝이 직선으로 잘린 직물 넥타이와 테가 반만 둘러진 독특한 안경 디자인이 좀 남다른 정도다.

20대 때부터 너무 빈약한 신체 때문에 옷을 많이 입을 수 없는 여름을 극도로 증오했고 그래서 멋내는 데 신경을 안 쓰게 되었단다.

"20㎝의 하이힐과 짧은 미니스커트, 목걸이 귀걸이는 물론 팔찌에 배찌까지 화려한 보석들로 치장된 몸, 그리고 육감적인 몸매를 드러내 보이는 시스루 의상."

그가 소설에서 자주 묘사하는 '야한' 여자의 외양은 말 그대로 소설 속의 얘기일 따름이다. 그렇다고 걸핏하면 미모의 여인과 염문을 흘리는 것도 아니고 환각 상태로 혼음 파티를 즐기다 법망에 걸린 적도 없다. 그저 소설가이자 시인이며 아마추어 수준을 넘어선 그림솜씨가 있고, '윤동주 연구'로 문학박사학위를 받은 문학평론가이자 한 대학의 교수였을 따름이다. 그럼에도 마광수에 대한 사람들의 인식은 섹시하다. '성애 문학'의 상징적 존재임과 동시에 '야한 남자'의 대명사—지난해 초 한 잡지에서 마광수를 설명한 인터뷰기사의 표제다. '성애 문학'이라는 정체불명의 표현만 참고 넘어간다면 마광수에 대한 세간의 인식과 크게 어긋나지 않는 말이지 싶다.

물론 위에서 내가 말한 '야함'과 마광수의 그것이 다르다는 것을 모르는 바는 아니다. 인터뷰기사의 표제글도 마광수가 주장하는 야함의 기준을 근거로 했을 터다. 마광수는 야하다는 말의 의미를 '들판'이라는 개념의 '야(野)하다'로 정의한다. 말하자면 보다 솔직하게 스스로의 본능을 드러내는 사람, 자연의 본성을 거스르지 않는 사람, 자기 자신의 아름다움을 천진난만하게 원시적인 정열을 가지고 가꿔가는 사람이라는 것이다. 아프리카 원주민들이 온몸에 울긋불긋 채색을 하여 아주 자연스럽게 벌거벗고 살 듯이 말이다. 다분히 정신적인 해석처럼 느껴진다.

그러나 마광수는 인간의 자연스런 본성이 '몸'에 있다고 믿는 사람이다. 인간의 불행은 쓸데없는 관념 때문에 생기는데, 그게 다 머리가 몸을 억누르고 있기 때문이라는 것이다. 그러니까 그가 말하는 야함은 '몸을 중심으로 한 열린 정신'이다. 그 정확한 의미의 이해를 위해, '다시 20대로 돌아간다면' 어떻게 멋을 내보고 싶은지에 대한 그의 꿈을 들어보자.

"멋을 부리기 위해 우선 나는 머리부터 길게 기르겠다. 거기다가 나는 파마도 하겠다. 바지도 헐렁한 핫바지가 아니라 다리에 꽉 달라붙는 청바지 같은 것만 입겠다. 셔츠도 빨간색 우단처럼 야한 옷감으로 된 집시풍의 헐렁한 것만 입겠다. 그래도 외모상 내가 자랑할 수 있는 것은 손과 코이니까 여자에게 손톱을 길게 길러 달라고 치사하게 구걸하지 말고 내가 직접 길러보겠다."

전혀 야하지 않은 마광수의 야한 꿈이다. 겉은 전혀 야하지 않은데 속만 야한 사람이 바로 마광수다. 그런데 대부분의 사람들은 마광수라는 인물을 그의 속마음(야한 남자)으로 인식한다. 어떤 사람이 다른 사람에게 현상에 앞서 내용으로 인식되는, 쉽게 볼 수 없는 경우다.

다시 말하자면 이런 얘기다. KAL기 폭파범이었던 김현희의 범죄 사실에 앞서서 사람들이 주목했던 건 그녀의 뛰어난 미모였다. 사람들의 인식이란 많은 경우 그렇게 일차원적이다. 그런 점에서 본다면 마광수는 특이하다. 많은 사람들이 겉이 야하지 않은 마광수를 '야한 남자' 라고 인식하고 있으니 말이다. 자신의 사상이나 속마음을 전달하는 작가라는 직업적 특성 때문일까. 그게 이유의 전부는 아닌 것 같다.

마광수 습격사건

사람들이 마광수를 '야한 남자' 로 인식하는 이유를 나는 크게 두 가지로 추정한다. 첫째는 소재이면서 동시에 주제이기도 한 '성애(性愛)' 에 대한 솔직하고도 반복적 집착이고, 둘째는 지난 92년에 일어난 모럴 테러리스트들에 의한 '마광수 습격사건' 이다. '마광수 습격사건' 에 대해서 사람들은 일반적으로 『즐거운 사라』 개정판에 대한 외설 시비 사건으로 부르지만, 법률적으로 표현해보면 현직 대학교수이며 『즐거운 사라』의 저자인 마광수가 형법 244조 음란물제조 혐의로 전격 구속되어 감옥살이를 한 사건이다.

사건의 조짐이야 그 전부터 있었다. 90년 마광수의 소설 『광마일기』는 음란성을 이유로 간행물윤리위원회로부터 '경고'를 받는다. 이어 91년에는 두 편의 소설로 관계당국이 제재결정 1회, 경고 2회를 내렸고 심지어 FM 라디오에서 외설스러운 발언을 했다는 이유로 '방송출연 금지' 처분을 받기도 한다.

91년 7월에 출간된 『즐거운 사라』 초판은 타의에 의해서 나온 지 한 달 만에 출판사측이 자진 절판을 하게 된다. 그러다 급기야 『즐거운 사라』 개정판의 외설 시비로 인해 사법적 제재를 받게 되는 것이다. 워낙 사건 자체가 엽기적이어서 그랬는지 많은 사람들은 그 후부터 마광수를 '성애 문학의 상징적 존재임과 동시에 야한 남자의 대명사'로 인식하기 시작한다. 아마도 이 사건은 20세기 대한민국의 문화적 후진성과 야만성을 대표하는 역사적 사건으로 기록될 것이라는 게 내 개인적인 생각이다.

마광수에 대한 사람들의 인식을 대표하는 사건이므로 그 전말을 좀더 자세하게 살펴보자. 92년 10월 29일 『즐거운 사라』가 외설스럽다는 이유로 검찰에 의해 전격 구속되어 서울구치소에 수감된 마광수는 11월 27일에야 풀려난다. 그 해 12월 28일 1심에서 징역 8월에 집행유예 2년을 판결받고 항소했으나 94년 7월 2심에서 항소기각 판결을 받았고 95년 6월에는 대법원 상고심에서도 상고기각 판결을 받아 유죄가 확정되었다. 93년 연세대에서 직위해제된 마광수는 대법원 확정판결 후 해직되었다가 98년 3월에야 사면·복권이 되어 연세대 교수로 복직한다.

'야한 교수'라서 조교를 성희롱한 것도 아니고, 입시부정과 관련되어 뇌물을 받은 것도 아니며 그 무섭다는 국가보안법을 위반한 것도 아니다. 단

마광수

글을 고상(?)하게 쓰지 못해 옥고를 치러야 했고,
그 후로 여전히 옥고 아닌 옥고에 시달리고 있는 우리 시대의 야한 남자.
그가 느끼는 불안은 실존적 불안도, 죽음에 대한 불안도, 형이상학적 불안도 아니다.
그저 막연한 불안, 공포, 문화적 촌티의 우스꽝스런 촌극이 빚어낸 어이없는 피해의식.

지 자신의 창조적 상상력을 솔직하게 펼쳤다는 이유 하나만으로 대학교수에서 전과자가 되어 6년여의 세월을 보낸 것이다. "작중인물의 행위를 단죄한다면 우리는 꿈조차 마음대로 꿀 수 없다"는 민용태 교수의 단정적 가정법이 아무 이질감 없이 다가온다.

교권과 표현의 자유를 유린당한 데 대한 울분으로 마광수는 오랫동안 글을 쓰는 것은 고사하고 읽는 것에조차 무기력해져 우울한 하루 하루를 보냈으며, 아울러 자신을 변태성욕자나 다중인격자로 보는 사람들의 이상야릇한 시선 때문에 대인기피증까지 생겼다고 한다. '시대와의 불화'라고 표현하기조차 민망하다. 이런 일을 당하고도 피해의식이 안 생기면 그게 오히려 이상하다. 그의 말처럼 마광수는 정치적 투사도 아니요, 그저 솔직해보려고 애쓴 선생이나 글쟁이에 불과하다. 그러나 '사라' 사건 이후 지금까지 그는 투사 아닌 투사가 되어 심한 피해의식에 시달리면서 전투를 치르고 있다.

그는 인생의 4고(苦) 중 첫번째로 병고(病苦)를 꼽고 두번째로 옥고(獄苦)를 꼽는다. 감옥에 들어갔을 때 경험한 괴롭고 끔찍한 공포의 심리적 표현일 것이다. 그는 감옥에 갇혀 있는 동안, 평생 법에 대한 막연한 공포를 느끼지 않고서 살아갈 수 있는 직업은 오직 법관뿐이 아닐까 생각했단다. 아울러 사람들 사이의 교제에 무관심했던 자신의 철저한 개인주의도 다시 생각해보게 되었다고 고백한다. 그 이후 마광수는 작품 경향까지 바꾸어보려고 노력하고 있는 자신의 무의식을 발견한다고 고백한다.

"소독약을 친 개천에서는 물고기가 살 수 없다. 나는 『광마일기』나 『즐거운 사라』 등의 소설을 통해, 말하자면 개천의 물을 적당히 흐려놓으려 했다. 그러나 이제는 그렇게 가볍고 솔직한 작품을 다시 써낼 수 있을지 의심스럽다. 강요된 피해의식과 자기 검열 때문에, 나도 남들처럼 철학적 관념과 정치적 시각으로 포장된 무거운 설교조의 작품을 쓰게 될 것 같은 불길한 예감이 들기 때문이다."

그를 옥죄고 있는 피해의식은 그 정도에서 그치지 않는다.

"'사라' 사건 이후 제일 안타까운 것은 글 쓸 의욕이 사그라들었다는 사실이었다. 아니 의욕이 사그라들었다기보다 피해의식과 겁이 많아졌다는 표현이 옳을 것이다. 곁에서 마구 마구 격려를 해준다고 해도 잘 써질까 말까 한 게 글인데, 글을 쓸 때마다 마치 펜을 든 팔을 툭툭 차이는 상태가 수년을 이어졌으니 말이다."

못썼다고 욕을 얻어먹는 것까진 좋으나 '못썼으니까 잡아가도 된다'는 식의 발상이 없어졌으면 좋겠다고 하소연한다. 처절하기까지 하다. 약간의 과장을 양해한다면 한번 이렇게 생각해보자. 글을 '못썼을' 경우 작가를 구속하는 실정법이 있다. 작가 자신이 집행하는 '마음의 구속'이 아니라 실제로 감옥에 가두는 것이다. 그런 상황에서 글을 쓰는 작가의 심정을 상상할 수 있는가. 배수의 진을 치고 쓰기 때문에 더 좋은 작품이 나올 수도 있다고 해석할 것인가. 집단창작제도를 채택하고 있는 나라에서도 그렇게 무식한 법은 없는 것으로 알고 있다. '하면 된다' 정신으로 '창조적 상상력'을 북돋을 수 있다는 생각은 그 자체가 코미디이기 때문이다. 그가 누구이든 절대 그런 코미디 같은 현실에 발목이 잡혀 공포에 떨게 해서는 안 된다.

만유인력 법칙은 뉴턴이 아니더라도 결국 누군가 발견했겠지만 『햄릿』은 셰익스피어라는 작가가 없었다면, 또 그의 탁월한 상상력이 없었다면 절대로 탄생하지 못했을 것이다. 이 원칙은 마광수의 모든 작품에도 그대로 적용된다. 잘쓰고 못쓰고는 그 다음의 문제다.

솔직하게 발가벗기

한 평론가에 의하면 마광수 작품이 갖고 있는 가장 큰 특징은 친근감 있는 구어체의 구사를 통한 '솔직하게 드러내기'에 있다고 한다. 다시 말해 재미있게 빨려 들어가 쉽게 읽게 만든다는 것이다. 그런데 우리 문학계에서는 그런 종류의 작품들에 대해 하룻밤 만에 심심풀이로 쓴 줄 알고 작가를 우습게 보는 한심한 풍조가 있다는 게 마광수의 진단이다. 가벼운 문장을 쓰는 게 훨씬 어려운 일인데도 그렇다는 것이다. 실제로 마광수는 소설을 쓸 때 문장에 가장 신경을 쓴단다. 거의 운문처럼 읽힐 정도로 운율에 신경을 쓰고, 에세이나 논문 등과 구별지으려고 노력한다.

그의 말에 따르면, 아무리 허구적 소설이라도 글을 쓸 당시의 작가의 심리 상태가 반영되므로 모든 문학작품은 '작가의 하소연'의 범주를 벗어나지 못한다. 그래서일까. 심한 피해의식에 사로잡혀 있던 96년에 출간한 그의 장편소설은 제목부터가 『불안』이었다.

"내가 요즘 느끼는 불안은 실존적 불안도 아니고, 죽음에 대한 불안도 아니고 형이상학적 불안도 아니다. 그저 막연한 불안이다."

솔직한 글쓰기에 대한 대가치고는 너무 가혹하다는 느낌이다. 그의 글은 솔직하다. 그는 모든 글쓰기의 기본 심리를 노출증에 있다고 본다. 말하자면 '솔직하게 발가벗기'가 글쓰기의 근본 동인이요, 좋은 글의 첫째 요건이라고 보는 것이다.

한 중견작가의 수필 한 대목이 기억난다. 그 작가의 말에 의하면 데뷔 초창기에 힘들었던 것 중의 하나는 소설을 쓸 때 주위 사람들의 시선을 극복하는 일이었단다. 요란한 섹스 장면이나 지극히 비윤리적인 행위를 묘사하다보면 자기도 모르게 부모나 형제, 애인, 친구의 얼굴이 떠오르는 경우가 있는데 그렇게 되면 상상력이 위축된다는 것이다. 그 사람들이 나를 이상하게 보는 건 아닐까, 어떻게 그런 것까지 알고 있느냐고 의아해 하는 건 아닐까 하는 등의 생각이 들어서다.

그런 면에서 마광수는 거리낌이 없다. 무한대의 상상력을 발휘한다. 마치 눈을 동그랗게 뜨고 키스하는 사람 같다. 그러니 상대방이 불편해 할 만도 하다. 동물적 본능이 드러나는 장면과 마주하게 되면 대부분의 사람들은 두 손으로 눈을 가린다. 그렇지만 호기심을 억제하지 못해서 손가락을 벌리고 '모자이크된 시선' 으로 그 상황을 살핀다. 시야가 좀 불편하긴 하지만 겉과 속이 다르게 행동해야 왠지 마음이 편안해지는 듯한 느낌 때문이다.

마광수는 프로이트의 정신분석학 이론에 깊은 관심을 보이는데, 겉과 속이 다르게 행동하며 이중적 자아분열로 갈 수밖에 없는 사람들의 심리를 이해할 수 있기 때문이란다. 그는 늘 인간의 내면적 이중성에 대해서 생각한다. 요절한 지사(志士)형 인물에 대한 추모도 그들이 '변절할 기회를 박탈당했기' 때문에 가능한 게 아닐까 의심할 만큼 극단적이다.

윤동주 시인에 대한 연구로 박사학위를 받은 마광수는 윤동주를 저항 시인이 아니라 순수한 휴머니스트로 보아야 한다고 주장한다. 윤동주는 자신에게 진짜로 솔직한 시인이었다는 것이다. 그가 목표했던 저항의 대상은 외부로부터의 물리적 압박이나 조국의 현실이 아니라 바로 자기 자신이었다는 해석이다. 같은 맥락에서 마광수는 인간의 내면적 이중성을 습관화하지 말고 '솔직함의 문화풍토' 를 만들어야 한다고 역설한다.

그런데 솔직한 담론이나 솔직한 주장은 대개 결론을 확실하게 내리는 경우가 많은데, 그래서 공격을 당하기도 하고 어이없는 모럴 테러리즘의 표적이 되기도 한다는 것이다. 정신분석학자 칼 융의 '그림자(Shatten)' 라고 하는 개념으로 이 상황을 설명해보면 이렇다.

'그림자' 란 나(自我)의 어두운 면, 즉 무의식적인 측면에 있는 자아의 분신인데, 빛이 강할수록 그림자도 짙어진다. 민간설화에 나오는 대극적인 인물들, 이를테면 '흥부와 놀부' '콩쥐와 팥쥐 ' '백설공주와 마녀' 등의 한 쌍이 바로 인간의 의식성과 무의식성, 빛과 그림자를 표현하고 있다.

낮에는 점잖은 의사지만 밤마다 포악한 괴물로 변하는 '지킬박사와 하이드' 는 한 인간 속에 있는 의식과 무의식의 이중성을 표현하는 좋은 예다. 지킬 박사의 그림자는 하이드인데 이 둘은 둘이 아닌 하나 속의 두 모습인 것이다. 살다보면 어떤 사람에 대해서 '왜 그런지 모르게, 공연히' 혐오감이 들거나 미운 감정이 앞서는 경우가 있다. '주는 것 없이 괜히 미운 사람' 이 있다면 그건 바로 자신의 그림자가 투사되고 있어서 그럴 가능성이 높다. 그때 그 사람의 혐오스러운 부분은 바로 자신이 억누르고 있는 자신의 부정적인 무의식, 바로 그림자이기 때문이다.

지난해 8월 마광수는 교수 재임용 탈락 논란 후 심사가 보류되는 우여곡절 끝에 휴직계를 제출했다. 주제넘게 교수 임용자격의 절차나 내용에 대해서 말할 입장은 못 되지만 그 사건의 경위를 자세히 살펴보면 '괜한 미운 털' 이 박힌 것 같은 마광수의 모습이 보이면서, 그 대척점에 서 있는 사람들의 짙은 '그림자' 가 느껴진다.

마광수는 옳다

"21세기를 맞이한 지금에 있어, 한국 사회에서 살아가고 있는 내가 가장 뼈아프게 절망하고 있는 것은 한국 사회가 여지껏 끌어안고 있는 '문화적 촌티' 다. 이러한 '문화적 촌티' 는 문화독재적 사고방식과 수구적 봉건윤리로부터 기인하는데, 이 '문화적 촌티' 가 뻔뻔스러울 정도로 당당하고 극명하게 드러나는 현상이 바로 '표현의 자유 억압' 과 변화의 거부, 그리고 '성의식의 이중성' 인 것이다."

명쾌하기는 하지만 때론 극단적으로 보이기도 하고 때론 너무 선정적으로 보여서 찬사와 비난을 동시에 받고 있는 마광수 주장의 핵심이라 할 만한 말이다. 마광수의 주장을 요약하자면 각각의 취향이 존중받는 사회가 되어야 한다는 것이다. 모난 돌은 나쁜 돌이 아니라 좋은 돌이라는 게 그의 생각이다. 모난 돌이란 자기만의 독특한 개성을 갖고서 시대를 앞서가거나 튀는 사람을 가리키기 때문이다.

그런 점에서 그는 상징이라는 개념을 중요시한다. 비유는 하나의 뜻만을 가지지만 상징은 다의적인 모호함을 가지고 있어서, 인간의 자유로운 상상력에 개방되어 있다. 다양한 접근을 가능하게 하는 융통성을 가지고 있다는 것이다. 직접 그의 말을 들어보자.

"상징에는 여러 가지 뜻이 있을 수 있습니다. 이것을 하나의 뜻으로 고정시키면서 '나만 옳고 너는 틀렸다' 는 식으로 바라보아서는 안 되지요. 사람마다 생각이 다르고 살아온 경험이 다른데 어떻게 똑같은 생각을 강요할 수 있습니까."

『상징시학』이라는 문학이론서를 내기도 했지만 평자들에 의하면 그의 문학관을 총체적으로 뒷받침해주는 핵심 개념은 바로 '상징' 이란다.

그는 상상력을 인정하는 다원주의적 문화관과 문화의 자유시장 원리의 확립만이 문화를 발전시키는 길이라고 역설한다. 그건 마광수 같은 사람이 이 사회에서 '괜한 미운 털' 이 안 박히고도 살아갈 수 있는 풍토를 조성하자는 말에 다름 아니다. 그는 문화진흥 10개년 따위의 계획이 중요한 게 아니라 '제발 제발 상상력의 자유를 달라' 고 절규한다.

타고난 체질이 '다혈질적 투쟁형' 이라기보다 '우울적 회의형' 이라는 마광수는 지금까지도 계속 시대와 불화를 빚으며 심한 우울증과 막연한 불안으로 고통받고 있다. 마음이 약하고 겁도 많은 성격이라니 당연히 더욱 심한 피해의식에 시달릴 것이다.

"한국에서 살아가기는 참으로 힘들다. 좀더 개성과 인권이 보장되는 세상, 눈치보지 않아도 되는 세상, 막연한 공포심을 느끼지 않아도 되는 세상이 됐으면 좋겠다."

'사라' 사건 직후 『인터내셔널 헤롤드 트리뷴』지는 마광수를 가리켜 "한국의 외로운 에로티카의 장인"이라고 표현했는데,마광수는 지금까지도 그런 외로움과 공포에 시달리고 있는 것이다. 오죽했으면 언젠가 기회를 봐서 '한국은 없다' 나 '한국은 싫다' 라는 책을 쓰고 싶다는 말을 하겠는가.

95년 연세대학교 국어국문학과 학생회는 「이 시대의 가장 음란한 싸움에 대한 보고」라는 부제를 단 670여 쪽 분량의 책자 한 권을 발간했다. 『즐거운 사라』 사건을 둘러싼 성에 대한 문화사적 논쟁과 마광수의 사상과 문학세계를 집대성한 『마광수는 옳다』라는 책인데, 그 서문의 한 구절은 우리에게 '마광수' 라는 인물에 관련된 만만치 않은 화두 하나를 던져준다.

"우리 학생들은 일상생활에서 마광수 교수가 부도덕한 행위를 하는 것을 보지 못했다. 우리는 이 책의 제목을 『마광수는 옳다』라고 정하여 일종의 선언을 하고 있다. 이 선언은 누구나 자신이 생각하고 믿는 것을 자유롭게 표현할 수 있어야 한다는 원칙을 지키기 위한 것이다. 우리가 이 책에 부여하고 있는 의미는 인간의 권리를 침해하는 어떤 것에 대해서도 단호하게 대처한다는 것이다."

같은 시기에 동료 교수가 토로한 마광수에 대한 심정도 비슷한 맥락에서 이해될 수 있을 것이다.

"그의 주변에는 정성을 나누는 사람들이 있습니다. 그들은 그의 개인적인 인기로 말미암은 속칭 팬들이 전혀 아닙니다. 그에게 홀린 사람들도 아닙니다. 모두 우리 사회가 그에게 뭇매질을 한 것은 옳지 못하다고 생각하는 사람들입니다. 그리고 그 일로 말미암아 그가 고초를 겪을 때 이 문제에 대해 사회적 책임을 다하지 못했다고 고백하는 사람들입니다."

누군가의 말처럼 '정말 묘하게도 우리 사회는 마광수의 육체와 정신에 중상을 입혀놓고 사실은 그가 표현한 이상을 즐기고' 있는지도 모른다.

지겨울 만큼 반복적으로 '성 의식의 이중성 타파' 를 주장하는 이 사내의 이별 경험담을 들으면서 이제 끝을 맺어보자.

"나의 경우 내가 버림받는 쪽에 섰을 때는 상대방 여자가 어느 날 갑자기 영문 모를 변덕을 부리면서 이별을 선언하고 나서는 경우가 많았다. 내가 여자를 버리는 쪽에 섰을 때도 있었는데, 나는 마음이 약한지라 졸지에 돌아서버리지는 못하고 계속 칭얼거려가며 '이별' 을 애걸했던 적이 더 많았던 것 같다."

이 여리고 솔직해서 너무나 '야(野)한 지식인' 에게 공연한 피해의식을 주는 사회는 도대체 어떤 사회인가. 그가 하고 싶은 말은 의외로 간단하다.

"하고 싶은 행동을 다할 수는 없는 게 세상입니다. 하지만 하고 싶다는 생각 자체를 막아서는 안 됩니다."

이게 '시대와의 불화' 를 겪을 만큼 그토록 '튀는' 생각인가.

영혼까지 파괴하는 피해의식

피해의식은 나만 손해본다는 느낌이다. 당했다, 억울하다는 느낌이 들고 소외감을 느끼며 신경이 날카로워진다. 피해의식은 또다른 피해의식을 불러일으켜 인간관계에 신뢰가 없어지고 불신이 팽배해진다. 그러므로 결국 모두가 손해를 보게 된다.

이유 없이 손찌검을 하는 남편과 오래 살아온 아내들 중에는 은연중에 '혹시 내가 맞을 짓을 해서 그런 건지 몰라' 하는 생각에 사로잡히는 경우가 많다. 그렇게 되면 한 개체로서의 존엄성이 사라지는 것은 물론이고 영혼까지 황폐화된다. 어떤 경우에도 한 개인에게 그런 '터무니없는' 피해의식을 갖게 하는 사람이나 사회는 옳지 못하다.

김우중 vs 정동영

현실 부정의 몰락한 영웅,
현실 직시의 고뇌하는 인간

덴마크의 철학자 키에르케고르는 절망을 "죽음에 이르는 병"이라 진단했다.
그의 철학을 자세히 알지 못하더라도, 인간에게 희망이 얼마나 소중한 것인가를
실감케 하는 말임에는 틀림없다. 하지만 희망이 아무리 절실하다 해도
'무턱댄 낙관'까지 용납될 수는 없는 법. 진정한 희망이 싹트는 것은 오로지 정직하게 바라본
현실 속에서일 뿐이다. 때로는 '좌절'할 수 있는 것이야말로 진정한 용기이며 능력이다.

(김우중 vs 정동영)

현실 부정의 몰락한 영웅, 현실 직시의 고뇌하는 인간

죽음에 이르는 혼란

백지수표와 관련된 일화를 들을 때마다 생겨나는 의문이 하나 있다. 백지수표를 건네받은 사람은 도대체 얼마의 금액을 적어 넣었을까 하는 궁금함이다. 1천만 원을 적으면서 망설이는 사람도 있었을 테고 자신있게 10억 원의 금액을 써넣은 사람도 있을 것이다. 상황이나 일의 종류에 따라서 차이가 있겠지만 금액을 결정하는 가장 중요한 요인은 수표를 건네받은 당사자의 '자기 인지상(認知像)' 일 것이다. '자기 인지상' 이란 사람이 자기 자신에 대해 가지고 있는 이미지의 총합 같은 것이다.

돈이 생기면 삼겹살을 사 먹곤 하던 가난한 사람이 어느 날 갑자기 벼락부자가 되었다. 그는 꽃등심을 먹을 수 있는 경제적 능력이 생겼지만 그 돈으로 삼겹살을 2배 시켜 '마음껏' 구워 먹는 것으로 대신한다. 자기가 부자라는 새로운 자기 인식이 생기기 전까지, 그의 '자기 인지상' 은 아직 가난하던 시절의 모습 그대로이기 때문이다.

사람이 자신을 인식할 수 있는 것은 자의식(self-awareness)을 가지고 있기 때문인데, 자의식이 명확하지 않을 때 사람은 필연적으로 자기 정체성(identity)의 혼란을 겪는다.

정체성이 흔들린다는 것은 '정신적 에이즈(AIDS)' 상태와 같다. 우리의 육체는 외부의 공격이 있을 경우 거의 자동적으로 침입자를 퇴치하는 방어시스템인 면역체계를 가지고 있다. 장기이식 수술을 받은 환자에게 수술 후 다량의 면역 억제제를 투여하는 것은 몸 안의 면역체계를 의도적으로 무력화시켜 이식된 장기를 이물질로 인식하지 못하도록 하는 교란행위인 셈이다. 우리 몸의 면역체계란 그만큼 본능적이고 강력하다. 그런데 에이즈는 우리 몸 안의 면역체계가 작동하지 않아 사소한 감염에도 아무 저항을 하지 못해 결국 목숨을 잃게 만드는 무서운 병이다. 그렇게 본다면 '정신적 에이즈' 는 일종의 정신적인 사형선고다. 정신적 에이즈에 감염되지 않는 가장 좋은 방법은 확고한 자기 정체성 확립이다. 상투적이고 상식적인 말이지만 '자기 정체성' 이란 그렇게 중요한 것이다.

김우중 전대우그룹회장과 민주당 정동영 최고위원은 우리에게 '자기 정체성' 의 중요성을 다시금 깨닫게 해주는 인물들이다. 먼저 김우중 전회장에 대해서 살펴보자.

몰락한 신화

올해 2월 "자본가의 잘못을 노동자에게 떠넘기는 것을 더 이상 보고만 있을 수 없다" 라는 메시지를 남기고 '김우중 체포결사대' 가 프랑스로 떠났다. 보도를 통해 그 광경을 접한 사람들은 착잡한 심정을 금할 수 없었을 것이다. 김우중이 누구인가. '세계경영의 전도사' '재계서열 2위의 재벌총수' '한국 최고의 비즈니스맨'이라고 불리던 사람이다. 한국 경제인 중 그만큼 해외에 널리 알려지고 또 해외에서 펀딩(funding)이 가능했던 인물도 없었다고 평가받았던 사람이다.

1967년 서울 충무로 뒷골목의 10평 남짓한 사무실에서 자본금 5백만 원에 5명의 직원으로 출발한 지 30년 만에 정말 '꿈' 같은 대우신화를 창조한 사람이다. 대우는 IMF 직전까지만 해도 고용인원 32만(국내 10만, 해외 22만) 명, 해외지사 · 현지법인 · 연구소 · 건설현장 등 글로벌 네트워크 5백90개(1백10개국), 총매출 71조 원, 총수출 1백51억 달러라는 경이로운 실적을 쌓아왔던 기업이었다. 그 기업의 총수가 바로 김우중이었다.

그는 한때 많은 젊은이들과 샐러리맨들의 살아 있는 신화이자 우상이었으며 '세계는 넓고 할 일은 많다'라는 화두로 세인의 찬사와 이목을 집중시켰던 사람이었다. 그런 사람이 이제는 '세계는 넓고 숨을 곳은 많다'는 식의 조롱을 받으며 도피자 신세로 전락한 것이다.

더구나 체포결사대의 목적지 프랑스는 96년 김우중에게 민간인에게 주어지는 최고 등급의 '레종 도뇌르' 훈장을 수여한 나라다. 세상사가 허무하다고 한탄하는 사람도 있을 것이고 그의 행태에 분노를 감추지 못하는 사람도 있을 것이다.

그 사건의 당사자인 김우중은 오죽하겠는가. 그는 나라 전체의 경제위기를 김우중 일개인에게 전가하는 국민적 비난에 대해 강한 분노, 배신감과 허탈함을 느끼고 있다고 전해진다.

"나를 도대체 어디까지 몰아붙일 생각들인가. 내가 그토록 파렴치한 도둑놈, 사기꾼이라면 나를 믿고 같이 일해온 20만 명이 넘었던 과거 대우직원들은 도둑놈의 부하들인가. 국민에게는 더없이 송구하지만 이런 분위기

속에서 내가 어떻게 속죄하며 무엇을 해명하겠는가."

그의 이런 얘기에 반발심이 생기는 사람들도 많겠지만 인간적인 측면에서 심정적으로는 충분히 이해할 만한 말이다.

이 글을 쓰면서 마음에 걸리는 것은 김우중에 대한 무차별한 돌팔매질에 나도 한몫 거들고 나서는 꼴이 되지나 않을까 하는 걱정이다. 김우중의 오랜 친구이자 고문 변호사였던 석진강의 지적은 가슴에 와닿는다.

"일반적으로 실패의 원인을 찾는 것은 아주 쉬워요. 어떤 의견이 제시되었을 때 부정적으로 비판하기는 아주 쉽습니다. 그건 실패한 다음에 이유를 갖다붙인 거지, 그것이 꼭 원인이 되었다고 보지 않는 것이 건전할 것 같습니다."

백 번 공감한다. 매독이라는 성병을 정신과 의사가 치료하던 시절이 있었다. 매독에 감염되면 '스피로헤타 팔리다' 라는 나선균이 뇌신경을 건드려 정신질환과 유사한 증상을 보이는 경우가 있기 때문이다. 항생제 한 대면 치유될 환자를 앞에 놓고 어린 시절부터의 기억을 말하게 하며 정신분석 치료를 한 것이다. 드러난 결과만을 보고 그 원인을 유추할 때 그런 어처구니없는 실수를 저지를 수 있다는 말이다. '인간 김우중' 의 특질을 살펴보는 일에도 그 교훈은 여전히 요긴할 것이다.

다행히 이 글은 내가 95년 대우 임직원들을 대상으로 이틀간의 워크숍을 진행할 때 적어놓은 메모를 기초로 한 것이다. '세계경영' 이 한창 사람들의 주목을 받던 시기였는데 본의 아니게 지금의 김우중과 대우그룹의 처지를 예견한 내용이 되고 말았다. 그렇지만 당시 대우그룹에 있는 사람들은 그저 '김우중 회장에 대한 재미있는 해석' 정도로만 여겼다. 예측 능력을 자랑하자는 게 아니라 지금의 김우중을 보고 실패 원인을 갖다붙이는 것도, 대항할 능력이 없는 사람에게 손쉬운 돌팔매질을 하는 것도 아니라는 내 나름의 변명 정도로 이해해주었으면 한다.

조증 무드의 증후, 『세계는 넓고 할 일은 많다』

김우중의 자서전 『세계는 넓고 할 일은 많다』는 국내 자서전 시장의 판도를 바꾼 책으로 평가받는다. 89, 90년도 모두 1백50만 부 이상 팔리며 두 해 연속 교보문고 베스트셀러 종합 1위의 기록을 세웠으니 그럴 만도 하다. 김우중식 사고방식을 성공적 삶의 한 전형으로 받아들이던 시기였다.

그런데 내 관심을 끄는 것은 그 자서전의 제목이다. 『세계는 넓고 할 일은 많다』라는 한글 제목도 그렇지만 영문 번역판의 제목은 더 그렇다. 『Every street is Paved with Gold(모든 길은 금으로 포장돼 있다)』. '한국 최고의 세일즈맨' 이라는 별명에 걸맞게 그가 걸어온 모든 길은 노다지판으로 연결됐다는 평가에 안성맞춤인 제목이지만, 동시에 김우중의 인간적 성향을 그대로 드러내주는 제목이기도 하다.

정신의학적으로 볼 때 김우중의 일생은 조증 무드(manic mood)의 연속이었던 것처럼 보인다. 조증(躁症)은 충동을 동반하는 흥분 상태, 활동 과다 등을 보인다. 우울증과 반대인 증상이다. 어떤 한 가지에 심취해 있거나 열광적 성향을 가진 '… 광(狂)' 을 '매니아' 라고 하는데 이 단어는 바로 조증의 영문 진단명 '매니아(mania)' 와 같다. 조증이라는 의학적인 표현과 우리가 흔히 말하는 '매니아' 는 조금 차이가 있긴 하지만 광적인 집착 · 열정을 특징으로 한다는 점에서 유사하다.

조증 무드에 있는 사람은 늘 자신감에 넘치고 매사를 과도하게 긍정적으로 본다. 기분이 좋고 늘 들떠 있다. 할 말도 많고 아이디어도 넘친다. 자는 시간이 아까워서 잠을 적게 자는데도 불구하고 기운은 솟는다. 자연히 일을 자꾸 벌인다. 그들은 늘 확신에 차 있어서 일을 쉽게 시작한다. 한번 시작하면 확장에 확장을 거듭한다. 두려움도 없다.

얼핏 '그런 것이 병이라면 나도 한번 걸려보고 싶다' 고 할 만큼 매력적이지만 그건 독버섯의 색깔이 유난히 매혹적인 것과 같다. 더 들어보면 생각이 달라진다는 말이다. 그들의 지나친 낙천성은 나중에 발생할지도 모를 문제에 대한 대비를 불필요한 것으로 느껴지게 한다. 조증의 끝이 예외 없이 남루하고 허망한 건 바로 그런 이유 때문이다. 주변에서도 조증 무드 때 사업을 확장하고, 지나친 투자를 했던 사람이 조증 무드가 가라앉은 다음에 후회하며 그것을 감당하느라 고통을 당하는 경우를 간혹 볼 수 있다.

그러나 조증의 가장 큰 문제는 발이 땅에서 붕 뜬 상태에서 자기 자신에게 주의를 집중하지 않고 에너지가 외부로만 향한다는 사실이다. 모든 것은 부풀려져 있고 고양되어 있다. 자연히 자기 정체성을 의식조차 못하는 경우가 많고 설사 의식한다 해도 부평초처럼 뿌리가 없는 정체성이다. 실제로 김우중에게 나타나는 조증 무드의 특징들을 한번 살펴보자.

현실부정을 연료로 하는 '인간탱크'

첫째는 팽창된 자신감, 또는 과대망상적 사고이다.

그가 자서전에서 언급한 '도사론'은 조증 무드의 이 같은 특징을 극명하게 보여준다.

"100미터 높이의 산을 마음대로 넘나드는 도사가 있다. 그도 처음에는 우리처럼 1미터밖에 뛰지 못했을 것이다. 그러나 100미터의 산을 뛰어넘을 목표를 세우고 날마다 조금씩 장대의 높이를 높여가며 높이뛰기 연습을 했을 것이다. 사람의 능력은 무한하다. 요는 그 잠재된 능력을 끄집어내어 사용하느냐, 않느냐에 달려 있을 뿐이다. 도사와 범인의 차이도 따지고 보면 거기서 생긴다. 겸연쩍은 얘기지만 나의 별명이 '도사'다."

너무 황당해서 듣는 사람도 겸연쩍다. 무협지를 보면 초인적 힘으로 무

김우중

'세계는 넓고 할일은 많다' 를 모토로 전세계를 누비며 황금길을 닦아온 한국 최고의 세일즈맨.
하지만 그 길을 닦은 '인간탱크' 의 연료는 바로 지나친 낙관의 '현실 부정' 이었다.
절망스러운 현실 앞에 좌절하느니 차라리 현실을 저버리고 만 전설 속의 영웅.
영웅이여, 그대는 아는가! 때론 좌절할 수 있는 것이 진정한 용기이며 능력이란 것을.

엇이든 할 수 있는 주인공이 등장한다. 남자들의 본능적인 '자아 팽창' 욕구를 만족시켜주는 것이 무협지다. 그래서 첨단 테크놀러지가 그물망처럼 깔린 정보통신 시대에도 남자들은 원시적인 칼을 휘두르는 무협지에 열광하는 것이다. 김우중도 홍콩 무협영화의 열렬한 팬이었다.

IMF로 인해 금리가 천정부지로 오르면서 많은 기업들이 무너지고 있을 무렵 김종필 국무총리가 폴란드 대우지사를 들렀다. 김우중은 여기서 "수출을 최대한 늘려 금년(98년)과 내년에 연속으로 5백억 달러 이상 무역흑자를 내면 99년 말이면 IMF를 무난히 극복할 수 있다"고 장담했다. 시시각각 다가오는 사태의 심각성을 "그까짓, 수출로 갚으면 되지"라며 특유의 낙관론으로 덮어버린 것이다.

한 대학교수는 이런 김우중의 성향을 '영웅본능'이라고 표현한다.

"대우가 실패하게 된 내부 원인은 팽창 욕구나 질주 본능이 기업체질화된 데 있다. 조절이 안 되는 거다. 이것을 좋게 표현하면 '영웅본능'이다."

김우중의 '영웅본능'은 대우가 무너지기 직전인 99년 8월 전경련 주최 제주도 세미나에서 그 절정을 이룬다. 전경련 회장이었던 김우중은 대기업이 구조조정을 하면 실업자가 너무 늘어나 나라가 흔들린다면서 정리해고는 호황 때 하는 것이지 불황 때 하는 게 아니라고 주장했다. 구조조정이 시대의 흐름이었던 당시로는 상당히 도발적인 이설(異說)이 아닐 수 없었다.

한 치 앞을 내다볼 수 없는 시기임에도 조금도 굴하지 않고 전진하는 인간탱크를 보는 듯하지만 또다른 측면에서 보면 그건 현실을 부정하는 조증적 행동이기도 하다. 조증 무드에 빠진 사람은 현실을 직시하지 못하는 경향이 많기 때문이다.

일반적으로 사람들은 현실에서 크나큰 좌절과 실망, 열등감에 휩싸일 때 무기력해지면서 우울증에 빠지기 쉽다. 그러나 현실을 직면하게 됐을 때의 좌절을 받아들이지 못할 만큼 심약한 사람이거나 아니면 그 현실이 주는 좌절과 고통이 감당할 수 없을 만큼 클 때, 사람은 자신의 절망이나 무기력감을 완전히 부정하고 오히려 그 정반대의 감정 상태를 보이는데 이것이 바로 조증이다.

정신의학적인 입장에서 보면 현실을 부정하며 조증에 빠지는 사람은, 절망스러운 현실에 좌절하며 우울증에 빠지는 사람보다 심리적으로 더 약한 사람이다. 좌절의 삶을 '환희의 삶' 으로 환치하는 것이 차라리 좋은 방법이 아니냐고 반문할 수도 있을 것이다. 구질구질하게 우울에 빠져 있느니보다 조금이라도 긍정적으로 생각하는 것이 좋지 않느냐고 말이다.

그러나 조증의 현상은 기쁨 그 자체를 추구하는 것이라기보다 좌절된 자존감을 보상하려는 병적인 시도의 파생물이기 때문에 궁극적으로는 긍정적인 결과를 가져다주지 않는다. 조증은 현실을 부정하는 바탕에서 출발하는 것이기 때문에 그 기반이 실로 위태로운 것이다. 전경련 손병두 회장은 김우중의 현실감각에 대해서 "김 회장은 무엇이든 쉽게 생각했어요. 이런 천품으로 인해 성공했고 나중에는 실패했는지 모르지요"라고 말한다.

김우중은 모든 걸 직접 확인하고 챙기는 스타일이었다고 한다. 그는 세미나를 할 때 탁자와 의자의 배열까지 일일이 따질 만큼 꼼꼼한 사람이라서 '과장급 회장' 이라는 평가를 받기도 했다. 그러나 그의 꼼꼼함은 '워낙 본인이 뛰어나니까 아랫사람이 일하는 게 마음에 안 들어서' 가지게 되는 팽창된 자신감의 한 표현이다.

김우중을 폄하하는 사람들은 곧잘 환경을 강조한다고 한다. '압축성장' 을 외치는 권력과의 교묘한 결탁이 대우의 신화를 만들었다는 것이다. 하지만 환경이 좋다고 모두가 성공하는 건 아니라는 게 김우중 옹호론자들의 얘기다.

실제로 김우중의 '환경친화력' (?)은 '지나칠 만큼' 뛰어나다. 1980년대 초반 신군부 시절, 현대그룹 정주영 회장은 당시 '전재산 사회환원' 발언 등 여론과 신군부의 압력을 의식한 김우중의 '튀는 행동'에 대해 무척 불쾌해 했다고 한다. 그때의 일과 관련하여 김우중은 95년 노태우 비자금 사건 공판 때 법정에서 "권력자가 무서워 돈을 뺏겼다"고 진술했다. 그러나 권력자인 사람들의 얘기는 또 다르다. 80년 신군부가 권력을 접수할 당시, 제일 발빠르게 새로운 권력자들을 찾아온 것이 김우중 부부였다는 것이다.

대우의 구조조정 본부에서 근무했던 한 임원의 말은 김우중의 대단한 자신감과 위태로운 현실감각을 잘 보여준다.

"똑똑하고 부지런한 김 회장은 자신감에 넘쳐 수십 년 동안 혼자서 수십 개의 접시를 동시에 돌리는 묘기를 부렸어요. 그러나 IMF사태라는 태풍이 불어닥치자 이 접시들은 우수수 떨어지기 시작한 겁니다."

속도전의 황제, "김기즈칸"

조증 무드의 두번째 특징은 생각과 말과 행동의 속도가 증가한다는 것이다.

한 기자는 김우중과 대화한 소감을 이렇게 말했다.

"김 회장의 말은 말보다 생각이 앞선다. 그래서 한 문장이 끝나기도 전에 다음 문장이 시작되는 까닭에 말이 겹쳐 나오는 경우가 많다."

조증 무드의 특징적 현상이다. 아이디어가 넘치다보니 말이 그 아이디어를 담아내기에도 바쁘게 된다. 이때는 말을 한다기보다 '말이 밀려나오는(pressure of speech)' 형국이 된다. 김우중은 잠을 4시간 이상 자지 않고, 식사를 해도 가장 빨리 나오고, 빨리 먹을 수 있다는 이유로 항상 설렁탕과 비빔밥만 시켜 먹었다. 낮 동안에도 30분마다 사람을 바꿔 만날 만큼 바쁘게 움직여서, 체력 좋고 기력이 왕성한 총각만을 수행비서로 쓰는데도 그들의 체력이 달려서 1~2년 단위로 비서가 바뀌었다고 한다.

큰 여행용 가방은 짐 찾을 때 시간이 걸리기 때문에 무더위와 추위가 교차하는 한 달 간의 해외출장에도 양복 2벌, 와이셔츠 2벌, 양말 2켤레만을 손가방에 들고 가며, 걸을 때도 뛰듯이 다녔단다. 세계경영을 주창한 93년 이후에는 사흘 중 이틀을 해외에서 보냈는데 한 해의 비행거리만도 56만km가 넘었다니 가히 공간이동을 연상케 하는 속도감이다.

한 경영학과 교수는 대우의 세계경영 현장을 두루 다녀본 후 "김 회장은 한마디로 콜럼버스 같았다. 신대륙을 개척한 거다" 라고 말했다. 김우중은 한 교수에게 "당신네 학자들은 이론을 연구하지만 나는 이론을 만든다" 라고 말한 적도 있을 만큼 자신의 일에 대한 자부심과 자신감이 대단했다.

그러나 지나치게 김우중이라는 한 개인에게 의존했던 대우그룹은 우수한 인력이 많았지만 시스템이 부재했던 기업이라는 평가를 받는다. 실제로 4백개가 넘는 해외 현지법인을 구축했지만 기술력과 제품의 수준이 이를 뒷받침하지 못해 김우중은 평소 "죽기 전에 세계 1위 제품을 만드는 것이 소원" 이라고 말했을 정도다. 속도[量]가 내용[質]을 너무 앞질러서 생긴 현상이다. 이해를 돕기 위해 『동아일보』 김화성 기자가 쓴 '기동성' 에 관련된 글을 잠시 살펴보자.

"칭기즈칸의 몽골군이 세계를 정복한 것은 기동성 때문이었다. 속도전에서 이겼기 때문에 자기들보다 수백 배나 큰 세력을 지배할 수 있었다. 칭기스칸이 대제국을 건설했을 때 몽골 인구는 고작 1백만 명. 이 중 칭기스칸의 기마군단은 20만 명. 칭기스칸은 이들만 갖고 1억여 명을 지배했다."

그러나 칭기즈칸의 위성제국은 오래가지 못했다. 정복한 이민족을 몽골인으로 동화시키는 현지화를 병행하지 못했기 때문이다. 너무 정복 속도가 빨라서 시스템이 뒤따르지 못한 것이다.

공교롭게도 유럽인들은 김우중을 "킴기즈칸" 이라고 불렀단다. 아시아인이 유럽을 공략한 것은 13세기 칭기즈칸 이후 처음 있는 일이라며 김우중을 칭기즈칸에 비유한 것이다. 칭기즈칸이 기동성이 뛰어난 기마군단을 주력 삼아 영토를 확장했듯이 김우중은 칭기즈칸 전략의 핵심인 "기동성을 상품화했다"는 것이다.

김우중의 속도감은 일반인의 상상을 초월한다. 대우그룹의 경이적인 성장사도 그와 무관하지 않다. 김우중이 '대우실업 주식회사'를 창업한 지 10년 만인 77년에 자본금 5백만 원은 5백60억으로 1만2천 배, 수출은 58만 불에서 3억2천만 불로 5백50배, 매출액은 2억 원에서 2천2백억 원으로 1천1백 배, 순이익도 4백만 원에서 1백40억 원으로 3천5백 배, 종업원은 5명에서 3만 5천 명으로 7천 배가 늘어나는 믿기 어려운 일이 일어났다. 스피드를 앞세운 김우중식 영토 확장의 시작이었다.

좌절할 수 있는 것도 능력이다

김우중과 짝지어 연상되는 그의 '일중독증'이라는 것도 실상은 조증 무드의 한 표현으로 볼 수 있다. 그의 일중독은 생각과 행동의 속도 증가가 빚어낸 하나의 현상인 것이다. 일중독자란 일을 열심히 하는 사람이 아니라 일에 끌려가는 사람이다. '이 정도 일하지 않고 이렇게 힘든 경쟁사회에서 어떻게 살아 남느냐'는 게 일중독자들의 항변이지만, 그들은 사실 필요에 의해서 일을 하는 것이 아니다. 일이 없으면 안절부절못하고 불안해지기 때문에 하는 것이다.

실제로 대우 설립 뒤 그가 휴가를 간 것은 90년 장남의 사망시 두문불출했던 1주일뿐이었고, 온 가족이 한자리에 모이는 날은 김우중의 생일과 모친 기일뿐이었다고 한다. 김우중은 자신의 일중독증을 이렇게 설명한다.

"나는 도대체 가만히 있지를 못하고 일을 벌이는 편이다. 세상에서 가장 어려운 일이 아무 일도 하지 않고 가만히 있는 것이라고 생각한다."

김우중의 해외출장에 한 달 간 동행했던 소설가 최인호의 말은 더 구체적이다.

"김 회장의 스케줄 중간에 5분이라도 틈이 생기면 비서가 저에게 와서 시간을 메워 달라고 부탁을 해요. 김 회장은 쉬고 있을 때 완전히 무기력한 사람처럼 보이고 안절부절못합니다."

그러나 일을 하기 시작하면 언제 그랬냐는 듯 금방 안정을 되찾는다. 마치 술이 떨어지면 금단증상으로 손을 떠는 알코올중독자가 술 한 모금에 떨리던 손이 안정을 찾는 것과 마찬가지다. 성실하게 일에만 몰두하는 경영자의 표상을 보여준 것이 김우중의 빛이라면, 일중독증이라는 병리현상을 사회적으로 무감각하게 만드는 데 일조를 한 것이 그의 그림자다.

소설가 이문열은 김우중의 빛과 그림자에 대해 이렇게 말한다.

"김 회장은 자고 먹는 시간을 아까워할 정도로 사업에만 몰두한 중독자였다. 비록 경영상 잘못을 했더라도 개인적 치부를 위해 사기를 저지른 파렴치범으로 보지는 않는다."

한 대우맨이 김우중에게 보내는 메시지도 비슷한 맥락이다.

"나는 그를 실패한 경영자가 아니라 어떠한 여건과 환경 속에서도 소신과 집념을 꺾지 않은 '위대한 사상범'으로 기억하고자 한다."

일을 제외하고 김우중의 유일한 취미는 바둑이었다. 그와 10여 차례 바둑을 두어본 서능욱 9단은 "김 회장의 바둑은 공격적이며 기력에 비해 대세관이 좋고 전투에 강하다. 그러나 체계적으로 공부하지 않아 실수가 많고 가끔 황당무계한 수를 둔다"고 평했다.

결과적으로 김우중은 실패했다. 실패해서 문제가 있는 것이 아니라 문제가 있었기 때문에 실패한 것이다.

이제 한국 경제사에서 하나의 '전설' 로 기록될 수밖에 없는 김우중이 대우직원 모두에게 보낸 작별의 인사를 들으면서 김우중 스토리를 마무리하자. 그의 마지막 작별인사는 회한과 허무로 얼룩진다.

"여러분과 함께했던 꿈과 이상 또한 이제 가눌 수 없는 고독이 돼 제 여생의 반려로 남게 되었습니다. 이제는 뜬구름이 된 제 여생 동안 그 모든 것을 면류관으로 삼아 온몸으로 아프게 느끼며 살아가게 될 것입니다. (…) 제가 기억 속에 묻히는 이 순간을 계기로 대우와 임직원 여러분이 과거로부터 자유로워지고……."

김우중은 작별서한에서 자신의 여생이 뜬구름처럼 될 것이라고 말했지만, 성취하고 전진하지 않는다고 실패한 삶은 아닐 것이다. 김우중은 그 동안 너무 많이 이룩했고 너무 빨리 나아갔다.

자기의 뒤뚱거리는 모습을 대면하지 않고 낙관주의로 일관하는 사람은 정신적 복통으로 결국에는 좌초한다. 때로는 좌절할 수 있는 것도 '능력'이다.

한때 많은 사람들의 꿈과 전설과 신화가 되기도 했던 '경제 거인' 답게 마지막까지 늠름한 모습을 보여주길 바란다.

모양이 예쁜 정치인

이번에는 정동영 최고위원에 대해서 살펴보자.

정동영은 '본능적 울림' 이 많은 사람이다. 무슨 말인가?

사람들이 정동영에 대해서 가지고 있는 이미지는 거의 비슷한 것처럼 보인다. 가장 호감이 가는 정치인, 가장 이미지가 좋은 정치인을 꼽으라면 거의 예외 없이 상위권에 랭크되는 사람 중의 하나가 바로 정동영이다. 일부에

선 그의 앵커 전력이 호감도를 높이는 것이라며 그의 이미지에는 거품이 있다고도 말한다. 그러나 앵커 출신 국회의원들이 유난히 많았던 15, 16대 국회에서 집권당 최고위원에 선출될 정도로 정치적 입지를 굳힌 것은 사실상 정동영이 유일하다는 게 정치평론가들의 일반적인 평가다.

96년, 그가 정계에 입문할 때 당시 국민회의 김대중 총재는 직접 정동영을 기자실에 데리고 내려가서 "당의 이미지를 쇄신하는 데 크게 기여할 인물"이라고 소개했단다. 뉴스앵커 시절에 "정동영 앵커가 마이크를 잡으면 진실을 말하는 것 같다"고 표현한 한 신문기사도 비슷한 맥락이다. 16대 총선 때는 전국 각지의 민주당 후보들이 '정동영을 지원 연사로 보내달라'고 아우성을 칠 정도로, 이른바 정치판에서 '오빠부대'를 거느리고 있는 몇 안 되는 현역 의원이란다. 그의 긍정적 이미지는 그만큼 파괴적이고 무차별적이다.

인지도가 곧 호감도는 아니라는 상식적인 판단기준으로 보자면 그의 경우는 참 희귀한 케이스다. 이화여대 주철환 교수는 PD의 시각으로 볼 때 그가 "썩 괜찮은 상품"이라고 말한다. "한 인간의 내용물(의지)과 형식(태도)이 긴밀히 융합되어 하나의 통일성을 갖추게 된 예사롭지 않은 사례"라고까지 평가한다. 소설가 양귀자는 정동영에 대한 대중의 인식을 압축해서 이렇게 표현한다. "그가 20년 가깝게 방송인으로 살아오면서 우리에게 남긴 이미지는 섬세하고 진지하며 또한 신뢰가 가는 사람이라는 것이다."

지난 8월 민주당 최고위원 경선에서 그가 최고위원으로 선출되자 한 시사주간지 기자는 조금 유난스럽다 할 만큼, 그러나 일면 수긍이 갈 수밖에 없는 현실 상황을 기사에 담는다.

"그야말로 황금 같은 기회를 잡았다. 그 학력(서울대 국사학과), 그 나이(47세), 그 언변(민주당 대변인 역임), 그 자질(문화방송 앵커 출신)에 최고위원까지 달았으니, 그것도 새로운 패러다임을 요구하는 시대적 흐름을 탄 첫 최고위원이라는 점에서 '큰 꿈' 을 꾸는 데 두고두고 유리하게 작용할 것이다."

그러나 이 글은 정동영의 '큰 꿈' 이나 '정치적 성향' 이 어떠한지를 살펴보려는 의도를 가지고 있지 않다. 그의 직업상 어쩔 수 없이 정치적 소재가 등장할 수밖에 없지만, 도대체 정동영 이미지의 어떤 면이 그토록 많은 사람들에게 호감을 주고 신뢰를 주는지 그걸 살펴보자는 것이다. 더 나아가 어떻게 해서 그런 호감도(good image)가 형성될 수 있는지 그 까닭을 알아보자는 것이다.

누구나 살다보면 다른 사람에게 좋은 이미지를 주기 위해서 무진 애를 쓰고 있는 자신의 모습을 발견하게 되는 경우가 많이 있을 것이다. 다른 사람에게 좋게 보이고 싶은 건 인간이 가진 일종의 본능이다. 정동영이란 인물의 스타일이나 개인적 성향에 대해서는 이견이 있을 수 있겠지만, 그가 지니고 있는 경이적인 호감도를 누구나 부러워하는 건 그런 잠재의식의 한 표현일 것이다.

한 기자는 정동영을 가리켜 "모양이 예쁜" 정치인이라고 말한다. 깨끗한 용모와 세련미, 정확하고 설득력 있는 화법, 왠지 내면이 따뜻할 것 같은 느낌 등을 함축적으로 표현한 말인 듯하다. 정동영의 입장에서 보면 다소 손해보는 듯한 느낌이 들 수도 있을 것이다. 자신이 가진 정치적 자산이나 능력보다 '좋은 느낌을 주는 사람' 이라는 이미지만 우세하면 정치를 업으로 하는 사람의 입장에서는 손해가 될 수도 있기 때문이다. 아무리 혼신의 힘을 기울여 연기를 해도 연기파라는 말보다 '얼굴로 민다' 는 소리를 들을 수밖에 없는 장동건의 '미남 콤플렉스' 와 비슷하다고 할까.

그러나 아무리 이미지라는 것이 실체와 어느 정도 차이가 있다고 해도 전혀 연관이 없을 수는 없다. 99년, 정동영은 한 대학의 초청강연에서 김대중 대통령에 대한 얘기를 하며 이미지와 실체의 연관성에 대해 다음과 같이 말한다.

"많은 전문가들이 비판합니다만, 그러나 이미지 정치의 위험성, 함정에도 불구하고 그 이미지라는 것이 알맹이와 전혀 동떨어진 상태에서 다른 이미지로 만들어지는 것은 또 쉽지 않을 것 같습니다."

이미지 뒤에 당연히 있어야 할 알맹이의 가장 기본이 되는 신뢰와 정직성, 인간미가 구비되지 않으면 금방 허상이 드러날 수밖에 없다는 말이다. 이 말은 정동영 자신의 이미지에도 그대로 적용된다. 18년간의 방송생활, 6년간의 정치생활을 하면서 계속해서 실체와 관계없이 그 많은 사람들에게 '좋은 이미지'를 각인시킬 수는 없기 때문이다. 인간 정동영의 실체는 과연 무엇일까.

공명(孔明)도 뿌리치지 못 할 겸손

정동영은 지나칠 만큼 인간적 겸손함이 몸에 배인 사람이라는 평가를 받는다고 한다. 지난 최고위원 경선에서 정동영은 패기 넘치지만 결코 건방져 보이지 않는다는 점에서 다른 소장파 후보들과는 달리 보수적 노장층 대의원의 거부감이 적었단다.

나는 지난 여름 우연히 공항에서 정동영을 본 적이 있다. 배웅을 나온 사람은 젊은 보좌관인 듯했는데 배웅자가 인사를 하자 정동영도 깍듯하게 고개를 숙여 인사를 하고는 안으로 사라졌다. TV에서 본 것처럼 몸을 반쯤 돌린 상태에서 한쪽 손을 드는 정치인 특유의 행동을 예상했던 나는 약간의 충격을 받았다.

어떤 기자는 "부족한 부분을 채워 밀알이 될 수 있도록 하겠다"는 정동영의 말을 "고정 레퍼토리"라고까지 표현한다. 물론 좋은 의미에서다. 전략적 차원에서 하는 겸양의 수사(修辭)라고만 보기에는 너무 무의식적이고 초지일관하기 때문이다. 최연소 최고위원으로 선출된 후 대권에 관련된 질문을 받자 그에 대한 대답이다.

"나는 거론되는 것을 명예롭게 생각하지만 아직 채워지지 않았고, 정신적으로도 아마추어 정치인이라고 생각한다. 무엇이 좋은 정치인이 되는 길인지를 찾아 빈 부분을 채워 나갈 것이다."

늘 그런 식의 대답이 주조를 이루자 한 기자는 그래도 정치인인데 어떻게 그토록 한가하고 인간적인 소리만 하느냐고 따져물었지만 그의 대답은 한가지다.

"이 자리 자체가 과분하다. 정치인에게는 기본적으로 권력의지가 있다. 그걸 부정하지는 않지만 스스로에게 겸손해질 필요가 있다. 개인의 한계는 명확하다. 뜻을 펴보고 싶다는 생각은 있으나 욕심을 내면 불행해진다고 생각한다. 항상 내가 서 있는 자리에서 무엇을 할 수 있느냐를 생각한다."

한두 번 정도는 정치인다운 욕심을 드러내는 발언을 할 법도 한데 아무리 눈을 씻고 지난 6년간의 인터뷰 내용을 샅샅이 살펴보아도 다 비슷한 내용들이다. 하기사 96년 그의 정계 입문 첫 선거에서 전국 최다득표로 당선될 때부터 그랬으니 더 말해 무엇하겠는가.

"기쁨보다 어깨가 무겁고 과연 감당할 수 있는지에 대해 깊이 생각하게 하는 선거였다. 항상 물러날 때를 생각하는 자세로 의정활동에 임하겠다."

첫번째 당선소감에서 물러날 때를 생각한다니, 정치인이 이래도 되는 걸까 하는 의문까지 생겨날 정도다. 그는 최고위원 경선 당시 열렸던 개편대회에도 가장 먼저 와서 가장 늦게 가는 사람이었단다. 당선된 후에는 최고위원들 간에 자리배치 문제로 설왕설래가 있자 경선에서 5위를 차지했음에도 7위를 차지한 정대철 최고위원에게 얼른 자리를 양보했다.

정확하게 일치하는 인간유형은 아니지만 얼핏 그가 가장 감명 깊게 읽었다는 『삼국지』의 유비가 연상된다. 유비의 상상을 초월하는 겸손과 후덕(厚德)은 때와 장소와 상대를 가리지 않는다. 유비의 삼고초려에 결국 유비의 뜻을 받아들이기로 한 공명은 큰 한숨을 내쉬며 탄식을 한다.

"아아, 그대에게 천명이 없는 줄 알면서도 그대의 뿌리칠 수 없는 인품 때문에 나 공명은 그대를 따라나서는구려."

의도적이지 않은 이런 '타고난' 혹은 '몸에 밴' 겸손에는 당할 장사가 없다.

왕따를 당해도 내지를 건 내지른다

지난해 12월 초 소위 '권노갑 파동' 이후 한동안 정동영은 정치적 화제의 중심인물이었다. 정동영 자신은 이 문제에 대해서 언급하는 것조차 불편해하는 듯하지만, 그 과정과 파장을 찬찬히 관찰해보면 정동영이란 인물의 또다른 성향이 잘 드러난다.

잘 알려진 것처럼 사건의 개요는 간단하다. 대통령과 집권당 최고위원들의 청와대 간담회 도중 정동영이 대통령 앞에서 '국민의 눈엔 우리 당 권 최고위원이 YS 정권 때의 김현철처럼 투영되고 있다'는 요지의 발언을 한 것이다. 그 사실이 알려지자 많은 사람들은 정동영에게 박수를 보냈고 권 최고위원은 얼마 후 최고위원직을 사퇴했다. 더 보태고 뺄 것도 없이 그게 전부다. 그 와중에 당 내에서는 자신을 정계 입문시키고 뒷받침해준 '어른'을 내친 그에 대해 '배은망덕하다'거나 '손봐주겠다'는 말들이 나왔다고 알려진다.

그런데 문제는 그 다음부터다. 일반 국민들은 잘 모르고 있었지만 정동영은 그 사건 이후 당 내에서 철저하게 '왕따'를 당하고 있었던 모양이다.

'권노갑 파동' 이후 4개월이나 지난 시점인 올해 3월 말 권노갑 전최고위원이 갑작스럽게 공개적인 사과 요구를 한 게 전혀 엉뚱한 것은 아니었던 것이다.

지난 4월 한나라당의 한 의원은 정치분야 대정부질문에서 "민주당 정동영 최고위원은 동교동 실세인 권 최고위원의 퇴진을 대통령께 건의한 이후 왕따를 당하고 있다"는 공개적인 발언을 한다. 여당에 대한 정치공세의 적절한 소재로 사용하려는 의도였겠지만, 그만큼 공개적인 왕따가 이루어졌다는 한 반증이기도 할 것이다.

그와 관련된 5월 초 한 중앙일간지의 만평도 예사롭지는 않다. 정대철 최고위원이 경찰청장을 감싸안고 있는 대통령을 향해 "짜르세요"하고 소리치자 등에 '왕따 정동영'이라고 쓰여진 사람이 머리를 감싸쥐고 고개를 숙인 채 "'정 선배'도 내 짝 났다"고 혼잣말을 한다. 그 만평의 제목은 「직언 2탄」이다.

또 올해 6월 초 정동영이 중심인물로 부각된 소장파 의원들의 '정풍운동'도 비슷한 맥락의 사건이다. 그 사건들에 대한 정치적인 의미나 해석은 각자의 판단에 맡기자. 그보다 궁금한 것은 부드럽고 따뜻하기만 한 것 같은 정동영이 어떻게 해서 그런 사건의 중심에 서게 되었느냐 하는 것이다. 밖에서는 새로운 '정치적 스타'가 탄생했다고 환호했지만 안에서는 철저하게 소외를 당할 수도 있는 일이었는데, 정동영은 그런 상황을 어느 정도 예견했던 것일까 아님 전혀 예상하지 못했던 것일까.

내가 보기에 그 어느 쪽이었든 정동영은 결국 그런 말을 했을 가능성이 높다. 물론 정치적 이해득실에 따른 계산된 발언도 아니었을 것이다. 그의 정치적 발언을 옹호하거나 폄하하자는 게 아니고, 그는 이런 경우 뒷일 생각 않고 '내질러' 버리는 성향이 있기 때문이다. 서두에서 내가 말한 '본능적 울림' 같은 것이다. 갸날픈 외모와 달리 정치적 파괴력이 만만치 않다는 평가를 받는 것도 그런 성향에서 기인한다.

정신분석적으로 정동영 같은 유형의 사람은 한마디로 표현하자면 '이상적' 인 것에 대한 열정과 집착이 대단하다고 볼 수 있다. 그런데 당사자는 그것을 '이상적' 인 것이라 생각하지 않고 당연한 것이라고 여긴다. 일상적인 일에는 지나칠 만큼 관대하고 개방적이지만 자신의 내면적 가치, 내적 신의가 위협을 당하면 곁에서 보는 사람이 섬뜩할 만큼 한 치의 양보도 없다.

정동영은 10월 유신이 선포된 72년에 서울대 문리대에 입학했다. 72학번 동기생들의 징역형을 다 합하면 1백 년이 넘는다는 말이 나올 만큼 투옥과 수배가 반복되는 시절이었다. 정동영도 73년 유신반대 첫 학생시위로 기록되는 서울대 문리대생들의 데모에 참가했다가 감옥생활을 했고, 74년에는 민청학련 사건에 연루되어 3개월간 복역한 후, 출감하자마자 '특수학적 변동자' 가 되어 군에 강제 징집되었다.

군대에서도 그의 '폭발적인 내지름' 은 수그러들지 않는다. 군복무 중 그는 예전의 사건에 연루되어 보안사로 연행된 뒤 열흘 동안 두들겨 맞은 후 '공포의 열흘' 을 누구에게도 발설하지 않겠다는 서약서를 쓰고 자대로 복귀한다. 그런데 내무반 고참은 자기에게 말도 없이 윗사람에게만 보고를 하고 휴가를 다녀온 줄 알고 정동영과 내무반 동료들에게 전체기합을 주었다. 여기서부터는 정동영의 표현을 그대로 빌려보자.

"엉덩이가 불이 나면서 전체 내무반에는 신음소리가 낭자했다. '나쁜 놈들. 잘못했으면 나만 팰 것이지 다른 사람들은 왜 괴롭혀!' 이런 생각이 든 순간 내 눈에 불이 붙었다. 벌떡 일어나 침상의 곡괭이를 들었다. '다 집어 치워!' 일순간 관물대에 일사불란하게 정리해둔 소총과 수통, 철모, 군복이 하늘로 퉁겨지면서 내무반이 아수라장이 되었다. 내 정신이 아니었다."

이런 저런 이유로 이 사건은 내무반 내부의 일로 무마되었지만, 그 사건 이후 정동영은 고참들에게 찍혀 왕따를 당했단다.

최고위원 경선 과정에서 벌어진 또 하나의 에피소드도 정동영의 이런 성향을 잘 보여준다. 처음에 그가 내세운 메시지는 특유의 겸손함을 앞세운 '노장청 통합론' 이었다. 노장 일색이 아니라 청년도 한 자리쯤 끼워 넣어 달라는 수세적 메시지였다. 그러나 지방 개편대회에서 지구당 위원장들의 좌절감과 분노하는 바닥민심을 절절이 전해들은 정동영은 서울에 올라오자마자 이미 교정지까지 나와 있는 자신의 홍보전단을 전면적으로 뜯어고친다. '확 바꿔놓겠습니다' 라는 공격적 메시지에다 더 나아가 '혁명적으로' '뒤집어놓겠다' 는 초강경 어구를 동원했다. '나를 당선시키면 당을 확 뒤집어 엎어버리겠다' 고 한 것이다.

많은 당직자들로부터 지나치다는 비난의 소리를 들었지만 정동영은 대의원 35%의 지지를 얻어 5위로 최고위원에 당선된다. 아무런 당내 조직도 없던 정동영이 최고위원에 선출된 것은 이러한 자신의 심경을 듣는 사람에게 그대로 전달할 줄 아는 빼어난 연설솜씨 덕분이었다.

테크닉을 넘어선 공감력

실제로 많은 사람들이 정동영의 가장 큰 장점으로 꼽는 것은 폭발적인 연설 능력이다. 기승전결이 있고 고저장단이 뚜렷한 그의 연설은 특유의 정확한 발음과 힘있는 제스처, 청중의 감정 상태에 부응하는 탁월한 조어력, 감성적 목소리로 사람의 마음을 뒤흔든다는 평가를 받는다. 역사상 가장 '선동성이 뛰어난' 대중연설가 중의 하나는 히틀러다. 한 역사학자는 "히틀러에겐 자신의 개인적 좌절감을 독일국민 전체가 겪는 고통인 양 표현하는 재능이 있었다" 고 말한다. 갑자기 히틀러 얘기를 하는 건 정동영이 스스로에 대해 '선동성만 강한 정치꾼' 이 아닐까 하는 의구심을 이따금씩 갖는 듯하

정동영

‘모양이 예쁜’ 정치인, 정동영. 호감가는 이미지에, 진실만을 말할 것 같은 신뢰감, 몸에 밴 겸손,
게다가 사람의 마음을 울리는 공감력까지. 하지만 그는 늘 본능적 스트레스에 시달리는 한 인간이다.
그대여, 아는가! 그대의 스트레스가 그치는 날,
어쩌면 사람들 마음속의 ‘어떤’ 울타리가 무너져 내릴지 모른다는 걸.

기 때문이다. 그 의구심에 대한 해답의 일부는 정동영 자신이 이미 밝힌 바 있다.

"최고위원 선거기간 중에 제 연설솜씨가 화제가 됐는데 말솜씨가 아니라 사람의 마음을 움직일 수 있는 메시지가 중요했다고 봅니다."

아직도 95년 삼풍백화점 붕괴사고 현장의 정동영 기자를 인상 깊게 기억하는 사람들이 많다고 한다. '새벽까지 참담한 표정으로 보도하던 모습이 공감이 갔다' 는 격려전화를 많이 받았다는데, 그에 대한 정동영의 말을 들어보자.

"내 얼굴은 구조대원처럼 열이 올라 있었으며 표정은 비통스럽기까지 했다. 하지만 표정관리에 신경 쓰고 있을 여유가 없었다. 마이크를 잡은 나는 차라리 구조대원이고 싶었다."

그렇다. 매끈한 말과 연설 테크닉만으로 사람의 마음을 움직일 수 있는 건 아닐 것이다. '가수는 노래를 잘해야 한다' 는 당연한 말처럼 립싱크 테크닉은 잠시 사람의 마음을 홀리게 할 수 있을 뿐이다.

그렇게 본다면 정동영은 꼭 필요한 시점에 자신의 전 체중을 실을 줄 아는 재능을 가진 사람이다. 일견 남들이 보기엔 공부하지 않는 학생의 책처럼 유별난 '흔적' 이 없어 보이지만 꼭 필요한 부분에는 거의 빠짐없이 밑줄이 그어져 있는 것이다.

얼마전 한 여중생이 정동영의 홈페이지에 일본의 역사교과서 왜곡 사건에 대한 자신의 의견을 보내왔다. 정동영은 그 학생에게 이렇게 답장을 보낸다.

"저는 3월에 대구에 들러 정신대로 끌려갔다 오신 조윤옥 할머니의 장례식에 참석한 적이 있습니다. 살아 생전 고국 땅을 밟고 싶었지만 죽은 다음에야 돌아오신 분입니다. (…) 장례식 내내 할머니께서 겪으셨을 설움과 한이 가슴속에 밀려왔습니다. 제가 할머니의 그 오랜 한을 다 이해할 수는 없었지만, 가슴속에서 울컥하는 마음만은 어찌할 수 없었습니다. '정신대 할머니와 함께하는 대구시민모임' 이 시민사회 단체장으로 치른 이날 장례식에는 유족 서너 명과 시민모임 쪽에서 몇 분만이 참석했을 뿐입니다. 정말 우리가 조 할머니의 문제를 역사로 인식하고, 그 의미를 진심으로 깨우치고 있는지에 대해 생각해보았습니다."

행여라도 훗날의 홍보를 위해, 양로원 같은 곳에서 사과상자를 옆에 놓고 기념사진을 찍는 정치적인 제스처를 연상하지 않아도 될 듯싶다. 애초에 그런 목적으로 쓰여진 편지도 아니고 또 정동영이란 인물은 앞서 살펴본 것처럼 그렇게 적극적인(?) 정치적 성향을 가진 사람이 아니기 때문이다.

정동영은 우리 역사에서 가장 인상 깊은 지도자의 한 사람으로 광해군을 꼽는다. 광해군이 통치하는 15년 동안은 실리외교를 펴서 전쟁 없이 백성이 편안하게 살았기 때문이란다. 개인 하나 하나가 '우주' 와 같은 존재인데 개인이 죽으면 국가나 이념이 무슨 의미가 있느냐는 것이다. 제대하는 날 주머니 돈을 털어 대형거울을 사서 '인간회복' 이라는 글자를 새겨 선물하고 나온 것도 비슷한 이유다. 사람들이 뚜렷한 이유도 없이 그에게서 왠지 모를 신뢰감을 느끼는 것은 바로 인간 그 자체에 대한 이런 '공감력(empathy)' 때문이 아닐까.

지난 10월 몇 명의 초등학생이 학교 숙제 때문에 정동영의 홈페이지를 방문해 귀엽고 천진하지만, 정치의 본질이라고 할 수도 있는 문제에 관해 정동영에게 숙제를 내준다.

"특별히 물어볼 것은 없고, 그냥 숙제를 하다가 우리 지역구 국회의원은 어떤 훌륭한 일을 했는지 써야 하는데… 잘 몰라서(죄송) 이곳에 들어온 겁니다. 그리고 제 이메일에 정동영 국회의원님께서 어떤 훌륭한 일을 하셨는지 편지를 써주셨으면 합니다."

정동영은 즉시 그 어린이들에게 답장을 띄운다. 그가 보낸 답장의 구체적 내용을 밝히기보다는 이 글을 읽는 사람들 각자의 상상에 맡기는 게 더 여운이 있을 듯싶다.

본능적(?) 스트레스

아주 자주 정동영은 국회의원을 평생 직업으로 늙을 때까지 하고 싶은 생각이 없다고 말하곤 한다. 연수원에 갔을 때는 창 밖으로 내리는 눈을 보고 너무 행복해서, 이렇게 눈 내리는 산을 보면서 살고 싶다고 기도했단다. 한 잡지와의 인터뷰에서는 더 구체적으로 자신의 꿈에 대해 얘기한다.

"내 꿈은 아침에 새소리를 듣고 일어나는 것이고, 아침에 눈떴을 때 제일 먼저 산허리를 보고 싶다. 차 한 잔, 감미로운 음악, 그런 데서 행복감을 느끼지 최고위원이 돼서 좋은지는 실감도 나지 않는다."

물론 이 잡지는 여성지가 아니라 주로 남성들이 구독하는 시사주간지였다. 집권여당 최고위원 자리에 있는 정치인이자 '큰 꿈' 과 관련하여 사람들의 입에 오르내리는 사람이 이렇게 비정치적으로 말하기도 쉽지 않을 것이다. 행동보다 반성에 더 많은 시간을 보낸다고 할 만큼 '본능적 흔들림' 이 많은 그는 자기가 얼마나 나약한 인간인지를 자주 느끼곤 하는 것 같다. 따지고 보면 자기 정체성의 실체는 바로 그런 바탕에서 시작되는 것인지도 모른다.

정동영의 인터뷰기사들을 읽다보면 흥미로운 현상 하나를 발견하게 된다. 많은 인터뷰어들이 "정동영이 몹시 피곤해 보인다"는 표현을 하고 있다는 사실이다. 한 여성 인터뷰어는 그가 너무 지쳐 보여서 마음속으로 쓸데없는 모성애까지 발휘되었다고 말한다.

확률적으로 볼 때 그가 그 많은 인터뷰 때마다 유난히 피곤한 일이 있었을 리는 없고, 또 그가 2백73명의 국회의원 중 제일 열심히 일을 해서 그렇다는 이유도 낯간지럽다. 그렇다고 그가 육체적으로 허약한가 하면 그렇지 않다. 그는 1주일에 한 번씩 의원들과 함께 하는 조기축구회 센터포워드이자 한일의원연맹 축구대회에서 주전으로 활약할 만큼 운동을 좋아하는 사람이다.

그렇다면 정신과 의사의 직업병을 발동하여 그 원인을 한번 진단해보자. 살다보면 아무 질병이나 환경적 요인이 없었음에도 '요즘 피곤하시냐' 는 질문을 많이 받게 되는 경우가 있을 것이다. 이럴 경우 그 원인은 '심각한 스트레스' 일 확률이 높다. 실제로 스트레스성 질환을 판별하는 진단항목 중에는 '요즘 특별한 이유 없이 쉽게 피곤하다' 는 문항이 들어 있다.

만약 '스트레스에 의한 피곤증' 이라는 내 진단이 맞는다면 정동영은 무슨 이유 때문에 그렇게 심각한 스트레스를 끊임없이 받고 있는 것일까.

언젠가 정동영은 방송인 아버지에게 자부심을 느끼던 아이들이 국회의원인 아버지를 친구들 앞에서 그 전처럼 자랑스러워하지 않는 것을 보면서 아득해진 적이 있다고 고백했다. 단순히 국민들이 막연하게 갖고 있는 정치에 대한 혐오감, 정치인에 대한 불신, 그런 이유 때문에 그렇게 스트레스를 받는 것일까. 자신도 그런 손가락질로부터 자유롭지 못하다고 말하지만, 현실적으로는 많은 사람의 사랑을 받는 행복한 정치인 중의 한 명이 정동영 아닌가.

우리 나라 선거사상 최초로 국회의원 2연속 최다득표 당선, 야당 대변인으로 시작해 여당 대변인에 이르기까지 40개월 동안의 장수 대변인, 40대 최고위원 등 '기록 제조기' 로서의 명성도 다 그러한 긍정적 인식을 바탕으로 이뤄진 일들이다. 게다가 그의 말처럼 정치자금 측면에서도 정동영은 행운아다. 정치 입문 후 지난 6년간 1천여 명의 소액 후원자들이 보태주는 후원금 덕분에 누구에게 손벌리지 않고 지금의 자리까지 왔다는 것이다.

그럼에도 정동영은 자신의 내면적 이상인, 정치현실에서의 '인간회복' 에 대한 유별난 집착(?)으로 인해 상대적으로 많은 스트레스를 받고 있는 듯하다. 정동영의 '본능적 울림' 이 '정치현실' 이라는 실체를 스스로에게 유난히 버거운 것으로 만드는 것이다. 살다보면 자기가 잘할 수 있는 일과 좋아하는 일이 반드시 같지 않다는 사실을 깨닫게 되는 경우가 있다. 어쩌면 정동영도 그런 생각을 자주 하고 있는지도 모른다.

'어떤' 울타리

정동영은 '우리가 일반적으로 인식하고 있는 정치인(?)' 답지 않은 독특한 이미지를 가지고 있는 사람이다. 그것이 작금의 정치생리와 정동영이라고 하는 한 인간의 관계가 찰떡궁합처럼 보이지 않는 한 이유일지도 모르겠다. 하지만 현재 정동영이 이룩한 정치적 위상이 단순한 거품 인기가 아니라 앞서 살펴본 것처럼 철저한 자기 정체성을 근거로 한 것이라면, 지금 그가 겪고 있는 일종의 갈등 현상은 새로운 패러다임의 정치를 예고하는 과도기적 현상이라고 할 수 있을 것이다.

예전에 이광모 감독이 전혀 새로운 영화문법으로 〈아름다운 시절〉이라는 영화를 만들어서 국내외적으로 극찬을 받을 때 일부 평론가들은 그의 독특함을 다음과 같이 표현했다.

"한국영화는 '이광모' 이전과 이후로 나눌 수 있다."

얼마간의 과장이 용인된다면 필자는 이 표현을 정동영에게도 그대로 적용해보고 싶다.

"한국의 정치인은 '정동영 스타일' 이전과 이후로 나눌 수 있을지도 모른다."

이제 그의 우상이었다는 아버지 얘기로 이 글을 끝맺자.

전북 도의원을 지내기도 했다는 정동영의 부친은 그가 열일곱 살 때 세상을 떠났다. 그러나 정동영에게 있어 아버지는 아직도 절대적인 존재인 모양이다. 틈만 나면 자신은 아버지를 그 누구보다도 존경했다고 말한다. 그의 아내의 말을 들어보자.

"남편에게 있어 시아버지의 영향력은 상상을 초월할 정도다. 살아 생전에는 정서적인 버팀목이었고 돌아가신 뒤 30여 년이 지난 지금까지 정신적 지주가 되고 있다."

그의 아버지가 돌아가셨을 때 사람들은 "순창의 울타리가 무너졌다"고 했고, 정동영은 "나의 울타리도 무너졌다"고 말했다. 그때 정동영의 아버지는 마흔여덟이었다. 1953년생이라니까 정동영도 이제 마흔여덟의 나이다. 불길한 연상을 하자는 게 아니라, 지인들과 아들에게 철옹성 같은 울타리로 느껴졌다는 그의 아버지가 가지는 의미를 찬찬히 되새겨보자는 말이다.

그런 의미에서 마지막으로 정동영에게 정치적인 질문을 인간적으로 던져보자.

"만일 지금 한국의 정치판에서 정동영이라는 정치인이 사라진다면, 당신을 좋아하고 지지하던 사람들의 마음속에서 '어떤' 울타리가 무너질 것인가를 곰곰이 생각해본 적이 있는가?"

'어떤' 울타리가 생각난다면 그게 바로 정치인 정동영이 끝까지 지켜줘야 할, 정치적 신념이다.

혹시 ID카드를 분실하지는 않았습니까?

ID카드(identity card)는 신분증명서를 뜻한다. 중요 시설에 출입할 수 있는 자격, 혹은 같은 단체에 속한 사람임을 나타내는 징표로 목에 걸거나 가슴에 패용하는 카드다. 현실세계에서 ID카드를 분실하면 그 즉시 필요한 조치를 취하지만, '자기 정체성' 이라는 '마음의 ID카드' 는 눈에 보이지 않아서 그런지 자칫하면 분실되었다는 사실조차를 모르고 살기도 한다. 요리에 맛을 돋우기 위해서 사용하는 맛술을 조금씩 마시다가 자기도 모르는 사이에 알코올중독자가 되어버리는 '키친 드렁커' 처럼, 고단한 삶의 여진(餘震)이 우리의 정체성을 조금씩 조금씩 갉아먹기 때문이다.

그런 점에서 대통령 앞에서 'No' 라고 말할 수 없는 풍토를 개탄하며 한 논설위원이 들려주는 에피소드는 시사하는 바가 적지 않다. 과거 어느 정권에서의 일이란다. 정상외교에서 돌아온 대통령이 자기가 없는 사이에 일어난 일에 대해 화를 내면서 내각과 여당은 뭘 했느냐고 질책하자 회의에 참석한 몇몇 고위인사가 너무 죄송하다고 엉엉 울기까지 했다는 것이다. 청와대에 출입하는 사람들 누구나가 그랬던 것처럼 '가슴에 ID카드를 달고' 있었을 그 고위인사들도 처음부터 그렇게 자기 정체성이 없는 사람은 아니었을 것이다.

어디든 당당하게 들어갈 수 있는 만능 ID카드, 그게 바로 '자기 정체성' 이다. 당신 마음속에 있는 ID카드는 어떤 종류인가.

김종필 vs 앙드레 김

'나를 위한' 직업, '나를 거는' 직업

직업을 가진 사람 치고 "당신은 아마추어에 불과해"라는 말에
발끈하지 않을 사람은 아마 거의 없을 것이다.
그럼 이렇게 물어보자. "당신에게 직업은 무엇입니까?"
발끈했던 행동을 책임질 수 있을 만한 대답이 과연 얼마나 나올까?
세상은 성난 '프로'들로 가득하고, 책임 있는 직업의식은
여전히 교과서 속에서 잠잔다.

(김종필 vs 앙드레 김)

'나를 위한' 직업, '나를 거는' 직업

당신에게 직업은 무엇입니까

김종필 자민련 명예총재와 패션디자이너 앙드레 김은 몇 가지 공통점을 가지고 있다.

우선 지금의 직업과 연관을 맺은 시기가 비슷하다. 김종필 총재는 1961년 35세의 나이로 5 · 16을 통해 정치와 연을 맺었고, 앙드레 김은 1962년 25세의 나이로 '살롱 앙드레' 라는 의상실을 오픈하면서 패션계에 데뷔했다. 그 이후 40여 년의 세월 동안 그들은 자신이 몸담고 있는 직업세계에서 늘 정상의 자리에 있었다. 경이적인 기록이다. 그런 점에서 장수하는 직업인의 대표적인 사람들이라고 말할 수도 있을 것이다.

그들은 또 자신의 직업세계에서 낭만주의를 근간으로 한다는 공통점을 가지고 있다. 김종필 총재가 로맨티스트라는 건 잘 알려진 사실이다. 앙드레 김은 음악과 자연의 아름다움을 소재로 낭만주의가 중심이 되는 작품을 추구하는 디자이너로 알려져 있다.

재미있는 건 두 사람이 정치가와 디자이너라는 전혀 다른 직업을 가지고 있으면서도 국가와 민족을 인생의 화두로 삼고 있다는 공통점이다. 잘 알려진 것처럼 김종필 총재는 우리 나라 정치인 가운데 국가와 민족을 가장 많이 거론하는 사람이다. 남들이 보기엔 김 총재 개인의 문제에 불과해 보이는 일에도 '국가적 차원의 결단' 이라는 말을 심심찮게 사용한다. 스타일은 다르지만 앙드레 김은 예술 계통에 종사하는 사람답지 않게 애국애족의 정신을 강조하며 몸소 실천하는 사람이다. 수십 년간 100% 국산 옷감을 고집하고 있으며, 자신의 아들에게도 나라에 대한 애착을 가져야 가정의 행복도 있다고 말할 정도다.

인간을 중시한다는 삶의 방식이나 직업관도 같다. 앙드레 김은 무엇보다 인간을 가장 소중히 여긴다고 말한다. 인간의 아름다운 심성과 따뜻한 가슴을 울릴 수 있는 패션휴머니스트가 자신의 소망이라고 강조한다. 김종필 총재 역시 누구보다 인간관계를 중시하는 사람이다. 정치인이라는 직업이 어차피 '사람장사' 이긴 하지만 김 총재는 직업적 의미 이상으로 사람이라는 개념을 중시한다.

정말로 희한한 공통점은 두 사람 모두 철저하게 대중을 상대로 하는 직업인이면서도 대중을 별반 의식하지 않는 특이한 사람들이라는 사실이다. 일종의 '유아독존' 형이다.

그러나 그런 스타일의 공통점이나 직업적 성취도와는 무관하게, 자신의 직무를 수행하는 두 사람의 직업의식에는 큰 차이가 있는 것처럼 보인다. '직업인' 이라는 필터를 통해서 김종필 총재와 앙드레 김의 삶을 한번 들여다보자.

'직업인 김종필'은 없다?

김종필의 직업은 정치인이다. 70년대 초와 90년대 말, 두 번에 걸쳐 국무총리를 역임했고, 현재 9선의 국회의원인 그의 직업이 정치인이라는 데는 큰 이견이 없을 것이다.

5 · 16이라는 충격적이고 극적인 무대를 통해 시작된 그의 정치인생이 어느덧 40년이다. 한 사람이 40년을 한 직종에 종사했다는 건 결코 간단하게 보아 넘길 수 있는 일이 아니다. 거의 예술의 경지라고 할 만한 직업적 노하우, 믿을 수 없을 만큼의 성실성이나 끈기 등이 뒷받침되지 않고서는 감히 넘보기조차 어려운 기록이다. 40년을 근속한 직장인에게는 1백돈쭝의 황금열쇠를 선사해도 과하지 않으며, 데뷔 후 40년이 넘도록 왕성한 활동을 하는 예술가가 있다면 국민적 찬사를 받아 마땅하다. 그렇다면 40년의 정치 경력을 자랑하는 김종필도 당연히 직업적 예찬론의 한 대상자가 되어야 하는데 현실은 그렇지가 않아 보인다. 왜 그럴까.

80년 5월 초 당시 공화당 총재로 대권을 꿈꾸고 있던 김종필에게 한 언론인이 '대통령직이 직업일 수 있는가'에 대한 질문을 던졌다. 대통령도 일을 하고 월급을 받으니까 그렇게 볼 수도 있지 않겠느냐는 요지의 질문이었다. 그의 대답은 단호했다. "직업이 될 수 없음은 물론이고 직업인이라고 봐서도 안 된다." 그가 말하는 '대통령직 직업불가론'의 핵심적인 단어는 '사심(私心)'이다. 대통령은 국민의 뜻이라고 볼 수 있기 때문에 어느 경우에든 사심이 들어가서는 안 된다는 것이다.

직업의 사전적 의미는 '생계를 위하여 일상적으로 하는 일'이다. 김종필은 직업의 이러한 일반적 개념을 자신이 업으로 삼고 있는 정치에 적용하는 걸 달가워하지 않는 눈치다. '정치인'이라는 직업의 공공성이나 특수성을 모르는 바는 아니지만, 김종필의 단호한 태도를 보니 의아한 생각이 든다.

혹시 김종필의 마음속에는 직업의식이라는 '틀' 이 원천적으로 없는 것은 아닐까 하는 의문이다. 어떤 일을 직업으로 삼으면 그 순간부터 '자신의 생계를 위한 사심' 으로 공정성이나 합리성을 상실한다고 믿는 건 아닐까.

일반적으로 사람들은 자신이 하고 있는 일 때문에 만만치 않은 스트레스를 받고 살지만, 또 그 반대로 일을 통해서 직업적 보람이나 삶의 의미, 이타심을 충족시키면서 살아간다. 전문가라는 것도 따지고 보면 결국 투철한 직업의식이나 최소한의 직업윤리에 대한 '인식의 틀' 이 확고한 사람에 다름 아니다.

40년 경력의 직업적 정치인 김종필이 오너로 있는 정당의 지지율이 겨우 3%대에 머물고 있으며, 그가 정계에서 은퇴하기를 바라는 사람이 60%에 달한다는 건(작년 2월 총선시민연대 조사자료) 어떻게 보면 김종필의 애매한 직업관에서 비롯하는 것일 수도 있다.

그러한 가정을 전제로 '인간 김종필' 과 '직업인 김종필' 과의 함수관계를 따져보면서, 김종필이라는 인물에 접근해보는 것도 그렇게 무의미한 일은 아닐 것이다.

99년 말 월간지 『신동아』에서 한국정치학회와 공동으로 국회의원과 정치학자 2백80명이 직접 작성한 설문지를 토대로 유력 정치인 몇 명의 사상과 정치 행태를 조사, 분석하는 작업을 실시했다. 조사결과 김종필의 정치스타일에 대한 불만으로는 기회주의 · 변신 · 편법 · 생존적 처세 등의 단어가 1위(17.9%)로 꼽혔다. 다음으로는 애매모호함 · 어물 슬쩍 · 의뭉 · 선문답식(10.7%), 현실 안주 · 미온적 · 2인자 처세(9.6%), 구시대 · 수구적(7.5%) 등의 순서로 지적됐다. 아마 일반 국민들을 대상으로 현재 시점을 기준으로 이미지 조사를 해도 거의 비슷한 대답이 나오지 않을까 싶다.

"기회주의적 처신과 애매모호한 말과 행동", 그게 김종필에 대한 대다수 국민의 인식이다. 인식이라는 게 반드시 실체와 일치하는 건 아니지만 어느 정도의 연관성은 가지고 있을 것이다.

자라 보고 놀란 가슴 솥뚜껑 보고도 놀란다

김종필은 40년의 정치인생 중 20여 년은 박정희라는 절대권력자 밑에서 선택의 여지가 없는 2인자로 '온갖 험한 꼴'(?)을 당하며 지냈고 80년 이후에는 자신의 자유의지로 선택한, 혹은 기꺼이 선택당한 2인자의 위치에서 20년을 살아왔다. 표면적으로는 똑같아도 질적으로는 굉장한 차이가 있을 수 있는 2인자의 위치였지만, 희한하게도 김종필의 행보에서는 내용상 아무런 차이가 발견되지 않는다. "나의 정치생활은 퍽 괴로웠다. 그 반대의 경우, 즉 즐거웠던 때는 별로 없었던 것 같다"는 김종필 자신의 말처럼, 그냥 '괴로운' 세월이었을 뿐이었던가.

김종필은 30대 중반의 나이에 5·16혁명에 참여했다. 5·16에 관련된 자료를 관심 있게 살펴본 사람들은, 박정희의 참모들 중 혁명이 성공한 뒤 권력구조를 어떻게 만들어 나갈 것인가에 대한 정리된 구상을 갖고 있던 거의 유일한 인물로 대부분 김종필을 꼽는다. 김종필과 함께 중앙정보부 창립을 주도했던 석정선 씨는 "정권을 잡았는데 뭘 어떻게 할 것이냐 했을 때 모두들 김종필만 쳐다보는 입장이었다"고 증언한다. 공화당 사전조직의 실무 지휘자로 활동한 강성원 씨도 "당시 김종필을 대면만 해도 국가 개조에 대한 열기를 느낄 수 있었고, 그는 사심 없이 국사에 몰두하고 있었다. 엄청난 결정들을 담담하고 또 대담하게 내려가면서 상황을 끌고 나가는 모습은 그야말로 패기만만한 혁명아의 한 전형이었다"고 전한다.

62년 김종필의 중앙정보부는 단순한 정보기관이 아니라 "정부 안의 또 다른 정부"였다. 그 때문에 실질적인 2인자 김종필은 박정희의 냉혹한 견제를 받기 시작한다. 그는 63년 공화당 사전 창당작업 시비를 빌미로 외유를 강요당한다. 그때 유럽으로 간 김종필은 자동차를 직접 몰고 다니면서 공산권이 아닌 나라는 모두 다녀봤다고 한다. 당시 자동차로 달린 거리가 9천8백㎞였다니 그의 답답했던 심사를 짐작할 만하다.

혁명 직후 2년간 권력의 한복판에서 경험한 무소불위의 권력과 그에 따른 살벌한 견제, '자의 반 타의 반' 이라는 말을 남기고 도망치듯 유럽으로 날아온 김종필의 감회는 남달랐을 것이다.

너무 일찍 권력의 단맛과 쓴맛을 모두 알아버린 30대 후반의 사내에게 8개월 간의 유럽여행은 남다른 의미가 있었던 모양이다.

1차 외유에서 돌아온 이후 그는 권력자 앞에서 자신의 뜻을 세우는 일을 중단하게 된다. 일찍이 고향인 부여에서 첫번째 국회의원 선거 출마를 밝히며 "일체의 낡은 권위에 도전하는 새로운 개척자의 기수가 되겠다"던 김종필의 사자후(獅子吼)는 고양이 소리처럼 작아진다. 일부 정치평론가들은 권력의 비정한 속성을 일찌감치 터득한 김종필의 예기불안 심리에서 그 원인을 찾는다. '자라 보고 놀란 가슴 솥뚜껑 보고도 놀란다' 고 김종필은 그럴 필요가 없는데도 알아서 긴다는 것이다. 확실히 자기보다 막강한 힘을 가진 대상에 대한 그의 공포심이나 고개 숙임은 상식의 수준으로 이해할 수 없을 만큼 지나치다.

80년 5월 초 동아방송의 대담프로에서 사회자로부터 중앙정보부의 월권 행위에 관한 질문을 받은 적이 있다. 그의 대답은 이랬다.

"내가 중정을 창설했을 때 생각했던 것과는 많은 변질이 있었어요. 최근 전두환 장군이 정보부장 서리가 되면서 정보부가 본연의 기능에 맞는 운영을 해나가고 있다는 것을 퍽 고무적으로 봅니다. 우리 국가를 위해서도 아주 좋다는 생각을 해요."

당시의 실제 상황과는 전혀 어울리지 않는 답변이지만, 이미 혁명군의 실세로 떠오른 전두환을 자극하지 않기 위한 전략적 발언일 수도 있다. 그렇다 해도 1백만 당원을 가진 정당의 총재로서, 또 당시 유력한 대권 후보 중의 한 사람으로 거론되던 김종필의 무게를 감안한다면 지나치게 비굴하다는 느낌을 지울 수 없다. 그로부터 며칠이 지난 5월 17일, 그는 보안사에 연행돼 46일 동안 감금되었다. 그는 그곳에 끌려갔던 모든 사람들이 지금도 몸서리를 치며 기억하는 보안사의 소위 '서빙고호텔' 시절을 회상하면서도 담담하다. 46일 동안 별로 큰일 없이 독서를 하면서 비교적 조용한 시간들을 보냈다는 것이다.

이유는 간단하다. 어차피 모든 것은 혁명하는 사람들의 뜻대로 될 수밖에 없는 것이기 때문에 뭐든지 요구하는 대로 다 승인했다는 것이다. 그러면서 그때의 조서를 토대로 발표된 권력형 부정축재자 순위에서 자신이 1위로 발표된 사실에 대해서는 두고두고 분통을 터뜨린다. 신군부가 정권을 탈취하자 그는 미국으로 건너갔다. 이 기간 동안 신군부를 향해 그가 했다는 말은 딱 한 마디다.

"젊은이들이 잘해주기를 바란다."

군사혁명의 선배로서 기억에 남는 덕담을 해주고 싶었던 것일까. 85년 한 잡지와의 인터뷰에서 "뒷날 나에 관한 역사기록을 앞당겨 읽으면서 오늘을 산다"고 비장한 결의를 밝히던 김종필을 상기하면 황당하기까지 하다.

'쇼당패' 정치

90년대 들어서는 더 당황스럽고 민망한 발언들을 수도 없이 쏟아 놓는다. 그 중 압권은 3당 합당 직후에 그가 한 말이다.

"내가 우리 나라에서 가장 존경하는 분은 노태우 대통령이다. 그 다음은 김영삼 최고위원이다. 최고위원도 다 같은 것이 아니기 때문에 나는 김영삼 최고위원과 나란히 걷지 않고 뒤따라간다. 민주화가 됐다지만 무릇 사회와 조직에는 상하가 있어야 한다."

자신은 유교적인 집안에서 자랐기 때문에 '임금이 임금답지 않더라도 신하는 신하다워야 한다' 고 배웠단다. 불교적인 집안에서 자라지 않아 윗사람을 '부처님 모시듯' 하지 않은 게 그나마 다행이다.

YS가 정권을 잡은 후에는 그 유명한 '홍곡(鴻鵠)과 연작(燕雀)' 의 발언을 비롯 '선비는 자기를 알아주는 사람을 위해 죽는다' 는 명언(?)들을 줄줄이 쏟아낸다.

김대중 정권 창출의 한 축이었으면서도 97년 12월의 국회연설은 그의 깍듯한 몸가짐을 잘 보여준다.

"김대중 당선자께서 정계에 봉사하시려는 참뜻을 보람 있게 나눠 가질 수 있도록 우리 모두 최선을 다합시다."

김종필은 기본적으로 자기보다 힘이 센 사람에겐 대들지 못하는 사람이라는 한 정치인의 지적이 헛말은 아닌 듯싶다.

김종필은 이러한 비판에 대해 그 특유의 '순리주의' 로 자신의 입장을 설명한다. 그는 스스로 순리주의자로 자부하는 사람이라서 그런지 걸핏하면 이 논리를 구사한다. 김종필의 좌우명은 '상선여수(上善如水)' 인데, 그 뜻은 '최고의 선(善)은 물과 같으며 물 흐르듯 순리에 따라야 한다' 는 것이다. '순천자(順天者)는 살고 역천자(逆天者)는 죽는다' 는 게 그의 굳은 믿음이다. 학교 이름을 지어 달라는 지인(知人)의 부탁에 대학 이름을 '순천향대학교' 로 지어줄 만큼 김종필은 '순리' 를 중시한다.

문제는 그의 '순리' 라는 개념에 자의적인 해석이 지나치게 많다는 것이다. 차라리 87년에 관훈클럽에서 언급한 '팔랑개비론' 이 훨씬 솔직하고 인간적이다. 김종필은 자신을 종이 팔랑개비에 비유한다. 팔랑개비는 바람이 세차게 불면 힘차게 돌고, 약하게 불면 천천히 돌며, 바람이 멎으면 함께 멎어버리는 운명이라는 것이다. 개인이란 한 나라의 바람이 세차게 불 때 그에 따라 돌아갈 수밖에 없는 팔랑개비 같은 존재라는 게 그의 생각이다.

"10월에는 10월의 논리가 있고 11월에는 11월의 논리가 있다."

지난 97년 대선 당시 김대중 후보와의 단일화 작업을 재촉하는 주위 사람들에게 했던 김종필의 말인데, 그의 상황론을 보여주는 인상적인 구절이다. 오죽했으면 '상황론자' 라는 별호(別號)까지 얻었겠는가. 상황론자들은 주도적이지 않다. 당연히 자기 책임으로 인한 괴로움이나 고뇌가 없다. 매사가 '니가 먼저 살자고 옆구리 쿡쿡 찔렀지, 내가 먼저 찔렀냐' 하는 식이다.

앞서 밝힌 조사결과처럼 김종필의 정치 스타일은 '애매모호함' 그 자체다. 딱 부러지는 모습을 보이지 않는 게 상황론자들의 가장 큰 특징이기 때문이다. 원래 말을 많이 하지도 않지만 설사 말을 해도 풍부한 어휘력과 은유를 사용, 듣는 이로 하여금 다양한 해석을 하게 하는 것이 김종필의 특기다. 당 운영에 대해서도 간접화법이나 두루뭉실하고 알 듯 모를 듯한 태도를 취해 당 관계자들을 혼란스럽게 한다고 한다. 그렇다고 자기 뜻을 펼치지 않는 건 아니다. 늘 "당이 결정해주면 그 뜻에 따르겠다고 해놓고 정작 당론이 자신의 뜻에 맞지 않으면 하루아침에 틀어버리는 사례가 한두 번이 아니었다"고 함께 일했던 당직자들은 얘기한다. '의뭉스럽다' 는 건 이럴 때 쓰는 말이다. 한 정치학자는 "지도자는 명쾌해야 하는데 김종필은 모호하다. 이것이 젊은 층에서 인기가 없는 중요한 이유"라고 진단한다.

김종필의 정치는 어떤 면에선 '쇼당패 스타일' 이다. 점잖지 못하게 고스톱 용어를 쓰게 돼서 좀 그렇긴 하지만 더 적절한 비유가 생각나지 않는다. 고스톱에서 쇼당이란 내가 1등을 할 수 없을 때 선택하는 차선의 전략이다. 쇼당패를 만들려면 판세를 읽는 절묘한 감각과 나머지 두 사람이 필요로 하는 패가 내 손에 있도록 상황을 몰아가는 고도의 테크닉이 필요하다. 이런 점에서 김종필은 천부적이다.

나한테는 별 필요가 없지만 상대편 누구도 내가 가진 패 때문에 나를 함부로 대하지 못하는 상황을 만드는 게 김종필 정치 전략의 핵심이다. 여기에 힘의 균형을 무너뜨릴 수 있는 타이밍까지 절묘하다면 그 파괴력은 10배 이상 증폭된다.

한계중량을 들어올린 채 다리를 부들거리면서 버티고 있는 역도선수는 새의 깃털 하나에도 균형을 잃고 쓰러질 수 있다. 이런 때 역도선수는 새의 깃털만한 힘을 가진 사람이 다가와도 코끼리가 덮쳐오는 듯한 느낌을 받는다. 그러니 막상막하의 상황에서 1등을 꿈꾸는 사람들은 김종필의 눈치를 살필 수밖에 없다. 김종필이 늘 자신이 가진 것보다 더 많은 몫을 누릴 수 있는 건 이런 메커니즘에 기인한다.

정치기술이란 측면에서 본다면 거의 예술의 경지다. 말이 쉽지 단순히 현란한 정치 테크닉만으로 이런 경지에 오르기는 쉽지 않다. 자신의 성향과 일치하는 부분이 많아야 가능한 일이다. 인간 김종필의 내면세계가 궁금해지는 대목이다.

'인간적인' 너무도 '인간적인'

김종필은 인간의 전체 근수를 달았을 때 3김씨 중 가장 무게가 많이 나가는 사람이며 정치인 가운데 르네상스적 교양으로 무장된 유일한 사람이라는 평가를 받는다.

소설가 홍성유는 JP라는 인물은 가까워지면 질수록, 친분이 두터워지면 질수록 알 수 없는 매력을 느끼게 해준다고 말한다. 87년 당시 언론인 오효진은 몇 개월에 걸쳐 김종필을 밀착취재하는 과정에서 그가 이룩한 정치

김종필

40년 넘게 정치를 하고도 정치가 직업이 아니라고 말하는 남자.
정치는 국민의 뜻이기에 사심이 개입될 수 없기 때문이라는데. 그래서일까? 그는 오늘도 뒷주머니에 '쇼당패'를 찔러 넣은 채 '직업으로서의 정치'와 '취미로서의 정치' 사이를 오간다. 사심 없는 정치, 권력욕 없는 정치, 그리하여 때론 책임의식 없는 정치로까지 나아가며 자신의 낭만성을 구가한다.

적인 성과보다는 인간적인 능력 면에서 그를 경이의 눈으로 바라보게 되었다고 고백한다.

"그는 만도린, 피아노, 전자 오르간, 아코디언 같은 악기를 수준급으로 연주한다. 예그린 악단도 만들어 후원해주었고 서예와 그림에도 일가견을 가지고 있어 그의 작품을 받고 싶은 사람이 줄을 서 있을 정도다. 한때는 일요화가회를 이끌기도 했고, 지금도 시인묵객들과 넓은 교유를 유지하고 있다. 더구나 그는 비행기도 탱크도 배도 몰 수 있다. 그의 집엔 장서가 자그마치 2만 권이나 된다. 지금도 매일 책을 읽고 있다. 그와 얘기를 하다보면 동서의 고사와 일화, 수많은 시구들이 시도 때도 없이 튀어나온다."

그밖에도 그의 예술적 감각이나 재능을 보여주는 일화는 수없이 많다. 68년 3선 개헌 반대를 주도하다 모든 공직에서 사퇴한 뒤 한라산 기슭에서 선글라스를 끼고 담배를 문 채 그림을 그리고 있는 김종필의 사진은 로맨티스트라는 그의 이미지를 많은 사람들에게 확실하게 각인시켰다.

김종필은 우리 나라에서 가장 낭만적 정치인으로 불린다. 나는 무슨 이유인지 김종필을 생각할 때마다 고급 요정에서 기생의 속치마에 글씨를 써주거나 난을 쳐주는 정치인의 이미지가 그려지곤 했는데, 실제로도 그에게는 그런 풍모가 적지 않았던 모양이다.

"정치란 복잡한 산수문제를 푸는 것처럼 하는 게 아니야. 이렇게 여인네 궁둥이 슬슬 만져가며 하는 거여."

그가 언젠가 요정에서 한 말이란다. 낭만의 뿌리는 인간이다. 그는 늘 인간중심의 사고를 강조한다. 이게 김종필 정치 스타일의 최대 장점이자 치명적 약점이다.

'인간중심의 사고'란 분명 누구도 함부로 이의를 제기하지 못할 만큼 강력하고 근원적인 삶의 명제다. 문제는 이 잣대를 너무나 무차별하게 적용한다는 것이다.

87년 대통령 후보로 나선 김종필은 박정희 전대통령의 궁정동 안가의 연회를 부정적으로만 보는 국민들의 시각이 못내 답답했던 모양이다.

"그것은 인간적인 것이라고 이해해주시면 될 것으로 봐요. 그렇지 않아요? 그렇지 않다면 공자님이나 부처님을 모시는 게 낫지요. 또 그래가지고는 세상이 다스려지지 않아요. 나는 어떤 면에서는 완벽한 것보다 인간적인 너무나 인간적인 약한 면에서 그 인간을 다시 볼 수도 있는 게 아니냐 싶어요."

패스트푸드 매장에서 아르바이트를 해도 최소한 갖추어야 할 복장이나 규칙이 있는 법이다. 그러나 정치인 김종필에겐 그런 의식이 전혀 없다. 인간 사이의 따뜻한 유대관계만 공고하면 만사가 오케이라고 한다. 그는 애초부터 인간 김종필과 정치인 김종필을 구분하고 싶은 생각이 추호도 없다.

69년 3선 개헌안을 반대하던 김종필은 어느 날 갑자기 태도를 바꿔 국민투표를 앞두고 전국을 돌면서 개헌안 지지유세를 다녔다. 87년 한 기자가 당시 정치인 김종필의 그런 모습을 보고 씁쓸해 한 국민들이 많았다는 얘기를 하자 너무나 인간적인(?) 김종필의 대답이 이어진다.

"말도 마세요. 다니는 나는 오죽했겠소!"

낭만과 주먹의 큰형님

김종필은 예전부터 사람들의 지탄을 받는 상황이 닥치면 "역사는 날 알아줄 것이다"라는 말을 자주 하는데, 그때의 역사란 도대체 무엇인가.

그의 표현대로 "오래 사는 게 이기는 것"인가. 공적 영역과 사적 영역이 혼연일체가 되어 '암수한몸' 처럼 움직이는 사람, 그게 바로 김종필이다. 경계선이 전혀 없는 것이다.

그에게는 늘 총론만 있고 각론이 존재하지 않는다. 총알이 빗발치는 전쟁터에서는 인간의 야수성에 대한 철학적 고민에 빠져 있는 병사보다는 사격술이 능한 병사가 더 필요한 법이다. 그런데 김종필은 평화시의 잣대로 전시의 상황까지를 재단하려 한다. 죽림칠현(竹林七賢)처럼 '고담준론(高談峻論)' 만을 일삼는다. 그런 잣대는 위기의 상황에선 효용성이 거의 없다. 그가 고비 고비에서 쉽게 포기하고 주저앉아버리는 이유 중의 하나가 바로 거기에 있다.

지나치게 감상적이라는 평가가 나오기만 하면 김종필이 전가의 보도처럼 써먹는 말이 있다. 자신이 목숨을 걸고 혁명을 한 사람인데 어떻게 감상적이고 우유부단하다고 말할 수 있느냐는 것이다. 그러나 한때 '물태우' 라고까지 불리던 노태우 전대통령도 12 · 12 때 목숨을 걸고 부대를 출동시킨 사람이다. 타인이 인식하는 자기라는 것은 자신의 여러 모습 중에서 가장 다발적이고 우세하게 나타나는 그의 성향인 것이다.

자민련을 원내교섭단체로 만들어주기 위한 날치기 법안의 현장에서 국회의원들이 벌이는 몸싸움을 본 기억이 난다. 나는 그때 얼마나 쓸쓸하고 우울했는지 모른다. 그들이 한심해서가 아니었다. 평소의 사상이나 그 인품에 반해서 개인적으로 깊은 관심과 애정을 가지고 있는 몇 사람의 의원이 육탄돌격을 하는 장면 때문이었다. 여당의 한 초선 의원은 자민련의 교섭단체 요구에 대해 "시험에 떨어져 놓고 커트라인을 낮춰서 붙여달라고 요구하는 꼴" 이라고 비난했다가 지도부의 압력을 받고 몸싸움에 가담하기도 했다. 그들의 내면에서 일렁이고 있을 자아분열적 괴로움이 생생하게 감지되었다.

이럴 때도 아마 김종필은 저 뒤에서 두 눈을 꾸욱 감은 채 입술을 내밀고 있었거나 그것도 아니면 화선지 위에 '부대심청한(不對心淸閑, 사소한 일에 일일이 대응하지 않으면 마음이 맑고 여유롭다)' 다섯 자를 휘갈기면서 마음의 평정을 찾고 있었을 것이다. 그의 애창곡 한 구절처럼 '미워도 한 세상 좋아도 한 세상' 인데 저렇게까지 거칠고 빡빡하게 할 필요가 무에 있을꼬. 연장질이 잦은 요즘 애들의 세태에 끌끌 혀를 차는 낭만파 주먹의 큰형님, 그게 김종필이다.

김종필은 평소 지갑을 사용하지 않고 100만 원짜리, 10만 원짜리 수표를 펴서 주머니에 넣고 다니다 필요한 순간에 '용돈이나 하라' 며 즉흥적으로 '오리발' 을 주는 스타일이란다. 그런 사람의 입장에서 보면 시금치 한 단을 사면서 한 푼이라도 더 깎기 위해 승강이하는 아낙네의 삶이 탐탁찮아 보일 수도 있다. '저렇게 돈에 집착하면서 험하게 살 필요가 있는가?' 말은 맞다. 누군들 김종필처럼(?) 고상하고 낭만적인 삶을 살고 싶지 않겠는가.

김종필은 늘 절대선(絶代善)이나 중립자의 시각을 선점하고 있어서 적극적인 비판을 펼치기가 쉽지 않다. '세상에는 이렇게 볼 수도 있고 저렇게 볼 수도 있는 일들이 많다' 라거나 '모든 일에는 일장일단이 있다' 는 따위의 명제에 적극적인 반응을 보인다는 건 농담을 하는 상대에게 정색을 하고 반론을 펼치는 것처럼 어색한 일이다.

김종필은 자신을 비판하려고 마음먹은 상대방에게 그런 허탈한 느낌을 안겨주는 사람이다. 그는 최고권력자에게 꼭 필요한 것으로 시심(詩心)을 꼽으며 감성적 우월감을 과시하곤 한다. 그렇지만 그의 삶을 보고 있노라면 평소 그렇게 중요하다고 믿어왔던 인간의 감성이란 것에 대해 강한 회의를 품게 된다.

권력욕이 없는 사람(?)

김종필은 조선 영조(英祖) 이래 가장 오랫동안 권력의 핵심에 머무르고 있는 사람이라는 평가를 받고 있다. 사람들은 그를 가리켜 언제나 양지만을 좇아 변신하는 권력형 인간이라고 한다. 그런데 나는 오히려 김종필이 권력욕이 없는 사람이라는 생각이 들곤 한다. 그에겐 권력 그 자체가 1차적인 목적이 아닌 것처럼 느껴지는 경우가 많기 때문이다.

두 가지 경우를 예로 들어보자.

첫번째, 남편과 사별한 여자가 있다. 남편이 남긴 약간의 재산을 그녀는 자식들에게 넘겨주지 않는다. 돈이 있어야 자식들이 자기를 무시하지 않을 것이며 노후도 보장될 것이라는 굳은 믿음이 있기 때문이다. 자기를 지키기 위한 최소한의 방어기제로 돈을 활용하는 것이다. 중앙정보부를 창설한 김종필은 중정부장을 그만둔 그 다음날부터 검은 지프에 미행을 당한 두려운 경험을 갖고 있다. 권력에서 멀어지게 될 때 곧 닥쳐올 뿌리깊은 공포 상황 때문에 그는 악착같이 권력 주변에서 맴돌려는 것인지도 모른다.

두번째, 재벌이었던 선친에게서 충분한 재산을 물려받은 남자가 있다. 그는 예술적 소양이 뛰어나서 음반회사도 운영하고 문화잡지를 발행하기도 하며 육영사업 등을 벌인다. 그는 영리를 추구하는 사업가라기보다 오히려 문화예술인에 가까운 사람이다. 그에게 있어 사업이란 자신이 원래 하고 싶은 일을 할 수 있을 만큼의 돈을 벌어주는 한 수단에 불과한 것이다. 이 대목에서 김종필의 모습이 오버랩된다.

김종필에게 있어 권력이란, 김종필이란 한 개인이 추구하는 문화적이고 예술적인 삶을 실현시켜주는 가장 효율적인 수단에 불과한 것처럼 보인다. 실제로 40년이 넘는 세월 동안 김종필이 자신 있게 내놓을 만한 정치적 업적은 별로 없다.

그렇지만 자신이 가진 권력을 이용해서 '운정(雲庭) 김종필'이 문화계에 끼친 공로는 만만치 않다. 또 그들과의 교류를 통해서 그는 개인적인 삶의 즐거움이나 윤택함도 동시에 챙겼다. 가수 패티 김은 그녀가 새해인사를 가는 유일한 정치인이 김종필이라고 말하면서, 대중예술에 대한 김종필의 깊은 애정과 전폭적인 후원에 감사와 존경을 보낸다. 그런 식이다. 자신의 취향에 맞는 삶을 살기 위한 한 방편으로 김종필이 정치를 이용했다면 과장된 해석일까.

그는 박정희 정권하에서 역임한 4년 6개월간의 총리 시절에 대해서 거의 의미를 두지 않는다. 국무총리라는 게 대단한 자리가 아니라 아무나 대통령이 임명하면 되는 자리라고까지 폄하한다. 현직 총리가 어딜 가나 자유가 없었다고도 한다. 인간적인 교류 외에 특별한 일을 했을 리 없다.

그런데 아무 눈치를 볼 필요도 없었던 김대중 정권하의 파워 총리로서 재임한 1년 6개월의 기간 동안에도 그가 뭔가를 했다는 흔적은 어디에도 없다. 집권여당의 대표를 한칼에 사퇴시키고 장관 임명 과정에서도 자신의 정치적 지분을 요구하고 관철시키는 파워를 가졌지만, 국정 현안에 대해 어떤 중요한 발언을 하거나 결단을 내렸다는 얘기는 전혀 없다.

자신의 개인적 삶을 즐기는 데는 더할 나위 없이 좋은 시절이었을 것이다. 오죽하면 '힘은 좋은데 일은 안 하는 머슴' 이라는 비아냥까지 나왔을까. 그에게는 애초부터 특정한 자리가 주는 무게나 의미가 그다지 중요하지 않아 보인다. 직접적으로 그와 관련된 1차 집단이 더 중요하기 때문이다. 대중을 상대로 하는 직업인이면서도 별반 대중을 의식하지 않는다. 9선 국회의원의 신분으로 4·13총선 후 거의 6개월 동안 골프만 치러 다니면서도 늘 당당할 수 있는 것도 같은 이유에서다.

"보통 사람들이 헬스클럽에 가서 운동을 하는 것이나 JP가 골프를 치는 것이 무엇이 다른가"라고 당시의 자민련 총재대행이 했다는 말과 "왜 유독 우리집 양반이 골프 치는 것만 그렇게 비난하느냐. 박세리나 박지은이 골프 치는 것은 국위선양이라고 하면서"라고 그의 부인이 했다는 말은 평소 김종필의 생각을 잘 대변해주는 듯하다. 구분이 없다는 건 확실히 무서운 일이다.

지난 4·13총선이 끝난 후 숭실대 서병훈 교수는 김종필의 '국민불감증' 과 '희박한 직업의식' 을 다음과 같이 질타한다.

"선거가 끝난 뒤 자민련의 김종필 명예총재가 국민 앞에 잔뜩 화난 얼굴을 하고 있다. 이 점이 보통 사람의 눈으로는 정말 납득이 안 간다. 그는 이번 선거에서 무참하리만큼 몰락했다. 그렇다면 김종필은 한 정파의 수장으로 책임을 통감하는 자세를 보이는 것이 마땅할 것이다. 그런데 그는 그러지 않는다. 자책감에 괴로워하기는커녕 오히려 역정을 낸다. 김종필의 찌푸린 얼굴을 보노라면 정말 너무 피곤하다."

얼마 전 김종필은 다음 대선에 출마하지 않겠다고 선언했다. 그러자 이를 전해들은 한 야당의원의 한마디가 걸작이다.

"그 사람이 불출마 선언을 하는 건 반에서 꼴찌 하는 학생이 서울대를 가지 않겠다고 말하는 것이나 다를 바 없다."

이쯤 되면 코미디가 따로 없다. 김종필처럼 '르네상스적 교양으로 탄탄하게 무장된 사람' 이 왜 이런 '험한 뒷모습' 을 보여주고 있는지 안타깝다.

여기까지 써놓고 보니 '고약한 사람이로고' 하는 김종필의 목소리가 들리는 듯하다. '고약하다' 는 건 김종필이 할 수 있는 최고의 욕이란다. 그렇다면 내친김에 한 번만 더 '고약하게' 굴고 끝을 맺자.

61년 10월에 김종필은 정보부장의 자격으로 대만의 건국기념일인 쌍십절 행사에 참석한다. 그때 장제스(蔣介石) 총통이 35세의 이 혁명아에게 했다는 말이 인상적이다.

"혁명을 해본 노인으로서 충고를 한마디 할까 합니다. 혁명을 한 사람은 대개 불행해집니다. 혁명을 한 사람은 하루에 한 번씩 자신을 혁명하지 않으면 안 되니 이게 얼마나 힘든 일입니까?"

김종필은 다른 혁명동지들처럼 불행해지지도 않았고 앞으로도 그럴 가능성은 거의 없는 것처럼 보인다. 그렇지만 그가 애송하는 시구처럼 아직도 '잠들기 전에 가야 할 몇 마일의 길이 남아 있다'면 그 동안만이라도 장총통의 충고처럼 하루에 한 번씩은 자신을 혁명할 수 있어야 되는 게 아닐까. 마침 김종필의 또다른 좌우명도 '날로 새로워지도록 수양을 쌓는다'는 '일신우일신(日新又日新)'이 아닌가. 칠십 중반의 노인에게 터무니없는 요구라고 느껴진다면 몇 마일의 길을 더 가지 않고 책을 보면서 쉬거나 편안하게 잠을 청하면 될 일이다. 아무도 안 말린다.

희화화(戱畵化)에 가려진 우리 시대의 장인(匠人)

예전에 부산영화제에 관련된 TV프로그램에서 재미있는 장면을 본 적이 있다. 리포터가 영화제 현장에서 만난 스타들의 축하메시지를 보여주었는데, 영화배우 강수연 · 진희경 · 문성근 등의 축하메시지가 나오고 있었다. 그들 다음에 앙드레 김의 모습이 화면에 나왔다. 그의 얼굴이 나타나자마자 갑자기 스튜디오의 방청석에서 웃음이 터져 나왔다. 그가 아무런 멘트도 하지 않은 상태였고 특별히 전과 다른 모습으로 등장한 게 아니었는데 그랬다. 나는 그 장면이 너무나 인상 깊게 느껴졌다. 방청객들은 왜 앙드레 김을 보는 순간 즐거운 일이라도 있는 사람들처럼 웃음을 터뜨렸던 것일까.

99년 8월의 옷로비 청문회를 기억할 것이다. 앙드레 김이 "이 땅을 떠나고 싶을 만큼 마음의 상처를 받았다"는 사건이었음에도 청문회장에 나온 그를 묘사한 대부분의 신문기사들은 지나치게 감각적이었다. 그가 어떤 옷을 입고 나왔는지, 어떻게 화장을 했고, 어떤 식으로 말을 했으며, 그의 본명은 무엇인지, 어떻게 웃었는지를 상세하게 전해주었다. 그게 대중들의 주된 관심사일 거라는 나름의 계산된 편집이었을 것이다. 실제로 일반인들이 그 사건을 보는 시각도 그와 크게 다르지는 않았던 것 같다.

나는 앙드레 김에 대한 관련자료들을 보면서 그가 섬뜩할 만큼 치열한 장인정신으로 자신만의 작품세계를 고집하고 있는 예술가 중의 한 사람이라는 느낌을 강하게 받았다. 그는 또 실생활에서 믿기지 않을 만큼 진지한 사람이기도 하다. 그런데도 사람들은 그를 보면서 웃음을 터뜨리거나 실없이 희화화(戱畵化)하는 일에 대단한 흥미를 보인다.

이런 현상은 단지 그의 독특한 스타일이나 말투에서 비롯되는 문제만은 아니라는 게 내 생각이다. 인간 앙드레 김의 내면을 정교하게 살펴보는 작업이 선행된 다음에야 비로소 정확한 판단을 내릴 수 있는 문제일 것이다.

비단 그에게만 해당되는 얘기는 아니겠지만 어떤 사람을 바라보는 시각은 다양할 수 있다. 패션계에 종사하는 사람들은 앙드레 김의 패션 철학이나 작품세계가 주된 관심사겠고, 야망을 불태우고 있는 젊은 사람은 그의 성공스토리에 촉각을 곤두세울 것이며, 여성잡지를 뒤적거리는 어떤 여성은 그가 유명연예인들과 맺고 있는 폭넓은 교우관계나 그가 얘기하는 아름다움의 기준에 더 마음이 끌릴 것이다.

나는 이 글에서 앙드레 김의 독특한 성향이 그의 치열한 직업의식이나 뛰어난 예술적 감각과 어떤 식으로 유기적인 관계를 맺고 있는지 그 문제에 초점을 맞추어보려고 한다. 우리의 삶에서 일이란 게 어떤 의미가 있는지를 생동감 있고 상징적으로 보여주는 한 인물이 바로 앙드레 김이기 때문이다.

홍보가 필요없는 '국민디자이너'

국민디자이너, 패션 대사(大使), 남성 디자이너 1호, 올림픽 디자이너

등 앙드레 김에겐 별명이 많다. 그의 작품이 가지고 있는 대중성이나 개인적인 선호도를 별개로 한다면, 우리 나라 패션 분야에서 가장 지명도가 높은 브랜드는 '앙드레 김' 이라는 자연인의 이름일 것이다.

"앙드레 김이 새삼 무슨 홍보가 필요하겠어요?"

옷로비 청문회 건으로 몇 천만 원어치 광고효과를 보았다는 호사가들의 입방아에 앙드레 김이 했다는 말이다. 인지도에 연연할 필요가 전혀 없는 그의 입장에서는 너무도 당연한 반문이었을 것이다. '국민디자이너' 라는 닉네임이 괜히 붙었겠는가.

82년, 전세계 패션을 주도하는 패션 강국 이탈리아의 대통령은 앙드레 김에게 문화공로훈장을 수여했고, 97년에 앙드레 김은 패션디자이너로는 처음으로 대한민국 대통령 문화훈장을 받았다. 그뿐만이 아니다. 그는 지난 88년 서울올림픽에서의 기념패션쇼 이후 지난번의 시드니올림픽까지 연거푸 4차례 올림픽무대에 서왔는데, 프랑스와 이탈리아, 미국 등 각국마다 내로라하는 유명 디자이너가 많지만 올림픽 행사에 초청받기는 그가 유일하단다. 올림픽 디자이너라는 말이 전혀 무색하지 않은 경력이다. 샌프란시스코시(市)는 99년 11월 6일을 '앙드레 김의 날' 로 선포했다. 해외에서 패션 외교사절이라고 부를 만큼 높은 평가를 받고 있는 그의 위상을 보여주는 놀랄 만한 사건이다.

그럼에도 국내에선 작품활동 이외의 터무니없는 루머와 오해로 마음에 상처를 받는 일이 너무 많다는 게 앙드레 김의 고백이다.

이러한 오해는 그의 독특한 라이프 스타일이나 성향에서 비롯되는 경우가 많다. 그의 직업이 가지는 특수성(?)과 맞물리면 루머나 오해는 더욱 증폭된다.

"남자가 만든 옷이라고 입지 않으면 어떡하니?"

40여 년 전 남성디자이너 1호로 출발한 아들이 걱정스러워 그의 부친이 했다는 말이다. 그런데 일부의 남자들은 아직도 편견의 잔재를 드러낸다. 어떤 사람은 자신의 옷을 '작품' 이라고 표현하는 그의 태도에 코웃음을 치기도 하며, 한쪽에서는 '국민디자이너' 라고까지 불리는 그의 명성에 비추어 지나치게 대중성이 결여되어 있다고 목소리를 높이기도 한다.

그러나 그런 의견들에 대한 앙드레 김의 패션 철학은 확고하다. 그는 자신의 옷을 상품으로 생각한 적이 한 번도 없다고 말한다. 오페라나 발레, 연극과 같은 예술 장르에서 감동을 느끼듯 패션의상도 충분히 감동을 자아내는 창작예술이라는 것이다. 패션으로 새로운 예술적 장르를 개척해왔다고 자부하는 사람의 말답다. 실제 그의 옷은 거리에서 볼 수는 없지만 유명스타들에게 입혀져 많은 사람에게 보여진다. 자신이 직접 입을 수 있어야 '그게 바로 옷' 이란 생각을 갖고 있는 사람에겐 좀 답답한 말일 수도 있다. "의상에는 꿈과 환상이 있어야 한다" 는 앙드레 김의 지론과는 사이클이 맞지 않을 것이기 때문이다.

그러나 앙드레 김에 대한 오해나 편견의 대부분은 이러한 직업적 특수성(?)보다는 그의 독특한 라이프 스타일이나 성향에서 시작된다. 간단하게 한번 살펴보자.

앙드레 김은 미스코리아 선발대회의 단골 심사위원이다. 여성의 미에 대한 그 나름의 안목을 사람들이 인정하고 있다는 한 증거다. 또 그의 직업상, 많은 사람들이 선망하는 여성들과 파트너가 되어 일하는 경우가 대부분이다. 그런데 60대 중반이 된 앙드레 김은 아직도 미혼이다. 인터뷰 사진을 위해 시작했다는 그의 화장술도 구설수에 오른다. 정성껏 파운데이션을 바르고 짙은 마스카라와 그리 진하지 않은 립스틱을 섬세하게 바르는 그의 메이컵은 여장(女裝)이라는 평가까지 받는다. 젖먹이 때 입양한 아들을 직접 기저귀를 갈아가며 키웠고, 요즘에도 아침마다 대학생 아들이 입고 나갈 옷을 3세트씩 침대 위에 놓아주는 지극한 모성성을 발휘한다. 그런 면에서 앙드레 김은 인간의 감각적 호기심을 자극할 만한 좋은 조건(?)을 갖추고 있는 셈이다.

고독 속에서 탄생한 예술, '패션 오페라'

그는 날마다 아침 5시에 일어나 국내외 14개 신문을 정독하는 것으로 하루 일과를 시작한다. 해외 패션쇼가 없는 경우 그는 대부분 오전 9시 30분부터 오후 7시까지 그의 의상실에서 작품구상과 제작에 매달린다. 자신의 직업에 지나치리만큼 엄격한 사람이라서 특별한 일이 없는 한 이 스케줄엔 변동이 없다. 저녁에는 우리 나라에 들어와 있는 87개 나라 대사관에서의 중요 기념일 리셉션에 참가하거나 국내에서 열리는 음악회 · 무용 · 연극 · 콘서트 등을 관람하며, 그 나머지 시간에는 텔레비전을 본다.

대신 그는 안 하는 게 많다. 술과 담배, 커피는 물론이고 골프도 안 하고 헬스클럽도 다니지 않는다. 포커나 고스톱을 해본 적도 없고 노래방을 가본 적도 없다. 또래의 친구도 없다. 5남매 중 넷째지만 부모형제가 모두 세상을 떠나서 명절 때는 꼼짝없이 아들과 둘이서만 지내야 한다. 그에게는 '문화적 풍성함' 과 '일상적 가난함' 이 공존한다.

흰색이나 청결에 대한 그의 집착은 거의 결벽증 수준이다. 먼지 한 톨 없이 항상 쓸고 닦으셨던 어머니의 영향을 받았다는 그의 청결벽은 일반인의 상상을 초월한다. 손님이 앉을 자리에는 미리 향수를 뿌리고 대화 중에는 10분마다 한 번씩 크리넥스로 입가를 닦는다. 스탠드나 필통 같은 물건들이 놓여 있던 자리에서 10㎝ 이상 어긋나 있는 것을 견디지 못한단다. 또 그의 트레이드마크처럼 알려진 흰색 옷을 그는 하루에 세 번씩 갈아입는다. 만나는 사람은 많은데 집중해 일하다보면 땀이 나기 때문이라는 것이다.

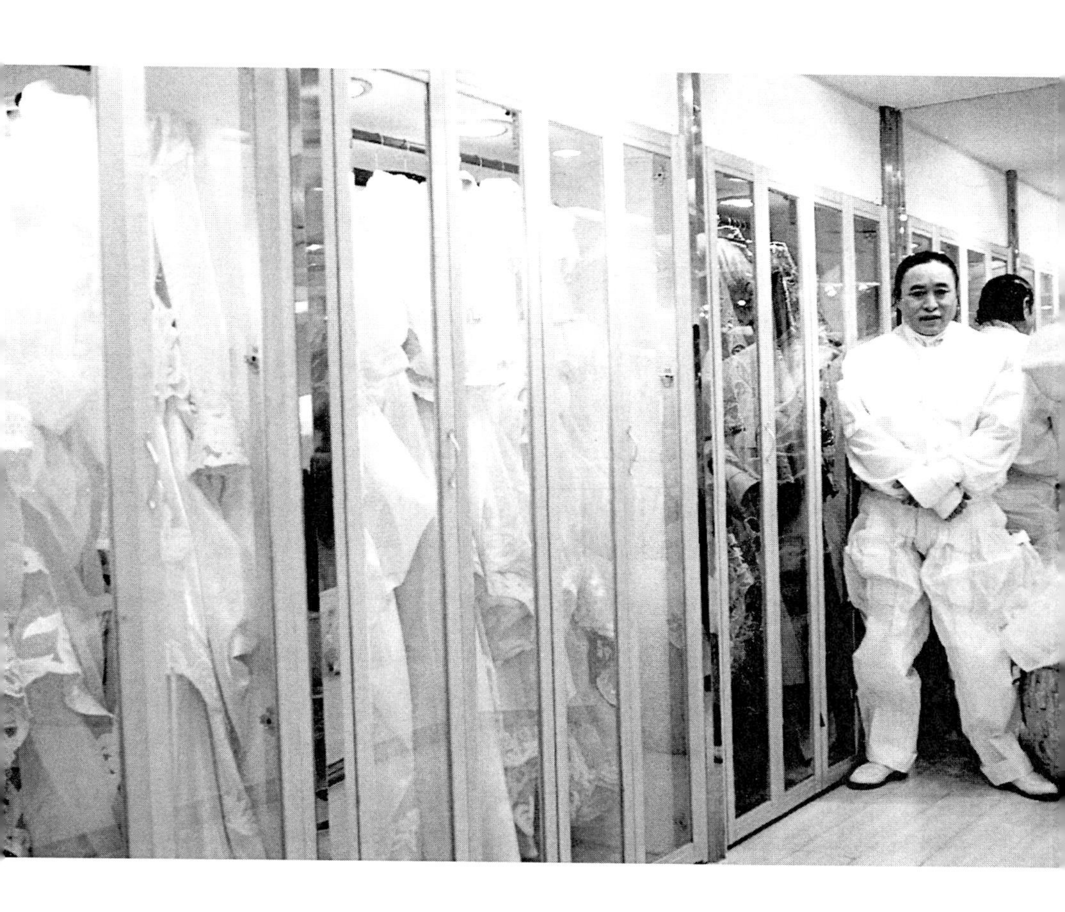

앙드레 김

'국민 디자이너' 라는 별칭이 무색하리만큼 터무니없는 루머와 오해로 늘상 호사가들의
입방아 속에서 희화화되는 남자. 그러나 그의 일상을 사로잡고 있는 건, 치열한 작업과정에서
비롯되는 절제와 고독뿐이다. 그러나 그의 직업적 프로의식이 보여주는
'문화적 풍성함' 과 '일상적 가난함' 은 모든 남자들이 고민해봄직한 화두 아닐까?

그는 25년 전부터 우리가 익히 알고 있는 흰색 옷만 입는다. 얼핏 보기엔 늘 똑같은 옷처럼 보이는데 디자인이나 소재가 조금씩 다르다는 게 그의 말이다. 국산 코튼으로 된 옷감을 이용해 계절에 따라 조금 두껍거나 얇게 만드는데 겨울에는 조금 두꺼운 면천을 사용하고 재킷도 솜을 넣어 누빈 것을 입는다. 이런 옷이 한 30벌쯤 된단다. 맨날 똑같은 양복만 입고 다니는 부호의 옷장에 거의 구별이 안 가는 양복들이 1백 벌쯤 있었다는 에피소드를 연상케 한다. 그런 성향은 그의 작품활동에도 그대로 반영된다. 그는 일부 사람들로부터 언제나 똑같은 옷만 만든다는 비난을 받는다. 그의 대답을 들어보자.

"제가 추구하는 아름다움을 담기 때문에 제가 만드는 작품 역시 항상 통일된 느낌을 주겠죠. 하지만 늘 똑같은 옷만 만들면 누가 제 옷을 사러 오겠습니까?"

그는 전체 골격을 건드리지 않으면서 다양한 변형을 통해 완성도 높은 창작물을 만들어내는 데 탁월한 능력을 보인다. 다시 말해 디테일을 중시하는 사람이라는 말이다. 물론 나는 그의 작품을 분석하고 평가할 만한 자리에 있지도 않고 그럴 만한 안목도 없다. 단지 앙드레 김의 창작 스타일에서 느껴지는 그의 성향을 말하고 싶을 따름이다.

그의 작품마다 빠지지 않고 들어가 있는 꼼꼼한 자수(刺繡) 문장(紋章)은 사람들의 경탄을 자아낸다. 디테일하게 수를 놓아 옷감을 디자인하는 게 큰 즐거움이라는 그의 말을 눈으로 확인할 수 있는 순간이다. 디테일 중시, 완벽주의, 반듯함, 결벽증, 도덕주의자는 정신의학적으로 보면 하나의 뿌리에서 나타난 여러 잎새들이다. 앙드레 김도 예외는 아니다.

그가 작품을 만드는 과정은 목숨을 건다고 할 만큼 치열하고 엄숙하다. 진검승부의 연속이다. 그는 매년 2~3회씩 해외 패션쇼를 갖는데 한 번 패션쇼를 할 때 필요한 옷이 1백50~1백75벌이란다. 그렇다면 일 년에 최소한 3

백 벌 이상이 필요하다는 계산이 나온다. 그의 표현을 빌려본다면 3백 점 이상의 '작품' 이 필요하다는 말이다.

물리적인 제작 시간을 전혀 감안하지 않는다 하더라도 거의 하루에 한 개씩의 작품구상과 아이디어 스케치가 이루어져야 한다. 퇴근 후 사람들과 어울려 호프집에도 가고 노래방에도 가는 따위의 평범한 생활은 해볼 짬이 없다. 일년에 절반 정도의 저녁시간을 각국 대사관 리셉션 참가로 보낼 수밖에 없다는 그의 라이프 스타일을 떠올리는 사람이 있을 것이다. 그러나 그는 절대로 정식 디너파티에는 가지 않는다. 저녁시간을 몽땅 빼앗길 수도 있기 때문이다. 대신 언제건 자신이 원하는 시간에 나올 수 있는 스탠딩파티에만 참석한단다. 대부분 의상실 근처에서 간단하게 해치우는 점심식사 시간도 30분을 넘기지 않는다.

그룹전을 하면서 서로의 패션쇼를 축하해주는 디자이너 세계의 최소한도의 예의조차 무시해버린다. 그렇게 할 거 다하고 놀 것 다 놀면서 언제 작품구상을 할 수 있겠느냐는 것이다. "예술은 고독 속에서 탄생된다"는 글을 읽고 마치 자신을 두고 하는 말이라는 생각을 했다는 낯간지러운 고백도 서슴없이 할 수 있는 건 40년의 생활이 실제로 그렇게 일을 중심으로 치열했기 때문이다.

그는 패션쇼를 하는 당일엔 모델들이 먹을 김밥을 집에서 준비해 간다고 한다. 혹시 다른 음식을 먹고 배탈이 나서 중요한 행사를 망칠지도 모른다는 걱정 때문이다. 강박적인 느낌이 없진 않지만 자신의 일에 대한 그의 열정이나 집착이 놀랍다. 앙드레 김은 패션쇼에 그의 창작 에너지의 많은 부분을 쏟아넣는다. 외국에서 열리는 패션쇼를 준비할 때면 그는 이미 7~8개월 전에 사전답사를 다녀올 만큼 애정을 기울인다.

실제로 그가 생각하는 패션쇼란 단순히 디자이너가 만든 옷을 선보이는 일차원적인 개념을 넘어선다. 그는 패션쇼란 오페라나 클래식 콘서트처럼 웅장하고 감동적이어야 하며, 의상과 음악과 미술이 한데 어우러지는 종합예술이라는 지론을 가지고 있다. 그래서 그는 자신의 패션쇼를 기승전결로 1시간 30분 동안 펼쳐지는 '패션 오페라'로 규정한다. 온 가족이 관람하는 예술공연이라는 생각으로 기획을 한다는 것이다. 유감스럽게도 나는 아직 한 번도 그의 패션쇼를 정식으로 감상하지 못했다. 아마 많은 사람이 그럴 것이다. 그러나 그의 옷을 입어본 사람이 극소수임에도 그가 국민디자이너로까지 불리는 것처럼 앙드레 김의 패션쇼는 이제 많은 사람들에게 예술의 새로운 장르로 인식되고 있다.

96년 이집트 카이로에서 스핑크스를 배경으로 펼쳐진 그의 패션쇼는, 패션이 독창적 예술이자 문화상품이며 중요한 외교수단임을 입증한 무대라는 평가를 받았다. 일곱 벌의 옷을 겹쳐 입은 모델이 한 꺼풀씩 벗을 때마다 한국 전통색의 의상이 드러난다는 일인무(一人舞)는 사진만 보아도 마음이 설렌다. 인간의 감성을 자극하는 예술의 한 형태라 할 만하다. 백남준이 '비디오아트'라는 예술 장르를 처음 만든 것처럼 앙드레 김은 '패션 오페라'라는 예술의 새로운 장르를 개척하고 있는 것이다.

무공해 감정

그는 아직도 미장원에 가는 일이 겸연쩍어 이발소에서 머리를 다듬을 만큼 수줍음이 많은 사람이지만, 자신의 패션 자존심이 훼손되면 휴화산이 갑자기 폭발하듯 분노를 표출한다. 언젠가 한 일간지에 앙드레 김이 패션디자이너가 아니라 무대의상 디자이너라는 칼럼이 실렸다. 연예인과 일부 사모님을 위해 파티 옷, 결혼식 옷과 같은 '조명발 받는' 옷을 만드는 앙드레 김 같은 사람은 무대의상 디자이너라고 불러야 마땅하다는 것이다. 많은 인터뷰기사에서 앙드레 김은 이 칼럼에 대해 저질이라는 표현까지 써가면서 격렬한 감정을 드러낸다.

앙드레 김 인터뷰기사 중 내가 개인적으로 가장 탁월하게 평가하는 것은 99년 9월 『신동아』 김현미 기자가 쓴 「앙드레 김과의 5시간 격정인터뷰」란 제목의 기사다. 이 기사에는 앙드레 김의 독특한 감정적 프로필을 잘 보여줄 수 있는 흔치 않은 에피소드가 등장한다. 앞서 말한 무대의상 디자이너와 관련된 대목에서다. 김현미 기자의 글을 그대로 옮겨보자.

"스타들이 제 옷을 입고 무대에 서는 것이 잘못됐나요? 대답 도중 갑자기 감정이 격해지는 듯 목소리가 떨리더니 벌떡 일어나면서 '도저히 인터뷰를 할 수 없다' 고 소리를 질렀다. '37년 동안 디자이너로 살아왔는데 또다시 이런 대답을 해야 한다니 지겹다' 고 외치기 시작했다. 지나치리만큼 예의바르고 손짓 하나 하나까지 조심하던 태도와는 180도 달랐다. 검은 마스카라로 강조한 눈은 이글이글 분노에 겨웠고 '지겨워 지겨워' 를 외치며 자신의 의상실 안을 서성이는 그는 흡사 성난 황소처럼 보였다. 10여 분간 안정을 찾지 못하고 서성이더니 자리로 돌아와서 휴지 한 장을 꺼내더니 번져버린 립스틱을 신경질적으로 닦았다. 화장을 지운 그의 맨 입술 선은 매우 선명했고 입매는 단호했다."

자신의 부드러움이 친화적이고 사교적인 삶의 한 방식일 수도 있다는 그의 고백이 실감나는 장면이다. 그는 늘 자신의 오늘이 있을 수 있었던 것은 '기자님' 들의 역할이 컸다며 평소 기자를 존경한다고 말해온 사람이다. 사적인 관계가 아닌 유력 언론사 기자와의 인터뷰 장소에서 감정을 그대로 드러낸 모습을 보인 것은 어떤 의미일까.

앙드레 김은 처음 만나는 사람이 오히려 불편하게 느껴질 정도로 언제나 깍듯한 태도를 보인다고 한다. 그런데 겉으로 보이는 객관적이고도 완벽한 통제 속에서 그의 속 감정은 기복이 매우 심하고 불안정한 것이었으며, 기회만 있으면 튀어 오르려는 움츠린 용수철과 같았던 것이다. 그러한 성향은 완벽을 추구하는 사람에게서 흔히 나타나는 동전의 양면이다.

자신의 꾸중에 눈물만 흘리는 아들의 모습이 가슴 아파서 며칠씩 디자인 작업을 전폐할 만큼 여리고 감정적인 사람이 앙드레 김이다. 옷로비 청문회의 이름 시비와 관련하여 "선비는 호(號)로 작가는 필명으로 부르는 것이 예의이듯 패션디자이너 앙드레 김은 '앙드레 김'으로 부르는 것이 자연스럽다"고 쓴 어떤 기자의 글을 읽다가 눈물이 핑 돌 정도로 뭉클했다고 고백하기도 한다. 앙드레 김이 말할 때 보면 감각적 성향의 사람들이 흔히 그러하듯 한 단어를 수식하는 형용사가 길게 따라 붙는다.

"엘레간트하고 노블하며 인텔렉추얼한……."

가만히 살펴보면 그가 쓰는 단어의 개수는 그다지 많지 않은 것 같다. 사랑, 평화, 그리움, 애잔함, 아름다움, 고독, 환상, 꿈, 희망, 꽃, 눈, 무지개 등 감수성 예민한 사춘기 소녀의 일기장에나 나옴직한 단어들이다.

그런데 60대 중반의 앙드레 김은 아무렇지도 않게 그 단어들을 구사한다. 듣는 사람에 따라서는 코믹할 수도 있고 멋쩍은 느낌이 들 수도 있지만 그는 너무도 진지하다. 때론 예술가라는 그의 타이틀을 감안해도 유치하다는 느낌이 들 수 있지만 달리 보면 천진무구한 감정의 소유자라는 증거이기도 하다. 한마디로 '무공해 감정'을 가진 사람이라는 것이다. 앙드레 김은 자신의 느낌이나 감정을 에둘러 말하지 않고 무공해 상태로 쏟아낸다. 작고한 시인 천상병과 닮아 있는 대목이다. 앙드레 김이 TV프로그램 중 원시부족에 관한 다큐멘터리를 가장 좋아한다는 것도 비슷한 맥락에서 해석해볼 수 있겠다.

그의 감정이 사춘기 소녀 수준의 상태에 머물러 있는 것이라면 그 이유는 무엇일까. 아마도 성적 매력을 무의식적으로 억압하는 심리구조가 그 원인이 아닐까 싶다.

앙드레 김은 섹시함을 터부시하는 흔치 않는 디자이너다. 더 솔직하게 말하자면 나는 아직까지 섹시함을 중요하지 않게 생각하는 예술가를 본 적이 없다. 앙드레 김은 아직 한 번도 미니스커트를 만들지 않았단다. 지나치게 선정적인 의상은 한 순간 남자들에게 섹스어필할 수는 있겠지만 교양미가 없어 보여 영원한 매력을 가져다주지 못하기 때문이라고 한다. 화보를 촬영할 때도 여자 모델의 가슴이 많이 드러나지 않도록 세심하게 연출을 한다. 그는 대학생인 아들에게 여자친구가 생긴 것 같자 "들뜨거나 허영스러워 보이지 않는" 여자를 사귄다면 얼마든지 좋지만, "섹시함에 현혹되어서는 안 된다"고 끊임없이 당부한다. 디자이너가 아니라 마치 수사(修士)를 지망하는 청교도 같다.

미국을 대표하는 패션디자이너 캘빈 클라인은 1980년 '브룩 실즈의 노팬티 광고'로 진(jean) 시장을 단번에 장악해버린다. 그 광고에서 브룩 실즈는 "나와 캘빈 클라인 진(jean) 사이에는 아무 것도 없어요"라고 말한다. 섹스어필이라고 반드시 선정적 의상이 필요한 건 아니다. 인간의 성 에너지에서 비롯하는 가장 매력적인 정신적 힘은 상상력이다. 주제넘게 디자이너의 대가에게 충고를 하자는 게 아니다. 섹시함이란 인간의 감성 중에 가장 진화된 형태, 즉 세련된 형태의 감성이며 성 에너지는 인간 창의력의 근원인 것이다. 성적 상상력은 인간의 창의력을 극대화시킬 수 있다. 그게 정신의학적인 한 견해다. 그런 이유로 나는 성적 상상력을 억압하는 앙드레 김이 아쉽다.

'앙드레 김' 브랜드의 독특한 자산가치

앙드레 김은 지금도 자신의 성공에 대해서 반신반의하는 말을 할 때가 있다. 그 이유의 첫번째는 자신이 사람들이 생각하는 것만큼 돈을 벌지 못했기 때문이다. 〈성공시대〉라는 TV프로그램의 출연을 두 번씩이나 거절한 것도 같은 이유다. '사람들이 인식하는 성공의 잣대'라는 표현을 쓰긴 했지만 아직 자신의 빌딩조차 없는데 성공했다는 게 말이 안 된다는 것이다. 그가 자주 밝히는 그의 재산은 의상실이 세들어 있는 건물의 전세금, 자신이 살고 있는 아파트, 연구소 설립을 위해 마련해둔 교외의 작은 땅이 전부란다. 66년 에펠탑에서의 성공적인 패션쇼 이후 국내에서 의상실을 여러 개 내고 고객수를 늘리는데 몰두했다면 엄청난 돈을 벌고 사업적인 성공을 거뒀겠지만 그렇게 하지 않았다고 말한다. 또 국위선양을 위해 해외 패션쇼에 쏟아 부은 에너지나 비용을 아꼈더라면 지금보다 훨씬 더 윤택한 삶을 누렸을 것이라고 말하기도 한다. 그러나 나는 그 말에 동의할 수 없다. 일찍이 앙드레 김 자신이 한 인터뷰에서 말하지 않았던가.

"1천 년 전 신라왕들의 삶이 기록으로 남은 것처럼 나는 1천 년 후의 사람들에게 '20세기에 독창적 패션의 예술세계를 세계에 알린 디자이너'로 남을 수 있었으면 합니다."

더 윤택한 삶(?)을 위해 독창성을 포기하고 돈벌이에 집착했다면 앙드레 김이라는 '예술가'는 존재하지 않았을 것이다. 또 가난(?)하다고 하지만 아직도 우리 나라에서는 흰색 다이너스티를 타고 자신의 작품활동을 할 수 있는 여력을 가진 예술가는 많지 않다.

그런 점에서 앙드레 김은 행복한 예술가다. 청빈을 강요하자는 게 아니다. 그가 자신의 작업이나 업적에 대해서 좀더 프라이드를 가져 달라는 것이다. 그게 그를 아끼고 지지하는 팬들에 대한 최소한의 예의다. 그의 팬클럽을 자처하는 몇몇 젊은이들의 홈페이지를 방문해본 적이 있는가. 앙드레 김의 사인도 받고 잠깐이었지만 가까이서 볼 수 있어서 정말 영광이었다는 친구, 어렵게 얻은 그의 작품집을 보면서 잠을 설쳤다는 흥분된 목소리, 가정 사정으로 상급학교에 진학하지 못했지만 앙드레 김을 생각하면서 꿈을 키우고 있다는 스무 살 청년, 언젠가 의상실을 찾아가 그에게 보여주기 위해서 쉬지 않고 아이디어 스케치를 하고 있다는 지방의 어느 여고생. 이런 젊은 친구들에게 꿈과 희망을 줄 의무가 있지 않겠는가.

어쨌든 드디어 적당한 사업파트너를 찾았는지 머지않아 '앙드레 김' 향수를 비롯한 화장품이 나올 예정이란다. 또 앙드레 김 상표를 사용해서 청소년을 위한 캐주얼의류와 홈패션 그리고 골프의류도 준비중이라니 흥미진진하다. 그렇게 되면 자신의 스튜디오가 있는 작은 빌딩을 갖고 싶다는 그의 꿈도 이룰 수 있을 것이다.

그 소식을 접하면서 한 가지 궁금증이 생겼다. 로얄티 지불을 위해서 그의 사업파트너가 제시한 '앙드레 김' 이라는 브랜드의 자산가치는 도대체 얼마였을까. 코카콜라나 맥도날드처럼 '앙드레 김' 이라는 브랜드를 일정한 금액으로 환산해보라.

상상의 나래는 끝이 없다. 그러나 직접적인 이해관계가 걸려 있지 않은 나 같은 사람들에게 '앙드레 김' 이라는 브랜드의 자산가치는 경제적으로만 의미가 있지 않다. 심리적으로 또는 정서적으로 '앙드레 김' 이란 이름은 독특한 자산가치를 지닌다. 어떤 이름을 떠올리면 아련한 추억에 빠져들 듯이 앙드레 김이란 이름은 우리를 '꿈과 환상' 에 젖게 한다. 때로 예술가다운 '무공해 감정' 으로 사람들을 민망하게 한들 그게 무슨 상관이랴. 지나친 문제의식이 작품감상을 방해하는 경우도 있는 법이다.

의상을 디자인하는 패션디자이너로서, 패션 오페라를 기획하는 엔터테이너로서 직업의 개념을 새롭게 규정하고 있는 독특한 예술가, 앙드레 김. 아직까지 20대에 가졌던 패션에 대한 열정을 고스란히 간직하고 있으며, 80세가 넘어서도 계속 디자인하는 사람으로 남고 싶다는 게 그의 바람이다. 꼭 그렇게 되길 바란다.

일상과 직업의 황금비(黃金比)

밥 위에 카레를 끼얹어 먹을 때 카레를 끼얹은 부분이 5, 흰밥이 보이는 부분이 3일 때 카레라이스의 맛이 가장 좋게 느껴진다고 한다. 미술에서도 5 대 3의 비율은 황금비라 부른다. 사람은 이 구도에서 가장 안정감을 느끼기 때문이다.

한 개인의 일과 삶에 있어서도 이 원칙은 그대로 적용된다. 다만 무엇이 5가 되고 무엇이 3이 되어야 황금비가 되느냐에 관한 선택권은 전적으로 당사자에게 있다.

이회창 vs 이회창

'칼'의 이회창, '저울'의 이회창

때로 한 사람에 대한 평가가 혼란스러울 만큼 극단적으로 나타날 때가 있다.
단순히 평가가 아니라 정말 극단적인 두 모습이 한 사람 안에 고스란히 들어 있는 경우라면
혼란은 더욱 가중된다. 하지만 진짜로 혼란스러운 사람은 평가의 대상이 된 그 자신이다.
왜냐하면 그는 스스로 항상 일관되게 행동해왔다고 생각하기 때문이다.
소위 말하는 '내 안의 또다른 나'.
자, 당신은 '당신 안의 또다른 당신'을 받아들일 수 있겠는가?

'칼'의 이회창, '저울'의 이회창

내 안에 또다른 내가 있다

'입천하지정위(立天下之正位) 행천하지대도(行天下之大道)'. 이회창 한나라당 총재의 좌우명인데, 항상 하늘 아래 올바른 위치에 서 있어야 하며 큰길을 가야 한다는 뜻이다. 그 중에서 '올바른 위치에 서 있어야 한다'는 말은 이 총재에게 거의 절대적인 가치관으로 그는 평생을 이 기준에 맞춰 살아왔다.

스물 세 살의 나이에 사법고시에 합격한 후 평생 '원칙'만을 소신으로 법 정신을 지켜왔고, 감사원장과 국무총리를 역임한 관료 시절에도 원칙주의자로서의 면모를 흐트러뜨리지 않았다. 그러나 96년 정계에 입문한 이후에는 정치인이면 누구나 당연히(?) 받는 비판에다 이 총재가 개인적으로 가슴 아프다고 표현할 만큼 인간성에 관한 비난까지 듣고 있다.

그 절정은 아마도 지난해 4 · 13총선과 관련한 한나라당 공천 파동일 것이다. '이회창은 무서운 사람' '이회창은 가차없는 보복과 인간적 신의를 배신할 수 있는 사람' 이라는 비난이 난무했다. 정치적인 이해관계는 논외로 하더라도 단 한 마디의 인간적 양해나 설명도 없이 허주를 비롯한 그의 정치적 동지들을 제거한 일은 한나라당 출입기자들조차 분노할 정도였다는 고 한다. 그 과정이 당당하지 않고 비겁했다는 것이다.

단아한 선비 스타일의 이 총재와는 어쩐지 어울리지 않는 사건처럼 보인다. 그러나 그는 자신의 이미지와는 전혀 어울리지 않는(?) 일들을 이전에도 종종 해왔다.

김대중 대통령은 일반 국민들이 이 총재에 대해 '대쪽' 이라는 이미지를 갖고 있는 것과는 달리 그를 표리부동한 사람으로 생각한다고 한다. 앞뒤가 다른 사람이라고 인식한다는 말이다. 정치적으로 대극점에 있는 정적(政敵)에 대한 일종의 정치적 험담일 수도 있는 말이지만, 왜 그런지 궁금하기는 하다. 97년 대선 기간에 약속을 깨고 DJ의 병역기피 의혹을 제기하고, 'DJ 비자금' 까지 폭로하는 등 인간적 배신행위를 했다는 게 그 중요한 이유 중 하나란다.

그래서 원래 여야 영수회담은 실무 선에서 타결되지 않는 정치 현안을 풀기 위해 개최하는 것이 보통이지만, 김 대통령은 영수회담 후의 발표문안까지 사전에 합의토록 지시한 적도 있는데 이게 다 이 총재의 표리부동을 걱정했기 때문이라는 것이다.

이 총재는 또 가끔 예상할 수 없는 폭력적 행동으로 주위 사람들을 당혹스럽게 만드는 때가 있다고 한다. 언젠가 한나라당 총재단회의 중에 생긴 일이다. 회의 참석자들 간에 이견이 생겨 약간의 말다툼이 생겼다. 짜증이 난 이 총재는 그만하라면서 탁자에 있던 컵을 높이 쳐들었다가 탁자 위로 세게 내리쳤다. 컵 속의 물이 자신의 얼굴에 튈 정도로 두 번 연속으로 컵을 내리쳐서 결국 컵은 그 자리에서 박살이 나버렸다. 이 총재의 이런 모습을 간간이 보아온 한나라당 고위당직자는 '그의 걷잡을 수 없는 분노가 무섭다' 고 말한다.

그러나 정반대의 모습이 동시에 존재한다. 이 총재를 만나본 사람들은 그가 정계에 입문한 지 5년이 넘었는데도 여전히 '부끄러워한다' 는 느낌을 받는다고 말한다. 회식 때 식탁에 오른 산낙지를 보고 "어 참, 잔인하구만…" 하며 입도 대지 못하는 사람이 이회창이다. 주위 사람들은 극단적이기까지 한 이 총재의 두 얼굴에 혼란스러워한다.

저울과 칼

나는 이회창이라는 한 남자의 성향을 살펴보다가 문득 '저울과 칼' 의 이미지를 떠올렸다. 법의 상징인 정의의 여신 유스티치아(Justitia)는 한 손에는 칼을, 다른 한 손에는 저울을 들고 있는 모습으로 법의 엄정성과 공정성을 보여주고 있는데, 여기서 내가 말하는 '저울과 칼' 은 유스티치아의 그것과는 좀 다른 개념이다. 굳이 설명하자면 루스 베네딕트가 쓴, 일본에 관한 명저 『국화와 칼』이라는 제목이 시사하는 개념과 더 유사하다. 국화의 온화함과 칼의 잔혹함, 이렇게 극단적인 양면성(빛과 그림자)을 동시에 가지고 있는 국민이 일본인이라는 게 루스 베네딕트의 해석인데, 그 시각을 좀 차용해보자는 것이다.

이 총재의 심리적 특성은 우리가 흔히 일본인의 국민성이라고 일컫는 결벽증 혹은 강박증적 특성과 매우 닮았기 때문이다. 그러나 이런 심리적 가정은 다음과 같은 전제하에서만 유의미하다. 즉 일제 36년이나 교과서 왜곡 사건 등과 같이 본능적으로 우리를 흥분시키는 일본 혹은 일본인에 대한 우리들의 부정적 감정을 그대로 이 총재의 심리적 특성과 연결시켜서는 안 된다는 것이다. 선입견을 갖지 말아야 한다는 말이다. 그래야만 일본인의 심성과 이 총재의 심리적 특성을 비교해보는 일이 나름의 의미를 가질 수 있다.

루스 베네딕트에 의하면 서양사람들이 일본인에 대해 기술한 글에는 '그러나 또한' 이라는 표현이 연발되고 있다 한다.

"일본인은 유례없이 예의바른 국민이다. '그러나 또한' 불손하며 건방지다. 일본인은 용감하다. '그러나 또한' 겁쟁이다. 그들은 유순하다. '그러나 또한' 분개하길 잘 한다. 그들은 철저히 복종적이다. '그러나 또한' 무섭게 반항적이다."

'그러나 또한' 이란 말은 일본인의 심리적 메커니즘을 설명하는 상징적인 단어이다. 세계 최고의 친절을 자랑하는 서비스 국가이지만 잔혹한 전쟁을 일으키기도 하는, 이렇게 양극단을 시계추처럼 왕복하는 일본인의 심성을 상징하는 말이 '국화와 칼' 이다.

비슷한 맥락에서 나는 '인간 이회창' 의 빛과 그림자를 '저울과 칼' 로 비유해보는 것이다. 이 총재는 타고난 성향과 고도의 훈련으로 거의 완벽한 균형감각을 가지고 있는 사람이다. 이것이 내가 말하는 '저울' 이며 인간 이회창의 '빛' 에 해당하는 부분이다. '그러나 또한' 이 총재는 극단의 분노와 폭력적 언행으로 주위에 있는 사람들을 공포에 가까운 불안감에 휩싸이게 한다. 이것이 '칼' 이며 인간 이회창의 '그림자' 에 해당하는 부분이다. 그는 모순된 양극단의 모습을 동시에 보여준다. 마치 손은 하루에 열 번 씻으면서 발은 열흘에 한 번 씻는 사람 같다.

이 글은 '인간 이회창' 의 빛과 그림자를 살펴보기 위한 것이다. 정치적 호불호(好不好)에서 완전히 자유로울 수는 없겠지만 이 총재에 대한 정치적 성향과는 무관한 글이라는 뜻이다. 행여 나의 세련되지 못한 전달 솜씨로 인해 뜻하지 않게 정치적으로 해석되는 부분에 대한 오해가 없었으면 한다. 이 총재는 현재 대한민국에서 정치적으로 가장 민감한 위치에 있는 사람 중 한 명이기 때문이다.

한 사람이 가지고 있는 두 가지 성향을 분리해서 설명하는 일이 말처럼 쉽지는 않겠지만 편의상 '칼의 이회창' 과 '저울의 이회창' 으로 나누어서 인간 이회창을 살펴보자. 먼저 '칼의 이회창' 이다.

한 올도 흐트러져선 안 돼!

단순하게 말하면 이회창은 결벽증 또는 강박적 성향의 전형적 특징을 가지고 있는 사람이다. 한 번 만나보지도 않은 사람에 대한 나의 단정적인 해석에 고개를 갸웃하는 사람도 있을 것이다. 그렇다면 정확성을 기하기 위해서 말을 조금 바꾸어보자. 이회창은 정신의학적으로 강박적 성격이라고 진단해도 무리가 없을 만한 외적인 특징을 많이 가지고 있는 사람처럼 보인다.

강박적 성격을 가진 사람들의 첫째 특징은 청결과 돈, 시간에 대해서 결벽에 가까울 정도로 엄격하다는 것이다. 물론 정갈한 위생관념을 가지고 있으며 시간관념이나 돈 관계가 분명하다고 해서 다 강박적이라고 할 수는 없다. 강박적 성향을 가지고 있는 사람들은 그런 문제에 있어서 주위 사람들이 유별나다고 느낄 만큼 뚜렷한 구별점을 가진다.

강박적 성향이 있는 사람들은 우선 외견상으로도 다른 사람과 차이를 보인다. 그들은 언제 봐도 사우나에서 막 나온 사람 같은 느낌을 준다. 잘 씻어서 언제나 빛나는 듯한 얼굴, 한 가닥의 머리카락이라도 흐트러지는 것을 용납하지 않겠다는 듯한 단정한 머리모양새, 군더더기 없이 말쑥한 옷차림 등 '지나친 깔끔' 때문이다.

이회창은 정치 입문 이후 지방에 내려가서 숙박한 경우가 딱 한 번이라고 한다. 거의 대부분 행사가 끝나기가 무섭게 서울로 올라오는데 그 이유 중의 하나가 머리손질 때문일 것이라고 추측하는 사람들도 있다. 그는 매일 아침 자택에서 전속이발사에게 머리를 맡기는데 가르마가 조금만 달라도 예민한 반응을 보인다는 것이다. 그는 칫솔질도 10분 이상 할 정도로 청결에 철저하다고 한다.

이회창의 지나친 깔끔함은 그의 대(對)국민 이미지를 고려해야 하는 참모들의 대단한 걱정거리인 모양이다. 지난 대선 때 이회창 후보 분장의 키포인트는 차갑고 딱딱한 인상 대신 '부드러운 이회창' 을 연출하는 것이었단다. 캐리커처에서 주로 묘사되는 뾰족한 턱 끝에 그림자를 넣어 길어 보이지 않도록 하고 넓은 이마 양옆을 약간 어둡게 해서 턱과의 균형을 잡는 등 부드러운 이미지를 줄 수 있는 메이크업에 정성을 기울였단다. 헤어스타일을 부드럽게 바꾸어서 마음씨 좋은 동네 아저씨 같은 인상을 심어주어야 한다고 건의한 한 보고서의 내용도 같은 맥락이다. 그의 깔끔함이 사람들이 그에게 갖고 있던 호감을 떨어뜨릴 만큼 지나치다는 것을 보여주는 하나의 사례다.

청결에 대한 그의 집착은 외모와 같은 외형적인 것에서 그치지 않는다. 그가 조계종 총무원장 정대 스님의 '희대의 보복정치' 발언으로 충격을 받아 수덕사를 방문했을 때의 일이다. 이 절의 주지스님을 만나 얘기를 나누었다고 하는데, 이 에피소드 중에서 내 눈길을 끈 것은 법장 스님을 만나 자신의 심중을 토로하고 서울로 올라오던 이회창이 예산성당에 들러서 20분간 혼자 기도를 했다는 짤막한 내용이었다. '울라프' 라는 자신의 세례명에 대해서 대단한 애정을 가지고 있다는 가톨릭 신도 이회창이 연상되면서 정신과 의사로서 일종의 직업병이 발동한 것이다.

혹시 스님과 오랜 밀담을 나눈 일이 독실한 가톨릭 신자인 그의 마음에 부담이 된 것은 아닐까. 깨끗치 못한 일을 행(doing)했다는 죄의식 때문에 그것을 취소(undoing)하려고 성당에서 기도를 올린 것은 아닐까. 강박적 성향의 사람들이 죄의식이 들 때 흔히 사용하는 심리적 방어기제가 '취소' 다. 그의 결벽증은 물리적인 영역에 그치지 않고, '정신적 청결(순결)' 의 영역까지 확장되고 있는 듯하다.

'형이하학'과의 전쟁

또 강박적 성향을 가진 사람들은 대개 시간개념이 철저하다. 그들은 시간개념이 흐릿한 사람을 마음속으로 경멸한다. 이회창도 약속시간이 정확하기로 소문난 사람이다. 젊은 시절부터 상대를 15분 이상 기다리는 법이 없어서 친구들 사이에 '15분맨' 이라는 별명이 붙었을 정도다.

돈 문제도 철저하긴 마찬가지다. 이회창만큼 돈에 엄격한 정치인도 흔치 않을 것이다. 3김과는 차별되는 '돈 안 쓰는 정치' 를 실천하고 싶은 그의 정치적 결심 때문이기도 하겠지만, 돈 문제에 있어서 그는 거의 결벽적 태도를 고집한다.

이회창은 어떤 일이 있어도 돈으로 추종자와 권력을 만들어내지 않겠다는 확고한 신념을 갖고 있다. 대선 때는 지정기탁금제 폐지를 선언하면서 여당 프리미엄을 포기했고, 지난 총선 막판에는 1천만 원 정도만 지원해주면 당선권에 들 수 있다고 판단한 많은 지구당에서 총재에게 다급한 구조요청을 보냈지만 이회창은 그 요구를 모두 거절했다. 결과가 모든 것을 말해주는 총선을 치르면서도 그 원칙을 포기하지 않았던 것이다. 가히 '선거혁명' 이라 불릴 만하다.

그러나 그런 원칙을 고수한 데는 정치적 신념 외에도 돈에 대한 그의 개인적 성향이 큰 영향을 미쳤을 것이라는 게 내 생각이다. 그는 돈을 직접 만지는 행위 자체를 꺼리는 것 같다. 아마 심리적 깨끗함에 대한 집착 때문일 것이다.

지난 대선 때 몇몇 기업인이 직접 그에게 전화를 걸어 수억 원의 정치 헌금을 내겠다고 했지만, 그는 '다시 연락할 테니 조금만 기다려달라'는 식의 답변만 수 차례 하다가 끝내 돈을 받지 않고 선거를 끝내버렸다. 그는 당시 선거비용을 마련하기 위해 자신이 살고 있던 서울 구기동 자택을 팔아 전세금을 제외한 5억 원을 신한국당에 특별당비로 기부했는데, 그 집은 부인 한인옥 여사가 "결혼생활 중 구기동 집을 장만했을 때가 가장 기뻤어요"라고 얘기할 만큼 소중한 추억이 담겨 있는 집이었다. 이회창은 돈 문제에 그렇게 철저한 사람이다.

또 그는 모든 일이 자신이 정한 일정한 '틀'에서 벗어나진 않았는지, 일의 사소한 부분까지 지나치게 신경을 쓰는 강박적 성향을 보인다. 이회창과 인터뷰를 하려는 기자는 항상 사전에 예상질문지를 정확하게 써내야 한단다. 이회창은 예상질문지를 토대로 예상답변을 미리 만들어 완벽하게 익힌 다음에라야 인터뷰에 응하기 때문이다. 정치권에서 그런 식으로 인터뷰를 하는 사람은 매우 드문데도 기자들은 이 규칙을 따를 수밖에 없다고 한다. 만일 예상질문지에 없는 질문을 하게 되면 나중에 그의 비서관들이 크게 혼나는 것을 뻔히 알기 때문에, 기자들 입장에서는 비서관의 입장을 배려하지 않을 수 없다는 것이다.

그는 모든 일이 자신이 정한 '틀'에서 조금이라도 벗어나면 당황한다. 매사에 완벽을 기해야 한다는 생각에 혹시 실수라도 할까 봐 두렵기 때문이다. 한 기자가 이회창에게 좋아하는 여자 연예인이 누구인가를 물었다. 그에 대한 이회창의 답변은 이렇다.

"김혜자, 고두심, 전인화 등 중견 연예인과 '와'의 이정현, 전지현, 핑클, 황수정, 채림, 김규리 등 여러 명이 있지만 이들 연기자 모두가 특징이 있어서 어떤 연기자를 특히 좋아한다고 얘기하기가 사실 어려운 것 같아요."

아무 방어 없이 개인적인 취향이나 감정을 담뿍 드러내도 좋을 만한 질문에도 그는 비서관이 적어준 듯한 유명 연예인 리스트를 훑고 있는 것처럼 보인다. 그의 치밀한 완벽주의는 정도가 지나쳐 그에게 생동감과 개인적 체취를 다 빼앗아가고 있는 것이다.

그는 왜 청결, 돈, 시간 등을 통제하기 위해서 그토록 신경을 쓰는 것일까. 결론적으로 말하면 그에게 돈, 시간, 감정 등은 형이하학적이며 악(惡)에 속하는 것이라서 통제해야 할 대상이어서 없을수록 깨끗하고 완벽한 것이라고 생각하기 때문이다.

'나는 본래(?) 급(級)이 달라'

정신적인 성숙이란 '본래의 자기(real self)' 를 찾아 그것을 발현해가는 과정이다. 그런데 '본래의 자기' 는 뒷전에 둔 채 지나칠 정도로 높게 설정된 '이상적 자기(ideal self)' 를 향해서만 몰입하면 신경증적인 사람이 된다. 강박증이란 '이상적 자기' 가 비대할 때 생기는 병이라고 할 수 있다.

대학을 다닐 때까지 회초리로 때리고, 마흔이 넘은 아들이 변호사 개업을 하려고 하자 불호령을 내려 판사를 계속하게 한, 이회창의 아버지 이홍규 옹은 이회창의 삶에 '이상적 자기' 의 첫 시작을 만든다.

기회가 있을 때마다 가훈인 '정신일도 하사불성' 을 아들에게 강조하고, 자신감을 잃는 것이 으뜸가는 '죄악' 이라고 가르친 아버지. 그 아버지가 두려워 수학시험을 망친 소년 이회창은 '자신감을 잃었다' 는 죄책감에 가출을 하기도 했다. 지난 93년 신임 국무총리로 내정된 사실을 알고 그가 제일 먼저 한 일은 혜화동 부친에게 총리가 됐다는 사실을 알리는 문안인사를 다녀온 것이었다고 한다.

그런 아버지에 의해 싹을 틔운 이회창의 '이상적 자기' 는 판사라는 직업을 만나면서 더욱 강화된다. 그는 판사라는 직업을 특별히 신성시한다. 검사는 검사동일체의 원칙에 의해 상위직 검사의 지시에 절대 복종해야 하지만 판사는 자기의 판단에 따라 재판을 한다는 점에서 더 자부심을 갖는다.

객관적인 진실을 추구하는 판사라는 직업은 그에게 직업 이상의 의미, 즉 그가 끝없이 추구하는 '이상적 자기' 의 또다른 원형이 된다. 처음 읽은 후 그 기억이 너무 강렬해서 지금도 그가 늘 곁에 두고 있는 책이 있다. 마르쿠스 아우렐리우스의 『명상록』이다. 그 중 그가 가장 좋아한다는 한 구절이다.

"만일 네가 신과 같이 순결하고 순일하게 될 수 없다고 생각한다면 이 세상에 존재할 가치가 없다고 생각해야 한다."

이회창은 이 구절을, 신적인 존재에 가까워지기 위한 노력을 포기한다면 이 세상에 존재할 가치가 없다는 뜻이라고 해석한다. '이상적 자기' 를 향해서 끊임없이 자기를 채찍질해야 한다는 것이다.

실제 그는 자신이 그런 삶을 살고 있다고 자부한다. 그러니 자신에 대한 '전지전능감' 이나 '절대적 우월감' 이 대단할 수밖에 없다. 아버지의 존재를 내면화하고 판사라는 직업을 거치면서 형성된 그의 지나친 정신주의 혹은 정신적 완벽주의는, 그 자신을 심정적으로는 '절대자' 의 위치에 올려다놓은 것이다. 이회창이 사람들로부터 독선적이요 독단적이라는 말을 듣게 되는 것은 그런 이유다.

정치학자와 국회의원들이 이회창의 정치스타일에 대한 불만 중 첫번째로 꼽은 단어는 '아집, 편협, 경직' 등이었다. '절대적 우월감' 이 내재하는 이회창은 당연히 자신이 모든 것을 장악해야 마땅하다는 내적인 확신을 가진다. 그렇게 되지 않을 때 그는 정당한(?) 분노를 느낀다. 마치 일본사람들이 2차세계대전 때, 각 나라가 절대적 주권을 가지고 있으면 세계의 무정부상태가 계속되기 때문에 일본을 중심으로 세계의 질서를 바로잡아야 한다고 믿던 것과 같은 메커니즘이다.

그래서인지 그는 급(級)을 따지는 데 매우 예민하다. 그가 신한국당 대표로 있을 때 김영삼 전대통령과의 정기적 만남을 놓고 '주례보고'냐 아니면 '주례회동'이냐는 용어 문제로 청와대와 신경전을 벌인 일은 유명하다. 비슷한 시기에 총선을 책임지면서는 타당의 '선대위원장'과 자신의 급이 같을 수는 없다며 '선대위의장'이라는 새로운 직책을 만들었다.

이 희한한 직책에 대한 에피소드는 당시 헌정위원회에서 각 당의 선대위원장들을 하루씩 순번제로 초청해서 토론회를 하는 자리로 이어진다. 이 회창은 자신이 '선대위원장'이 아닌 '선대위의장'이기 때문에 타당의 선대위원장들과 똑같은 방식으로는 초대에 응할 수 없다면서 토론회에 참석만 한 후 일문일답을 거절하고 돌아가버렸다. 연로한 헌정회원들의 분노가 어떠했을지 충분히 상상이 간다.

그의 '급 따지기'는 거의 노이로제 수준이다. 한 언론사 행사에 초청되어 가는 길에 타당에서 참석한 사람이 자기보다 급이 낮다는 사실을 알고 차를 돌리기도 하며, 자신이 보낸 화환이 그 행사장의 어느 위치에 놓여 있는지까지 일일이 확인한다고 한다. "한나라당 총재비서실은 야당 총재의 비서실답지 않게 정무기능보다 '의전비서실'이란 말이 나올 정도로 깍듯한 의전에만 신경 쓴다"는 한 기자의 코멘트가 괜한 소리는 아닌 모양이다. 그는 자신을 능가하는 권위가 존재한다는 사실을 참지 못하고 그러다 보니 당연히 다른 사람을 인정하기도 힘든 것이다.

'조금만 신경 쓰면 될 텐데'

그는 모든 면에서 다른 사람이 해주는 것보다 스스로 하는 것이 더 낫

이회창

그는 많은 걸 요구하지 않는단다. 그저 조금만 신경 쓰면 되는 것들이란다.
하지만 누구도 그 조금의 차이를 메우지 못하는 건 무슨 까닭일까?
"만일 네가 신과 같이 순일하고 순결하게 될 수 없다고 생각한다면, 이 세상에 존재할 가치가 없다고 생각해야 한다."
그의 이상(理想)은 그야말로 급이 다르다. 한치의 오차도 허용하지 않는 그의 칼날을 과연 누가 피할 수 있으랴.

다고 느낀다. 영수회담을 한 뒤에 자세한 대화 내용을 측근들에게도 알려주지 않는다. 지나가는 말 한두 마디씩 던지는 걸로 측근들은 '그런 얘기가 오갔구나' 짐작할 뿐이란다.

필요하면 직접 이 사람을 불러 이걸 지시하고, 저 사람을 불러 저걸 지시하는 식이다. 이회창 캠프에서 누구도 그의 속내를 자신 있게 말하지 못하는 건 이런 이유 때문이란다. 그런 식으로 누구에게도 완전한 신뢰를 주지 않기 때문에 그의 곁에 있는 사람들은 언젠가 자신이 팽(烹)당할 수도 있다는 불안감을 가지게 된다. 그와 인연을 맺었다가 헤어지는 사람들은 항상 쫓겨나는 느낌을 갖는다고 말한다. 독단적이고 아집이 있다는 인상을 받을 수밖에 없다.

그의 가까이에 있으면 칭찬을 듣기보다 야단을 맞는 경우가 더 많다는데, 단순히 아랫사람을 단련하려는 의도적 행동은 아닌 것 같다.

예를 들면 이렇다. 자신의 양복이나 와이셔츠가 계절별로 차곡차곡 걸려 있어야 마음이 편해지는 강박적 성향의 남자가 있다. 그게 제대로 정리가 안 되어 있으면 그는 불같이 화를 내면서 아내를 닦달한다. "내가 많은 걸 요구하는 것도 아니고 조금만 신경을 쓰면 되는데 그것도 못 해줘?" 하고.

그가 보기에 그의 마음을 불편하게 만드는 일들은 모두 상대방이 '조금만' 신경을 쓰면 해결할 수 있는 일이다. 강박적 성향이 있는 사람들과 관계를 맺고 있는 사람들은 그 '조금만'에 녹아나는데 말이다. 그런 상황이 지속되다 보면 커뮤니케이션 자체에 문제가 생긴다.

99년 한 시사잡지는 당시 윤여준 여의도연구소 소장과 이회창의 관계를 다음과 같이 묘사한다.

"가족조차 이 총재 앞에서는 터놓고 말 못하는데 윤 소장은 거의 유일하게 그 앞에서 '언론의 자유'를 누리는 인물이다."

한 기자의 이회창 관찰기도 그의 지나친 권위주의나 독선에 따른 부작용을 잘 보여준다.

"기자들은 이 총재가 기자회견 때나 인터뷰 때 사소한 문제를 가지고 언론계 대선배인 언론담당 특보들을 후배기자들이 보는 앞에서 꾸지람을 주는 사례를 여러 차례 목격했다. 이럴 때마다 기자들은 이 총재에 대해서 다시 생각하게 된다는 것이다."

이회창은 대학시절에 관람한 커크 더글러스 주연의 〈스팔타커스〉라는 영화의 노예 얘기를 하면서, "자신이 당하고 싶지 않은 일은 다른 사람에게 강요해서도 안 된다는 진리를 적어도 한번쯤 가슴속에 새겨 보아야 한다"고 말한 적이 있다. 시사평론가 유시민의 날카로운 지적처럼, 혹시 이회창은 이렇게 생각하는 건 아닐까. '예외 없는 원칙은 없으며 나는 언제나 그 예외에 속한다' 고 말이다. 단지 이상론이 아니라 현실세계에서도 그런 원칙이 실제로 적용되었으면 하는 아쉬움이 생긴다.

몽상류(夢想流)의 검객 이회창

기자들 얘기가 나온 김에 '편협' 이라는 단어에 대한 이회창의 알레르기 반응도 한번 살펴보자. 이회창은 자신을 '편협하다' 고 보도하는 기사만 나오면 무척 흥분한다고 한다. 한때는 '편협' 이라는 단어가 보도되지 않게 언론사에 협조를 구하는 게 비서들의 주요한 임무였단다. 차라리 '속좁은 사람' 이라고 표현할지언정 '편협' 이란 단어만은 안 된다는 것이다. 그런 노력의 결과인지 얼마 전부터는 이회창과 관련된 신문기사들에서 '편협' 이란 말은 자취를 감추고 대신 '협량(狹量)' 이라는, 일상생활에서 흔히 쓰이지 않는 단어가 등장하기 시작한다.

국어사전을 보면 '편협하다' 는 건 도량이나 생각하는 것이 '좁고 치우치다'는 뜻이고, '협량'은 사람을 받아들이는 마음이 좁음 즉 '속좁음'을 일컫는 말이라는 사실을 알게 된다. 일반인이 보기엔 별 차이가 없어 보이는 말인 것 같은데 왜 이회창은 '편협'이라는 단어를 그렇게 질색하는 것일까.

내 '속좁은' 생각은 이렇다. 그는 자신을 법이나 정의와 동격체로 인식하는 듯한 언행을 자주 한다. 자신의 공평무사한 정신이나 균형감각은 '법이나 정의처럼' 완벽에 가깝다고 믿기 때문이다. 그런데 '편협'이란 단어에는 단순히 속이 좁은 것이 아니라 '치우치다'는 개념이 포함되어 있다. 편협?내가 한쪽으로 치우친 사람이라니… 이회창은 아마도 '편협하다'라는 말이 담고 있는, 자신이 공평무사하지 못하다는 의미를 참지 못하는 듯하다. 자신이 목숨을 걸 만큼 소중하게 여기는 가치가 손상받게 되면 누구나 그러지 않겠는가.

그런 차원에서 본다면 그의 감정표현이나 분노 폭발방식이 다분히 충동적이고 극단적인 것을 이해 못할 바도 아니다. 이따금 도저히 이회창이 했다고 믿어지지 않는 강렬하고 '감정적인 언사'들이 세인의 화제에 오른다.

96년 11월 대선 예비후보로 주목을 받기 시작할 때 그가 춘천에서 했던 연설의 한 대목을 들어보자.

"더러운 정쟁(政爭)이라고까지 부를 수 있는 구태의연한 낡은 정치판의 경험을 거쳐야 정치적 검증을 받았다고 얘기하는 것은 참으로 도착적 심리상태이다."

평생을 자구(字句) 하나 하나의 세밀한 의미까지 따져가며 객관적인 단어 선택을 했을 이회창의 법관 경력을 감안하면 그 말의 과격함은 더 확연해진다. 실상은 '낡고 더러운 정치판의 잣대로 나를 평가하려는 자들은 전부 정신병자들'이라는 말이다.

대선 직전의 '창자론'도 그렇고 '우리가 배알이 없고 자존심이 없어 영수회담을 제의한 것이 아니다'는 정치적 언사에도 다분히 원시적 감정이 배어 있다. 한 언론사 중견기자의 분석은 더 구체적이고 날카롭다.

"이 총재는 상당히 이중적인 면이 있습니다. 그는 실제로 논리적이면서도 정서적으로 격한 사람이에요. 그러다보니까 긴장을 풀 때는 본인의 격한 감정이 원색적으로 표현되곤 하죠. 그는 감정을 이성으로 억누르는 스타일이기 때문에 그런 격한 표현이 나오는 것 같아요."

그렇다. 그는 평소에 감정표현이 미숙한 사람이다. 그러나 더 정확하게 말하면 이회창은 자신의 내밀한 감정을 감추기 위해서 평상시에는 감정표현을 절제한다고 보는 편이 맞을 것이다.

이회창이 기자들과의 술자리에서 한 말이다. 자신은 기존 정치인들과 기존 정치룰로 맞서기에는 불리하므로 상대방의 의표를 찌르는 무엇이 필요하다면서 일본의 검법 '몽상류(夢想流)'를 예로 들었다. 몽상류라는 검법은 자신의 눈을 가린 채 전신의 감각만으로 상대의 의표를 감지해서 정확히 상대방의 급소를 찌르는 검법이란다. 공격하는 사람이 눈을 가리고 있으니 자연히 상대가 긴장을 풀게 되고 그때 상대방의 허를 찌르는 것이다.

이회창이 평소 자신의 감정을 통제하는 것은 몽상류에서 눈을 가리는 것과 같은 일종의 '무의식적인 페인트모션'이다. 거의 일상화된 듯한 그의 지나친 감정통제는, 다른 관점에서 보면 걷잡을 수 없는 감정폭발의 전조이자 '칼의 이회창'의 이면인 것이다.

현미경으론 커다란 구멍을 볼 수 없다

이제 '칼의 이회창'에 관한 글을 마무리하자. 사람은 살다보면 어이없는 무리수를 두게 될 때가 있다. 특히 본인이 중요한 가치를 두는 일인 경우엔 더 그렇다. 남들이 보기엔 사소한 일인데 거기에 목숨을 건다거나 어깨에 힘이 들어가 결정적 실수를 했다는 말도 그럴 때 나온다. 인간이 가지고 있는 완벽주의적 성향이 사람을 그렇게 몰아간다.

완벽주의적 성향을 가진 사람들은 매사에 빈틈없이 치밀해서 실수 같은 것은 전혀 용납하지 않는다. 그들은 자신의 현미경을 통해서 세상을 바라본다. 그렇게 세심하다. 그러나 그 세심함 때문에 중요한 부분에 의외로 큰 '심리적 구멍' 즉 '라쿠나(Lacuna)' 가 생긴다. 면접에 대비해서 며칠 전부터 입고 갈 옷, 신발, 예상질문까지 완벽하게 마스터한 취업준비생이 정작 면접 당일에 지각을 하게 되는 경우와 같다.

완벽주의자는 불안의 정도가 매우 높다. 그 불안감 때문에 미세한 것까지 철저히 대비하지만, 불안이 너무 커지면 오히려 쉬운 일, 상식적인 일에서 어처구니없는 실수를 한다. 완벽주의자가 아니더라도 사람은 심하게 불안해질 때 완벽주의적인 성향이 생긴다.

'칼의 이회창' 을 통해서 이회창 본인뿐 아니라 우리 모두가 지난 세월 나의 '라쿠나' 는 무엇이었는지, 또 왜 그런 구멍이 생겼는지를 따져볼 수 있다면 좋겠다.

정치를 하기에는 너무나 아까운 사람

이번에는 '저울의 이회창' 을 살펴보자.

이회창은 불가사의한 사람이다. 환갑의 나이에 정치에 입문하여 1년 반 만에 집권여당의 대통령 후보에 올라 1천만 표의 지지를 얻었지만 1.1%라는 근소한 차이로 고배를 마셨다.

그런데 이회창의 괴력은 그때부터 더 빛을 발하기 시작한다. 절대적인 지역기반도, 뚜렷한 계보도, 이렇다 할 측근그룹도 갖지 못한 '패장' 의 신분으로 당권을 장악한 후 총재에 재선된 이회창은 지난 16대 총선에서 한나라당을 제1당으로 끌어올렸다. 한 시사주간지가 분석한 이회창의 리더십에 관한 기사를 살펴보자.

"한나라당은 과거 군사정권에 맞선 선명 야당도 아니고 총재와 정치적 운명을 나눈 가신들이 포진한 단일화된 야당도 아니다. 뿌리와 이념과 성향이 각양각색인 세력들로 이루어진 1백30석이 넘는 거대 정당을 유지하는 것 자체가 평범한 리더십이 아니다. '50년 헌정사상 야당을 가장 안정적으로 이끌고 있다' 는 평가가 나올 정도다."

대선 패배 후 지금까지 이회창이 구축한 정치적 카리스마는 오히려 3김을 능가한다는 평가를 받는다. 공천파동 직후 그는 다음날 일정을 그 전날 저녁까지 확정짓지 못할 정도로 '챙겨주는' 사람이 없는 고독을 겪기도 했지만 그는 이런 어려움을 이겨내고 자신만의 확고한 정치적 위상을 구축했다. 이회창의 학습능력이 대단하다는 게 빈말은 아닌 모양이다. 그러나 대부분의 정치 전문가들은 이런 경이적(?) 현상을 '대안부재론' 과 '반사이익론' 으로 심드렁하게 설명한다. 하도 오래 전부터 계속되는 얘기라 이제는 전혀 새로울 것도 없다는 투다. 쉽게 말하면 이런 얘기다. 이회창의 정치력은 스스로에서 나오기보다 3김과 관련된 '반사이익' 에 의존하고 있으며, 그는 한마디로 대안부재론의 중첩이 만들어낸 행운의 정치인이라는 것이다.

실수도 계속되면 실력이라는데, 그가 이룩한 업적과는 별개로 정치인 이회창에 대한 인식은 아직 부정적인 것 같다. 나는 그 이유가 앞서 '칼의 이회창' 에서 언급한 것처럼 그의 '독특한 성향' 과 '정치라는 생물' 이 서로 코드가 맞지 않아서 생기는 부작용이라고 생각한다. 한 외신기자의 평가도 이와 많이 다르지 않다.

"이 총재는 정치를 하기에는 너무나 아까운 사람이다. 정치의 무대에선 때론 거짓말도 하고 쇼맨십도 필요하며 때로는 흙탕물 속도 걸어가야 한다. 미국 같은 선진국의 정치인들도 마찬가지다. 세상만사를 다 끌어안고 가야 하는 게 정치지도자의 몫인데 이회창 총재는 이런 것을 피하고 있다. 원칙에 충실해온 자신의 삶을 부정하는 것이 되기 때문이다."

'뉴 이회창 플랜' 이라는 이름까지 내걸고 끊임없이 이미지 변신을 시도하고 있지만 인식의 전환이라는 게 말처럼 쉬운 일은 아니다. 더구나 긍정적 이미지를 형성하는 데는 많은 노력과 오랜 시간이 드는 반면, 부정적인 인상은 한번 각인되면 좀처럼 잊혀지지 않기 때문에 더더욱 그렇다.

그러나 이회창의 진면목은 그가 정계에 입문하기 전의 모습에 있다는 것이 내 생각이다. 번듯한 재벌총수의 진면목이 시골촌놈이던 떠꺼머리총각 시절에 담겨 있는 것과 마찬가지다. 현상이 곧 본질은 아니기 때문이다.

이회창 신화

이회창은 한 인터뷰에서 "정치는 옳고 그른 일과 해야 할 것과 안 해야 할 것의 구분이 때로 선명치 않다" 고 말한 적이 있다. 이회창처럼 맺고 끊는 것이 분명한 사람에게는 참 당혹스러운 경험일 것이다.

정계에 입문하기 전에 그가 하던 일이나 행동들은 몸에 잘 맞춘 옷처럼 이회창의 성격과 너무나 잘 들어맞는 것들이어서 갈등의 여지가 거의 없었다. 어떤 면에서 보면 이회창은 자신의 성향에 딱 맞아떨어지는 직업을 선택해서 모든 것을 얻은 대표적인 사람이다.

법관 이회창이 되는 순간 '칼의 이회창' 에서 단점처럼 보였던 그의 성격들은 그대로 몸을 뒤집어 대단한 장점으로 변한다. 설사 나이 어린 형제간의 싸움이라도 사건의 발단을 정확히 따져야 한다고 믿는 꼬장꼬장한 성격, 디테일을 중시하는 완벽주의 등은 이회창을 최연소 대법관으로 만들었고,

이회창

그는 정치를 하기엔 너무나 아까운 사람이다.
정치라는 괴물은 그가 지닌 법관으로서의 탁월한 균형감각마저 남김없이 삼켜버린다.
그러나 여전히 그를 '대쪽' 이라 부를 수 있는 건, 대나무의 올곧음이 아니라 그 올곧음을 지탱하는 마디,
그 고뇌와 통찰의 여백을 믿기 때문이다.

법조계에서 '가장 법관다운 법관' 이라는 평가를 받게 한다. '대쪽 이회창' 의 이미지도 그때 형성된다.

초기 대법관 시절이던 81년부터 5년간 이회창이 주심을 맡은 사건은 16건에 달했는데 그 중 11건이 소수의견이었다. 이런 성향 때문에 통제가 불가능한 사람으로 낙인이 찍혀 여러 차례 불운을 겪기도 했다.

그의 화려한 법관 경력 중 '법관의 꽃' 이라고 불리는 서울형사지법 부장이 빠진 것은, '대법원장감' 이던 이회창이 그의 대쪽 같은 성격 때문에 혹시 시국사건 재판에서 권력층과 마찰을 일으킬까 봐 선배들이 배려해준 때문이란다. 이 정도면 더 이상 행복한 승승장구가 있을 수 없다.

이회창의 소수의견은 언제나 국민 인권과 사회적 약자 편에 서 있었다는 것이 박원순 변호사의 평가다. 정치권 일부 인사들은 법관 시절 그의 잦은 '소수의견' 경력을 이회창이라는 인물의 '튀는 성격' 을 보여주는 자료로 인용하기도 하지만 그래서는 안 된다. 그건 마치 도루왕 출신 야구선수가 은행원으로 변신하자 그의 경력을 내세우며 혹시 '도벽' 을 부리지나 않을까 의심하는 꼴이다. '소수의견' 을 자신의 성격과 결부시키는 사람들에 대한 이회창의 반론은 '논리' 그 자체다.

"일반적으로 말하는 소수의견은 '형편은 어찌되었든 나는 이게 옳다고 믿는다' 는 식의 고집을 말하는 경우가 많다. 보편타당한 가치는 다를지 모르지만 나의 개인적인 배경이나 취향, 신념에서 보자면 이쪽을 더 주장하고 싶다는 식이다. 그러나 법원의 소수의견은 이와 다르다. 법관의 판단은 언제나 사회적으로 보편타당한 가치를 지향하는데, 다만 그 판단이 소수에 의해서 공유되었을 때 소수의견이라고 불릴 따름이다. 그것은 어떤 경우에도 개인적인 취향이나 성장배경 등에 이끌려 결정될 일이 아니다."

한 여론조사에서 그는 3김 이후 가장 유력한 대권후보 1위를 차지했는데 그 이유가 바로 '법치주의에 대한 기대' 였다. 이회창이 국민들의 기억에 그러한 이미지로 각인되기 시작한 건 88년 7월 중앙선거관리위원장에 선출된 이후부터다.

"사마귀가 수레바퀴를 막는 격이 되더라도 내가 선거관리위원장으로 있는 한은 법을 지키도록 최선을 다하겠다. 그러는 것은 꼭 승산이 있어서가 아니라 현실에 굴복할 수 없는 본질적 근성 때문이다."

그의 취임 일성인데 '본질적 근성 때문' 이라는 말이 인상적이다. 그러나 그는 불법타락 선거에 대한 항의의 뜻으로 몇 개월 만에 선관위원장직을 사퇴한다. 그 해 한 시사주간지는 '올해의 인물' 로 이회창을 선정했다. 선관위원장 재직시 보여준 그의 '준법정신' 과 '도덕적 용기' 가 많은 국민들에게 희망을 안겨주었다고 판단한 것이다.

이때부터 국민들 사이에는 '이회창 신화' 가 싹트기 시작했다. 감히 '신화' 라고 표현하는 것은 사람들의 마음속에 그가 하나의 상징으로 자리잡기 시작했기 때문이다. '이회창 신화' 의 정점은 그가 감사원장에 취임한 후부터 국무총리직을 사퇴할 때까지였다. 감사원장으로 재직하면서 안기부와 기무사는 물론 청와대까지 칼날을 들이미는 이회창이 너무 버거워 임기가 끝나기 훨씬 전 곧바로 국무총리 쪽으로 자리배치를 했다는 말이 나올 만큼 그에 대한 국민들의 신뢰는 절대적이었다.

이 기간에 많은 국민들은 이회창이라는 인물을 '정의와 대쪽' 의 한 표상으로 삼았다. 대중연예인을 제외하고 또 의도적인 언론플레이를 통하지 않고 많은 사람들이 마치 약속이나 한 듯이 한 사람에게 그토록 무조건적인 박수를 보낸 경우는 거의 없었을 것이다. 아마 이회창이 이제 대통령이 된다고 해도 그때처럼 국민들의 무조건적인 신뢰와 애정을 받지는 못할 것이다.

그가 국무총리에 취임하고 나서 20일 동안 신문 · 잡지에 실린 그에 관한 기사의 양은 그 전해의 반년치보다 많았다고 한다. 대부분 이회창에게 호감이 듬뿍 담긴 내용이었다. 국무총리가 된 뒤 너무 인기가 있어서, 지방순시라든지 언론의 주목을 받을 만한 스케줄은 일부러 짜지 않을 정도였고 공보비서실은 '써달라' 대신 '그만 써달라' 고 주문하는 촌극까지 빚었단다. 현재 '안티 이회창' 을 표방하는 인터넷사이트를 개설하고 있는 운영자조차 당시의 '이회창 신화' 에 대해서는 별 이의가 없는 모양이다.

"적어도 정계에 본격적으로 발을 딛기 전까지 그는 아름다운 원칙의 소유자였고 대쪽이란 이미지가 너무나도 걸맞은 우리 국민이 가꾸고 사랑해줘야 될 참된 인물의 표상이었던 것이다."

저울의 고뇌, 가늠되지 않는 정치의 질량

당시 한 신문은 이런 원인을 이회창이 가지고 있는 '역사를 염두에 둔 현상적응력' 으로 풀이했다. 대법관으로서 소수의견을 내야 했던 상황, 선관위원장을 스스로 그만두어야 했던 상황, 감사원장으로 사정에 앞장서야 했던 상황 등을 그때그때 분명하게 구별했다는 것이다. 국무총리가 된 후에도 스스로 마치 연예인 비슷한 인기인으로 묘사되는 데 대해 그는 '이래서는 안 된다' 는 생각을 본능적으로 하게 된 것 같다는 얘기다.

내가 얘기하는 '저울의 이회창', 인간 이회창이 가지고 있는 진면목의 기본 컨셉도 바로 그의 탁월한 균형감각이다. 내가 개인적으로 우리 사회에서 가장 신뢰하는 두 집단 중의 하나는 법관이다. 그들에게는 사회정의에 대한 치열한 고뇌와 상식을 존중하는 고도의 균형감각이 있다고 믿기 때문이다. 만약 법관 중에서 개인적으로 그런 성향이 부족한 사람은 후천적 훈련과 피나는 자기 성찰을 통해서라도 일정 수준 이상의 균형감각을 유지하고 있다고 나는 믿는다. 이회창이 고백하는 법관의 고뇌를 예로 들어 설명해보자.

"형벌의 정도를 정하는 양형(量刑)은, 법관에게는 평면적인 숫자의 나

열에 불과하지만 피의자에게는 절망과 환희가 엇갈리는 삶과 죽음의 문제다. 그런 까닭에 그 무게는 종종 악몽이 되어 법관에게로 돌아온다."

법관은 그런 괴로움을 다반사로 겪는다. 자신이 공평무사하지 못하다는 생각이 들면 스스로가 괴로워서 견디지를 못한다. 그런데 이회창이란 인물은 그런 경우에 수반되는 기초적인 노력조차 필요 없을 만큼 '마음의 저울'이 발달한 사람이다. 끊임없이 의심하고 따진다.

"그 동안 정의를 말하고 원칙을 말하고, 그리고 내가 공동의 선이라고 믿는 바를 고집스럽게 주장해왔지만 정작 나는 그것에 얼마나 충실했는가. 내가 믿고 행해왔던 최선이 과연 진정한 최선이었던가."

그는 현실의 세계보다 관념의 세계에 더 익숙한 사람처럼 보인다. 실제 상황보다 도상연습에 더 탁월한 것 같다는 말이다. 인간 이회창이 법의 생리와는 일치하지만 정치 생리와 충돌하는 이유이기도 하다.

실상 이회창 쪽에서 보면 자신이 정계에 입문하기 전이나 후의 가치판단이나 행동이 조금도 다르지 않은데 사람들은 전혀 상반된 평가를 하니 가끔은 짜증이 날 것이다.

예전에는 '신중하다'고 열광하다가 지금은 '소심하다'고 핏대를 올리며, 예전엔 '과감하다'고 박수를 쳐주던 사람이 지금은 '무모하다'고 혀를 찬다. 정치를 직업으로 삼은 후 그 갈등 요소를 제거하고 균형을 맞추는 일이 이회창에게는 무척 혼란스러운 모양이다.

"뭐랄까. 원칙과 정도로 가야 한다는 당위성에 대한 어떤 의무감과 현실과의 사이에서 오는 괴리감은 상당히 심해졌습니다. 원칙대로나 정도대로 가기 어려운 상황이 정치의 장에서는 많이 나오는 게 사실이고, 그럴 때 갈등을 느낄 때가 많습니다. 스스로 대쪽이라든가 포용력이 없다든가 하는 말을 의식해서 좀 유연성 있게, 또는 폭넓게 하거나 타협의 여지를 두는, 그런 행동을 하는 경우가 있습니다. 가장 큰 고민은 정치의 마당이 현실적으로 정도나 원칙이나 이상대로 관철시키는 것이 어렵구나 하는 것을 느낀다는 것입니다."

지난 16대 국회의원 공천파동 후 이회창은 무조건 상도동에 찾아가 차에서 40분을 기다린 끝에 YS를 만나는 '수모' 를 감내했다. 그러자 3김 청산을 외치면서 YS를 찾아간 것은 모순 아니냐는 기자들의 질문이 이어졌다. 이회창의 답변은 이렇다.

"가만히 있었더라면 '이회창이가 쓸데없는 자존심을 부리고 있다' '한번쯤 찾아가서 노력을 해야 하지 않느냐' '포용력이 없다' 이런 비난들이 나왔을 것이다."

말하는 본인도 답답하기는 하겠다. 이러나 저러나 어차피 비난을 듣게 되어 있으니 말이다. 좀 단순하게 말한다면 이회창의 개인적 성향은 정치와는 궁합이 맞지 않는지도 모른다. 정치라는 무정형의 괴물은 '인간 이회창'의 반듯반듯한 장점들을 모조리 약점으로 만들어버린다. 대신 그의 약점은 집요하게 물고 늘어진다. 50년 헌정사상 야당을 가장 안정적으로 이끌고 있다는 '정치인 이회창' 의 어디쯤에 '인간 이회창' 이 존재하는 것일까. 그 둘의 무게중심은 어디쯤인 것일까.

대나무 마디

이제 이회창에 대한 이야기를 마무리할 시점이다. 사람을 이렇게 볼 수도 있고 저렇게 볼 수도 있다는 하나마나한 소리는 접어두자. 인간은 누구나 발을 함께 묶고 달리는 '2인3각' 경주처럼 잘 융합되지 않는 '나와 또다른 나' 를 함께 거두면서 살아간다. '칼과 저울' 이라는 극단적인 개념으로 상징되는 이회창의 내면세계는 보통사람들보다 좀더 그 격랑이 심하지 않을까 하는 것이 내 나름의 생각이다.

이회창의 말처럼 세월이 흘러도 사람 속에는 변하지 않는 부분이 있다. 좋은 것이든 나쁜 것이든 다독거리면서 함께 갈 수밖에 없다는 말이다. 몸 안에 있는 암세포도 자기 몸의 일부로 생각하고 잘 다스리면 물리치는 경우가 있다지 않은가. 자기의 '있는 그대로' 의 모습을 모두 다 그대로 받아들이는 일은 힘들지만 그만큼 중요한 일이다. 그게 이회창이 말하는 '남다른' 나만의 모습을 갖기 위한 최소한의 전제조건이다.

"나라마다 기후가 다르고 과일마다 향이 다르듯 사람도 모두 저마다의 특성을 가지고 세상에 나올 것이다. 그 특성은 그 사람이 아닌 다른 누구에게서도 찾아볼 수 없는, 그야말로 특별한 성정이다. 그것을 잘 가꾸고 간직하는 일은 존재의 이유라고도 할 수 있을 것이다. 그리고 그렇게 잘 가꾸어진 개성을 보는 일은 아름다운 꽃을 볼 때처럼 우리를 기쁘게 하는 것이다."

이회창은 사회적 영향력이 막강한 사람이다. 인간 이회창의 독특한 캐릭터는 잘 지키되 적절한 시점에 적절한 장소에서만 '칼' 이 뽑혀져 나올 수 있도록 그의 마음속에 있는 '저울' 의 무게중심 눈금이 늘 반짝였으면 하는 바람이다. 마지막으로 대나무에 관련된 이회창의 얘기를 들으면서 이 글을 끝맺자.

"일부 언론에서는 나를 두고 대쪽이 갈대가 되었다고 말하고 있으나 대나무는 옮겨 심어도 토양이 맞지 않으면 그 자리에서 말라죽을 뿐이지 절대로 바뀌지 않는다."

가느다란 대나무가 비바람이 치고 폭풍이 불어도 쓰러지거나 꺾이지 않고 올곧게 자라는 것은 일정한 간격을 두고 옆으로 튀어나와 있는 '마디' 가 나무를 지탱해주기 때문이다. 이런 중요한 '마디' 들을 형성하기 위해서 대나무는 잠시 성장을 멈춘다고 한다. 성장을 멈춤으로써 더 올곧게 하늘 높이 치솟아 오를 수 있는 것이다. 우리가 대쪽 같은 사람을 존경하고 신뢰하는 건 그의 '올곧음'을 뒷받침하는, 대나무 마디 같은 고뇌와 통찰의 여백을 무의식적으로 느끼기 때문인지도 모른다. 이회창도 그런 '대쪽' 이기를 바란다.